平和の実践叢書 2

王　敏　著

嵐山の周恩来

日本忘れまじ！

三和書籍

あらまし

周恩来が１９１９年、日本留学を終え、帰国する前に京都の名勝・嵐山を雨の中を探訪した。桜が咲き乱れる4月5日のこと。これは二度目の嵐山探訪であった。二回も嵐山を訪ねた理由を探るため、筆者は嵐山の人文的地理的背景を考察してみたところ、日中文化の交じり合う点と線を見つけた。それは日本の禹王・治水の角倉了以と日本の黄檗禅宗開祖の隠元、その普及につくした高泉が絡み合っている。

百年後の今も、嵐山は中国人の京都観光スポットのトップとされる。中国文化からみても魅力があるのだろう。一世紀前も現在も変わらず、というところに注目したい。嵐山に引かれた周恩来の思いは、現在の中国人にも通じる思いであることが見えた。

周恩来は帰国する前の限られた時間にかかわらず、京都を訪れ逗留した。限定された時間を割いて、わざわざ京都郊外の嵐山に二回も足を運んだ。嵐山の何が周恩来を引っ張ったのか。日中文化の交差の中で、嵐山の周恩来を考察していきたい。

嵐山の周恩来 ― 日本忘れまじ！ ―　目次

第一章　「雨中嵐山」の誘い

新中国を指導した人を挙げよと言われれば、日本でも中国でも毛沢東について、周恩来の名を思い浮かぶ。とくに日本人が親しみをもったのが周恩来である。建国の父、毛沢東よりも、日本人に馴染まれたといっていいだろう。日本とは縁が深いのである。

1919年、青年周恩来は1年半ほどで日本留学をあきらめて帰国した。東京から帰国する前、京都に立ち寄った。周恩来が終生、「親日」的であったことは否めないが、このことと、日本の古都京都の象徴、嵐山《あらしやま》を離日前の最後の逍遥の地に選んだことと無縁ではない。もっとも京の風情と伝統・文化を今も残すところで、中国発祥の禹王信仰と黄檗文化を大切にする日本文化に触れたようである。その折の感動を周恩来は自ら、詩「雨中嵐山」を詠んで残した。嵐山公園にこの詩が石碑となって立つ。現代史において苦難が日中の間に継続しているが、一世紀たった今、多くの中国人が観光の地として自発的に嵐山を選択する由縁である。青年時代の周恩来の百年前の関心事はなにか、気になってくる。日中の「混成文化」の融合は昔も今も底流で脈々とつながっている。

本書は嵐山を散策した周恩来における必然をたどりながら、彼が提唱した対日民間外交の原点を探索する試みである。文章の構成は筆者の現場考察を主体とし、周恩来の嵐山散策の路線と縁故を考察、ならびに日本の禹王信仰という二つの角度から述べる形をとった。

一、さらば日本！

周恩来の原籍は浙江省紹興市、1898年3月5日に江蘇省淮安市に生まれる。天津の南開中学校を1917年に卒業後、日本に留学する。1919年春帰国し、新学期の始まる9月に南開大学に入学する。1920年に欧州留学、1921年に中国共産党に入党し、1949年に新中国が誕生、世界の開発途上国を引っ張る重責の外交も担う初代総理に就いた。彼のポストは終生変わりなく、文化大革命が終焉するころ1976年1月8日に逝去。写真は留日前の少年周恩来。（百度より）

中国語原文

大江歌罷掉頭東，邃密群科済世窮。
面壁十年図破壁，難酬蹈海亦英雄。

大江、歌うを罷め、頭を掉せて東す
群科邃ること密に世の窮むを済んとす[1]
壁に面うこと十年、壁を破らんと図る
酬るるは難しといえども、海にとび蹈る亦英雄
（蘇叔陽著、竹内実訳、『人間周恩来』、サイマル出版会、1982年）

1917年9月、周恩来は上述のごとく、大志を詠んだ詩を友人に送っている。日本社会の発展を鑑にして、中国を救う手立てを模索せんとした。日本留学の動機を探る参考になる。10月、東京府神田区（当時の住所）にある東亜高等予備校に入学し日本語を学び、東京高等師範学校または第一高等学校の受験に備えた勉強をした。しかし、1年たったものの受験勉強の成果が芳しくなかった。そうこうするうちに、日本留学の仲間たちの間に、母校である南開中学校が大学部を創設するという知らせで、周恩来は日本での受験勉強を取りやめ、中国に戻って新設大学に進学を決意した。1919年9月26日、周恩来は南開大学の文学系第一期生として入学した。2年のブランクがあったが、中学生から大学生へ跳んだのである。学籍番号は62番であった。

周恩来はなぜ日本での進学を放棄したのか。『覚悟』2007年第1期刊行にて徐行は「周恩来早年的留日歴程与思想転変」の論文を発表し、以下のように分析を述べた。「日本の軍国主義が日増しに強まり、中国への侵略が進行し、同時に、中国国内では階級圧迫の残酷な現実が彼の胸を締め付けた。日本社会に対する失望感が日に日に大きくなっていったのである。ロシア十月革命の成功がマルクス主義を世界各地へ普及させたとみられ、影響されたのか、青年周恩来も考え方を変えた。」

筆者は中国社会を飛び出し、異文化の日本社会を体験してきたのであるが、青年周恩来はもっと社会に対する感覚が鋭敏だったに違いない。外国の日本を体験したからこそ、中国の国情の特色を深く悟るようになり、これにより中国社会の歴史的曲がり角にある現状を感じ取り、日本を鑑に母国を変えていくことを選択したと考える。

1919年3月、東京を発つ前夜、南開中学の同窓である張鴻浩が周恩来のために送別会を開いた。その際、周恩来は来日前に詠った「大江歌罷掉頭東（大江、歌うを罷め、頭を掉せて東す）」を長さ96センチメートル、幅30センチメートルに書いた。更に追記を記した。「右詩乃吾十九歳東渡時所作、浪蕩年余、忽又以落第、返国図他興。整装待発、行別諸友。（要訳：右の詩は留日直前に書いたものの、落第のため帰国せざるを得ない。発つ前に諸君にお別れを告げる）」「輪扉兄以旧邀来共酌、并伴以子魚、慕天、酔罷此書、留為再別記念、兼志吾意志不堅之過、以自督耳！（要訳：酔ったついでに、書を以て記念とし、己を戒める）[2]」

周恩来の帰国前の京都逍遥は比較的長いといえば長い。1919年3月から4月中旬までの1ヵ月ほどになる。京都が性分に合わぬならさっさと引きあげることができた、嫌ならほかの地を訪れるなど転々とできた、京都にそのまま滞在を続けたということは日本の古都の魅力に触れて、嫌いではなかったということと思われる。四編の抒情詩を残した[3]。

４月中旬に周恩来は京都を離れた。神戸より船に乗り西へ、混雑した明石海峡を抜け瀬戸内海航路、多くの日本船とすれ違いながら関門海峡を通り、日本に別れを告げて東シナ海へ、一年半ぶりの祖国に戻っていった[4]。

二、嵐山の人文地理紹介

１９７１年１月29日、周恩来は人民大会堂にて日本の卓球協会の後藤鉀二会長一行に懇意にこう述べた。「私は帰国前に京都に1ヵ月ほど逗留しました。船に乗り洞窟を通り抜け、琵琶湖に行きました。琵琶湖は大変美しいですね[5]。」

周恩来は京都から琵琶湖の間を「洞窟」といっている。１９１２年に完成した琵琶湖疏水のことであろう。船を通して交通ルートにもなっていた。比叡山系（最高標高８４８メートル）を掘削して全長18キロ、幅６・４〜11・５メートル、水深１・７メートルのトンネルで、琵琶湖の水を京都に引いた。日本人だけで近代工法によるトンネル掘削技術を駆使して12年越しで貫通させた。京都へ水を供給するために掘られたという。周恩来が「洞窟」を通ったのは完成して数年もたっていないころで、日本人の自助による近代工法の修得にどう思ったか、それはわからないが、貴重な体験であったことは間違いない。

琵琶湖とは比叡山を挟んで、西に位置するのが京都だ。八世紀末、造営された「平安京」の地である。中国の都、唐・長安や洛陽をモデルにして造営された。規模はずっと小さいのは当然である。「平城京」の奈良、武士政権の最初の都・鎌倉と並んで、京都は日本の古都の代表である。寺は1500を超す、神社は200以上、御所や二条城など歴史施設も多く、古今の遺跡、建物はことかかない。

嵐山《あらしやま》は京都市にある観光地の一つであり、春の桜だけでなく、秋は紅葉の名所である。「嵐山」という地名も元々は桂川の右岸である京都市西京区の一部分の嵐山地区のことを指している。川の対岸の右京区に属する地区を嵯峨野と呼んでいる。しかし近年の観光ガイド資料は桂川の渡月橋《とげつきょう》を中心とした川の両岸周辺地域をまとめて嵐山と称しているのが普通である。

嵐山の標高は382メートル。そう高い山ではないが、京都市街を眺望できる。北は嵯峨野に面し、東側は大沢池や広沢池、宇多野に隣接している。また西側は小倉山、南を保津川から大堰川《おおいがわ》、さらに桂川へと名を替えて流れている。桂川は淀川水系に属した1級河川である。上流の保津川は急流で知られ、しばしば増水し、下流の大堰川、桂川に水害をもたらす。幾多の治水・土木事業が行われてきた。渡月橋付近から下流が大堰川、さらに桂川になる。渡月橋

大堰川の上流／保津川（撮影　孔鑫梓）

大堰川の下流／桂川（(撮影　孔鑫梓）

は古来、歌に詠まれてきた。全長154メートルは観光嵐山の象徴でもある。左岸と中州の中ノ島をつなぐ。これ以外にも橋のたもとにある嵐山公園や亀山公園、天龍寺などが観光客に人気である。山中には大悲閣千光寺や法輪寺、小督塚などの名所も点在している。

天龍寺は1339年後醍醐天皇を弔うために創建された臨済宗天龍寺派本山である。寺号は正しくは霊亀山天龍資聖禅寺と称する。1994年に「古都京都の文化財」として世界遺産に登録されている。古都の世界遺産には、奈良になるが、法隆寺が有名である。別名斑鳩寺は七世紀に創建され、聖徳太子（574－622）が仏教伝播のために創建した木造の建築寺院である。金堂や五重塔を中心とする西院伽藍と夢殿を中心とした東院伽藍に分けられ、境内の広さはおよそ18万7千平方メートル。また西院伽藍は現存する世界最古の木造建築物群である。1993年に「法隆寺地域の仏教建築物」として世界文化遺産に登録された。

嵐山は古来より貴族の別邸の地として選ばれてきた。その極みが十七世紀初頭から創建された桂離宮である。簡素ななかにも落ち着いたたたずまいをたたえた数寄屋風書院造りは皇室関連施設であり、八条宮家（桂宮家）の別荘。回遊式庭園は周囲の自然に溶け込んで、四季の景観を演出する。創建後数次にわたり幕府の援助で増築された。総面積はおよそ6万9千平方メートルで、うち庭園部分はおよそ5万8千平方メートルである。創建以来火災などの災害に遭うことがなく、ほぼ完全なる創建当時の姿を今日まで伝えている。桂離宮は現在宮内庁により管理されており、参観者は事前に宮内庁京都事務所に予約をしなければならない。

嵐山地区のかなめにある渡月橋、その名は第90代天皇である亀山天皇（1249－1305）の詩に関係する。「くまなき付きの渡るに似る」と呼んだことから渡月橋と呼ばれるようになった。また嵐山には三人の天皇の陵が治定されている。第88代後嵯峨天皇（1220

－1272）、第90代亀山天皇（1249－1305）、第91代後宇多天皇（1267－1324）である。彼らが詠んだ桜の歌は鎌倉時代の勅撰集『続古今和歌集』や室町時代の勅撰和歌集『新千載和歌集』に入集されおり、その歌の見事さを日本人は皆知っている、

嵐山一帯は1910年ごろに二つの公園を開き、下流を嵐山公園、上流を亀山公園とした。この公園を開いたことにより観光客が絶えず、古今を通じた観光業を支えた。山紫水明、春は桜、秋は紅葉と、京都第一の観光名所と称されていることは何度も繰返してきた。

上述した主要景観の嵐山遊覧図と参考頁。

https://ja.wikipedia.org/wiki/%E5%B5%90%E5%B1%B1

https://ja.wikipedia.org/wiki/%E4%BA%80%E5%B1%B1%E5%85%AC%E5%9C%92_(%E4%BA%AC%E9%83%BD%E5%B8%82)

https://rlx.jp/magazine/kinki/44182.html

https://www.baicheng.com/tickets/48692.html

亀山公園の南口の近くに周恩来総理記念詩碑がある。詩碑に使用されているのは濃い茶褐色の京都の銘石である「鞍馬石」であり、高さ1・3メートル、幅2・2メートルである。詩碑と砆石は周囲の木々と一体化しており、あたかも天上世界のようである。1978年すでに九十という高齢を迎えた日本国債貿易促進協会京都総局会長（当時）であった吉村孫三郎ら日本の有志と日中友好団体の発起により、周恩来記念詩碑の建立する運びとなった。記念詩碑の正面には周恩来の『雨中嵐山』が刻まれており、背面には詩碑に貢献した団体名や代表者名が刻まれている。

三、日本の禹王・角倉了以

王敏 撮影

周恩来記念詩碑の近くに、日本の禹王と称されて水運家でも治水家でもあった角倉了以（1554－1614）の銅像が立っている。京都随一の豪商であった。この銅像は1912年に建造された。周恩来の京都逍遥の直前である。くしくも琵琶湖疎水の完成と軌を一にしている。銅像は第二次大戦時に供出されたようで、1988年に新たに作られた。建造年代が異なるが、今日の銅像と周恩来の詩碑ははるか彼方から相呼応している。

井上頴纉氏の「亀岡盆地における大堰川流路変遷の復原」（『人文地理』第21巻6号1969）、武藤信夫・佐藤陽一両氏の「角倉了以・素庵－世界に先駆け、経営倫理を実践」（『日本経営倫理学会誌』第9号2002）などと指摘した論文によると、日本と明朝は勘合貿易（明朝と他国の通商時の正式な貿易船）が持続され、戦争などの動乱により一度は中断してしまい、豊臣秀吉の天下統一後、1592年（文禄元年）には再度新たに動き出した。この動きと世界情勢が顕著に関連するようなったのは、十六世紀中頃に世界は大航海時代に突入したためであった。ところが鎖国政策を実行した江戸時代初期になると、日本の大航海時代は畏縮した。鎖国の完成前に死去した角倉だったので、延べ十七回も海外渡航ができ、天下にとどろく名声と巨万の富を蓄えた。

角倉了以は、医者の家系に生まれた。祖父は一代で身を起こし、角倉家は医業以外にも商売を兼業することとなった。1592年（文禄元年）角倉了以は海洋貿易に身を投じ、豊臣秀吉（1536－1598）の浪華政権や徳川家康（1542－1616）らの江戸幕府が発行した朱印状を手に入れ、朱印船貿易を始め、一気に日本海運の豪商の道を開いたのであった。角倉了以は京都西部を流れる大堰川の上流の保津川の開削を行い、6ヵ月という短期間で30キロメートルの運河を開通させるなど大事業によって幕府も一目置いたのである。未曾有の事業をつづけさまに実行したわけで、奇跡が起きたとうわさされた。とりわけ水利、治水、河川開発への功績は大きく、篤い禹王信仰と結びつけられる。『前橋旧蔵聞書・六』などの資料によると、禹王に倣い、角倉了以は終日手に斧を持ち、大工たちと共に開削現場にて奮闘した。開削後、角倉了以は水上運輸事業の技術と人材を連れ、その家族たちを開墾地に定住させたのが今日の京都市右京区である。今日に至るまで、角倉了以の偉業を記念した嵯峨天龍寺角倉町という地名が残っている。晩年の角倉了以は富士川、天竜川、高瀬川を相次いで開削を行っている。鴨川から分水し市街地の新たな運河としてやがて淀川に通じるようにして、京の発展を引き込んだ高瀬川の開削後に角倉了以は逝去した。享年61歳。

角倉了以が生きていた時代背景及び関連資料をから角倉了以に対する更なる理解を深めていきたいと思う。

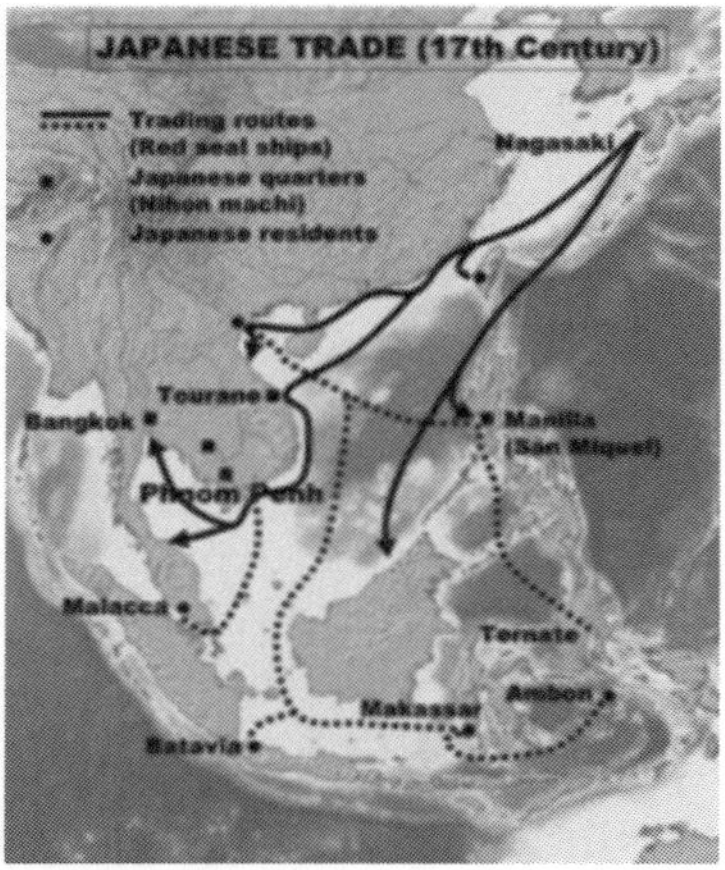

朱印船貿易航海路線

「朱印船」は当時の武家政府が許可した「海外渡航許可証」を有する木造船を指す。航海ルートは江戸時代だと長崎県の平戸、長崎を基地にして、大陸や東南アジアとの間を往来した。マカオ、シャム(タイ)、マレーシアなど、マラッカ海峡まで航海した。朱印船貿易は日本の大航海時代を切り開いた。日本は当時、世界でも有数の銀産出国であり、銀を使った貿易によって国力を増強していった。角倉了以はまさに朱印船貿易で身を立て、巨利を得た。角倉了以は「窮則独善其見、富則兼済天下」を理念として掲げていた。東南アジア地域の開運貿易で得た巨額の利益を広大な水運路の開削に投じ、国の発展や民の豊かさを願った。

(https://upload.wikimedia.org/wikipedia/commons/7/76/JapaneseTrade17thCentury.jpg)

角倉了以の墓

１６０５年（慶長10年）、幕府は保津川の開削の嘆願を聞き入れた。角倉家は度重なる困難を乗り越え、わずか半年という期間で開削工事を完成させ、幕府の高い認可を得た。そのまま継続して角倉家は富士川や高瀬川の運河の疎通事業の命を幕府から受けた。そののち天竜川の開削工事の命を受けたが、難易度が高く、途中で工事を中止しなければならなかった。角倉了以は長年の疲労が重なり、志半ばでこの世を去った。

晩年の角倉了以は遺志を立て、余生を水運事業に献身的であった労働者たちのために経を唱えていた。死後はその事業を見守るかのように大悲閣千光寺に葬られた。そのため後世、了以の墓前には石割斧を持った了以の像が安置されている。その後、墓が自然災害に見舞われたため、角倉了以の墓は近くの二尊院に移され、現在は妻子や子孫たちと共に眠っている。

(http://www.uchiyama.info/oriori/image/shiseki/bochi/suminokura/10.jpg)

角倉了以は早くに結婚しており、長男の素案とは17歳の年の差しかなかった。そのため父子は兄弟のように共に土木事業や紡績生産、海外貿易事業などを手掛け、角倉一族の繁栄を導いた。とくに国際貿易の方面では、角倉家は巨万の富と成功を築き上げた。1611年（慶長16年）、角倉了以は一手に独占していた朱印状を長男の素案に譲り、貿易事業の第一線から退いた。しかし了以は悠々自適な隠居ではなく、終日労働者たちへの祈祷を念じ、同時にその実を公共事業に捧げ、民衆の福利と社会発展のために空前絶後の貢献を成し遂げ、統治者からも商人や町民農民からも敬愛される存在となった。

長子の素案（1571－1632）は父の後をつぎ、貿易から土木事業に携わり、国内の河川流域の開発に力を注いだ。淀川通船輸送管理者や巨材採運使、近江国坂田郡代官に任命され、国際貿易領域の日本国大使にも選出された。素案は角倉船を派遣し、海運を切り開いていった。その一方で素案は日本儒学の祖である藤原惺窩に師事し、学問の方面でも多大なる功績を残した。また書道家であり画家でもある本阿弥光悦との親交があり、数々の嵯峨本を共同出版した。書道の角倉流を創設し、文化や芸術史上において局面を左右するほどの重要人物となった。

大辞泉にて「嵯峨本」の「嵯峨」は京都の嵯峨一帯を指しており、「本」は本阿弥光悦と角倉素案らが共同刊行した木製活字版本であると解説している。特色としては用紙・装丁に豪華な意匠を施した美本であり、日本式の豪華版を促進したといわれる。

以上が日本の「禹王」と呼ばれた角倉了以とその長子である素案の貢献を簡約した紹介である。豪商である角倉家は今日に至るまで日本国民の尊敬の念を深く抱かれているのである。

人々は角倉了以に感謝し「水運の父」と呼んでおり、禹王のような国民的英雄としている。そして了以が伝承する禹王精神の全てもまた素案によって継承された。この親子二代に渡る精神と角倉家の家紋が含む意味は同じである。角倉家の家紋は片喰紋《かたばみ》であり、由来は道端にある野草の「片喰」(「酢漿草」とも)からきている。春、3枚の小葉を出し、夏秋に5弁の可憐な花をつける。また古代では、この葉を鏡に磨り潰して使用されることもあり、別名鏡草とも呼ばれている。再生能力が異常に旺盛するという寓意から、「片喰」を財布の中に忍ばせる習慣があり金運を呼び寄せるとされる。故に片喰は「黄金草」とも呼ばれている。大概普通の野草は普通の人の共通する願いが秘められている。「片喰」は日本十大家紋の第二位に位置している。

四、大悲閣千光寺と隠元の日本人生

記紀によると、六世紀に大陸で隆盛の仏教が日本に入った。現在、その仏教を代表する宗派が13もある。その内、禅宗がさらに三つに分かれている。臨済宗、曹洞宗、黄檗宗である。左記は日本の代表的な13宗派である。

(http://tobifudo.jp/newmon/etc/shuha.html)

大悲閣千光寺は嵐山にあり、唐僧鑑真が伝えた天台宗である。山容の迫る保津川右岸の嵐山の登り口の位置に建つ。1614年に角倉了以により創建された。1808年に黄檗宗に改宗した。山号は嵐山であり、寺号の総称は大悲閣千光寺である。

禅宗の一つ、黄檗宗は、臨済宗と曹洞宗に次ぐ規模である。日本では1876(明治9)

系　統	宗派名	開祖・別名　生年 - 没年
奈良仏教系	法相宗	
	律宗	
	華厳宗	
密教系	真言宗	空海　弘法大師　774-835
密教＆法華系	天台宗	最澄　伝教大師　767-822
法華系	日蓮宗	日蓮　立正大師　1222-1282
浄土系	浄土宗	源空　円光大師　1133-1212　法然
	浄土真宗	親鸞　見真大師　1173-1262
	融通念仏宗	良忍　聖應大師　1072-1132
	時宗	智真　証誠大師　1239-1289　一遍
禅　系	臨済宗	栄西　千光法師　1141-1215
	曹洞宗	道元　承陽大師　1200-1253
	黄檗宗	隠元　真空大師　1592-1673

年、臨済宗から独立した。本山は京都府宇治市にある万福寺（萬福寺、山号は黄檗山）、開山始祖は１６５４年に招かれた隠元隆琦（１５９２－１６７３）である。黄檗宗の呼び名は、生年不詳、８５０年に逝去した唐代の僧黄檗希運に由来するという。最大の特徴は明末以来の臨済宗の教義、修行、儀礼を受け継ぎ、臨済正宗を正統とし、臨済正宗第三十二代目の隠元隆琦（１５９２－１６７３）を宗祖とする。隠元以来、黄檗宗が13代まで明と清の国から中国人高僧を招き住持にしてきた。臨済宗・黄檗宗のホームページによれば、現在、全国に15派の本山と７０００もの末寺があるという。

開祖の隠元は１５９２年11月に中国福建省福州府福清県万安郷霊得里東林の林家に生れた。１６２０年２月19日、29歳で故郷の黄檗山萬福寺で出家した。法号は隠元、法名は隆琦とした。その後、各地を遍参して浙江省嘉興府海塩県金粟山広慧寺の高僧密雲圜悟について参禅した。１６３４年の春、隠元は費隠通寛から嗣法し、臨済宗第三十二代の直系人となった。１６３７－１６４４年黄檗山萬福寺の住持となったが、１６４４－１６５４年再び住持を務め、在任期間中に当時の明国における禅宗界の重鎮となった。

隠元は日本仏教界の招請に応じ、１６５４年6月に厦門を出航し、7月、30数人の弟子と共に長崎に来日、翌日には興福寺に入寺した。その後、１６５５年9月6日に摂津普門寺の住持に迎えられ、１６５８年11月、江戸城において江戸幕府四代将軍徳川家綱に拝謁した。１６６０年、山城国宇治郡に寺地を賜った。１６６１年に故郷と同名の黄檗山万福寺を開創した。後水尾上皇の帰依と徳川家綱の庇護の下、１６６３年1月に開堂した。１６６４年9月に松隠堂に退隠したが、１６７３年、後水尾上皇から大光普照国師号を下賜され、４月３日、逝去した。82歳。他方5月19日の逝去説もある。

隠元の日本行きの背景に、鎖国（１６３９－１８５３）の状況が関係した。鎖国が強まるにつれ、明国との貿易が長崎に限られていたため、長崎在住の中国人が母国の風格をそなえた寺院を建てることにした。それは１６２４年の興福寺、１６２８年の福済寺、１６２９年の福州寺。これら三寺は通称長崎三福寺または三唐寺。それに１６７７年に日中共作の聖福寺が出来上がったから、合わせて長崎四福寺とも呼ばれた。

これらの寺にとって、代々に守ってきた中国人住持を招請する需要があり、隠元が呼ばれることになったのである。例えば、隠元前の中国人住持には、默子如定、逸然性融、独立性易、道者超元らが来た。よって、1654年7月、隠元が興福寺第三代目住持の逸然性融の四回にわたる招請に応えて日本にやってきたのである。

実は隠元の来日の三年前にも『黄檗隠元禅師語録』が日本に伝わっていた。臨済宗妙心寺派の無著道忠（1653－1744）の『黄檗外記』には、龍安寺の龍渓宗潜（1602－1670、黄檗に転派後は性潜）ら黄檗の僧は感銘を与える高僧ばかり。黄檗の隠元が強く招請された事情らしい。

だが、1655年9月、隠元は摂津普門寺の住持に迎えられたが、日本に長く滞在するつもりはなかったらしい。しかし帰国の意思を表明する隠元に対し、1659年、徳川家綱が許可したため、隠元は1661年に京都府宇治市で黄檗山万福寺を開き、残りの人生を日本にと決心した次第である。

隠元は、生涯のうち二十三人の嗣法者を育てた。その内、龍渓・独照・独本の三人は日本人であるが、日本に残った十人の中国人がいる。木庵性瑫・即非如一・慧林性機・龍渓性潜・独湛性瑩・大眉性善・独照性円・南源性派・独吼性獅・独本性源である。

弟子たちよって後に11派を形成した。木庵は紫雲派または万寿派、即非は広寿派、慧林は龍興派、龍渓は万松派、独湛は獅子林派、大眉は東林派、独照は直指派、南源は華蔵派または天徳派、独吼は漢松派、独本は海福派、そして寛文元年に来日した高泉性潡（隠元の法嗣である慧門如沛の法嗣）は仏国派と称する。また、各派がそれぞれの発展を遂げてきたが、詳細の説明を割愛させていただく。

黄檗宗の勢いを『済家黄檗山萬福禅寺派下寺院牒』（『延享末寺帳』）を通して全体像を伺える。当時、千四十三ヵ寺の黄檗寺院が存在したとなっている。

さて、隠元は長崎に到着した後、当時京都の臨済宗の総本山であった妙心寺の龍渓性潜住持、禿翁や竺印に招聘され、京都に移った。その後二十年間近く、徳川幕府や後水尾上皇らが隠元の仏学経義を受け、京都は隠元の弘法の新舞台と成った。1656年、隠元は後水尾上皇から恩賞を賜り、宇治に寺院を開創したにもかかわらず、故郷が忘れがたく、建立地の太和山を故郷の黄檗山と同名に改名し、寺院の名も同じく萬福寺と名付けた。同時に明代の先進な技術、建築、園芸、料理、文学、医学、煎茶等を広く講じ、日本の社会の一新を牽引した。この社会現象は「黄檗文化」と称され、隠元もそれで日本に心安らかに残りの人生を託したことになったと推察する。

隠元に帰依した皇族に、圓光院文英夫人（生没年不詳）、後水尾上皇（1596－1680）、後西天皇（1654－1663）、緋宮光子内親王（1634－1727）などがいるといい、皇室より六度にわたり諡号[6]を賜っている。

一六七三年四月二日、後水尾天皇より大光普照国師
一七二二年、霊元上皇より佛慈広鑑国師
一七七二年、後桜町上皇より径山首出国師
一九一七年、大正天皇より真空大師
一九七二年、昭和天皇より華光大師

隠元に帰依していたのは、徳川家綱（1641－1680）将軍、老中の酒井忠勝（1587－1662）、大名の板倉重宗（1586－1656）、松平信綱（1596－1662）[7]、京都所司代の牧野親成らの名が挙げられる。

隠元の功績の大略について整理してみよう。

その一、生涯、臨済宗の法脈を継承し、静坐参禅を基本の工夫とし、了悟自心の解脱境地を目指すのである。隠元式禅風を言い換えれば、彼を中心とする黄檗宗の要旨は、「静坐参禅、了悟自心」と要約であろう。当時の民衆にとって黄檗宗の内容と修行が簡潔明瞭、飛びつきやすいから、衰弱にかけた臨済宗、曹洞宗をひっくるめて再振興の段階へ牽引した。結果的に当時代の漢字文明をペーストした教養体系を回生の力を注入させた。

その二、臨済宗の戒律を厳守することを第一義とし、『黄檗清規』をバイブルにした。例えば京都の萬福寺と長崎の四福寺の山門の前には、いずれも「不許葷酒入山門（葷酒 山門に入らず）」の石碑が聳え立っている。個人ないし社会全体に戒めと自律心を課しておく。言うまでもなく、この禅風は、当時暗雲が立ち込め混乱していた日本仏教界に深い影響を与えた。隠元は日本社会の中心に信頼を得、拠り所になるのも戒律の厳守とたゆまぬ誠意であろう。

その三、隠元の弘法の基本に濃厚な儒教思想を吸収し、「己立たんと欲して人を立て、己達せんと欲して人を達す、また己の欲せざる所、人に施す勿れ」を併用して強調している。「自立」というのは隠元が立宗した当時の核心あり、黄檗宗という仏法の中心でもある。社会の発展の中で、古来の文化土壌を踏まえた上、総合的に中華文明に起源した有用の価値を、隠元が日本という空間で再実践を試みることに可能にした。

その四、仏教そして禅の大衆化、社会化を推し進めた。その中で、故郷の大衆的飲茶方を日本化し、煎茶道へ構築したことを、とりわけ上げる。よって、全日本煎茶道連盟の歴代官長が万福寺住職を兼任され、事務局が寺内に置かれる。２０１７年の統計によると、煎茶道は36派を数えるという。その他、黄檗山万福寺の所在地の宇治市では、黄檗駅、黄檗公園、黄檗病院、黄檗学園、黄檗陵園、黄檗料理、黄檗パンなどあり、宇治川には黄檗橋が架かっている。そして4月3日の隠元の命日が、隠元豆を広げた隠元の功績とし、隠元豆の日となっている。

その五、人材育成と著述に尽力し、社会文化の産物でもある黄檗宗の位置づけを強固にした。上に述べてきたように、黄檗宗の布教により、日本の社会安定を図れた隠元が、多くの後継者を育てたほか、唐音による読経、明風の寺院管理、著書多数を後世に残した

黄檗宗・慧日山永明寺ＨＰには、隠元の著作一覧が掲載されている。

http://www.biwa.ne.jp/~m-sumita/BOOK.html

黄檗山萬福禅寺語録	（支）　１巻
隱元禅師龍泉寺語録	（支）　１巻
隱元禅師又録	（支）　２巻
隱元禅師語録	（支）　16 巻
隱元禅師全録	（支）　８巻
黄檗山寺誌	（支）　８巻
黄檗隱元禅師雲濤集	（支）　３巻
隱元禅師語録	１７巻
隱元禅師語録	１８巻
興福寺草録	１巻
隱元禅師語録	住肥前長崎禅興福寺、２巻
隱元禅師語録　○増補本	住肥前長崎禅興福寺、２巻
黄檗和尚興福録	２巻
隱元禅師又録	２巻
隱元禅師崇福禅寺語録	１巻
黄檗和尚語録	住摂州普門福元禅寺、３巻
隱元禅師普門語録	１巻
隱元禅師普門草録	１巻
黄檗和尚扶桑語録	16 巻
黄檗和尚扶桑語録	18 巻
黄檗和尚太和集	４巻
黄檗和尚太和集　○増補本	４巻
黄檗和尚太和集　○又増補本	４巻
普照國師廣録	30 巻
弘戒法儀	１巻
弘戒法儀　○増補本	１巻
黄檗山御賜佛舎利記	１巻
佛祖像賛	１巻
支那黄檗山寺志	８巻

新黄檗志略	2巻
黄檗隠元禅師雲濤集	3巻
隠元禅師雲濤二集	8巻
黄檗隠元和尚雲濤三集	4巻
黄檗隠元和尚雲濤三集　○増補本	8巻
黄檗隠元和尚雲濤續集	1巻
隠元和尚松隠集	1巻
隠元和尚松隠二集	4巻
松隠三集	4巻
松隠續集	4巻
松堂新集	1巻
松堂續集	4巻
松隠老人随録	3巻
松隠老人晩録	3巻
隠元和尚擬寒山百詠	1巻
隠元和尚又擬寒山一百首	1巻
黄檗隠元和尚禅餘謌	1巻
隠元和尚耆年随録	2巻
黄檗隠元和尚耆齢答響	1巻
黄檗和尚六十三壽章頌言別句	1巻
黄檗開山和尚七袟壽章	1巻
黄檗開山隠老和尚八十壽章	1巻
三籟集	3巻　隠元琦編輯

{摘要欄に（支）とあるのは、中国国内で出版されたもの。}

異文化理解の角度から考察していくと、隠元の人生が文化を移動させる大実践ともいえる。あの時代の人間にしては異なる空間を転換させることがほとんど不可能に近い。だが、隠元がそれを可能にした。禅・黄檗宗に対する信念が隠元を支えたとは言え、中国という大地から吸収した総合的知恵がエネルギー源の一つになろう。受け入れた日本の包容力もまた絶大であった。

ここで、注目すべきは、京都は仏教寺院で臨済宗の勢いがあるところ、臨済宗の大本営といえるかもしれない。明朝滅亡後、数万人と言われる反清復明を掲げた明の遺民は海外に逃亡した。しかし、かれらはやがて復明が望み薄であるという現実に気付いた。悔しさから、日本や東南アジアに明朝の文化の根を植えようと図ったという。異国の地に溶け込み、生計を立てる転換にした。逃亡した多くの明朝遺民は黄檗宗に帰依し、落ち着き先を求めたと考えられる。

明治維新以降、黄檗宗派の一部は臨済宗と融合した。この派により、臨済宗と黄檗宗の両派の風格を兼ね備える遺民の子孫が生まれた。彼らは隠元の如く故国を決して忘れず、明を懐に刻み込む人生を選んだ。同時代の黒竜会、興中会と後の同盟会、国民党らと同盟を結んだ。この力量が日本にいる華僑社団と遺民の子孫たちの支持を得て、日本を拠点とする復国思想は衰えず、復国の情熱は常に燃えているのであった。清末以来の中国の留学生たちも黄檗宗に関わりがあったぐらいである。

恐らく、黄檗宗の原点に共感したところから、大悲閣千光寺が天台宗から黄檗宗に改宗したかもしれない。そして本堂にご本尊である千手観音菩薩像以外に、角倉了以（１５５４－１６１４）の木像が安置されているので有名になった。

大悲閣千光寺に安置されている角倉了以の木像
（http://inoues.net/club/suminokura.jpg）

実際、角倉了以は厳格な「自律」者でもある。朱印船貿易により巨大な富を得たものの、個人的使い方を一切せずに国内の河川開発や水運開通などに尽力し、民衆に深く尊敬された。特に１６０６年に成功した嵐山の大堰川疏通の開発は、角倉了以が嵐山と更なる確固たる絆で結ばれていることを示した。

寛永11年（1634）京都・清水寺に奉納された　角倉朱印船絵黒

本来、大悲閣千光寺は後嵯峨天皇（1220－1272）の祈祷所であった。もとは京都市右京区の清涼寺の西方中院にあったが、嵐山に移ったものの距離が遠くなったわけではない。大悲閣の由来は本尊の観音様の仏堂「観音堂」より来ている。江戸初期の1614年（慶長19年）に角倉了以が大堰川を開削する工事で亡くなった人々を弔うために、千光寺を清涼寺から現在の場所に移転させた。ここの地理環境が大堰川の絶壁と一体となっており、その絶壁の上に大悲閣は移築されたのである。この高台より遠くまで見渡せ、疎通事業を行った河川を眺めることができる。同時に寺内に増築した大悲閣は千手観音菩薩を安置し、「地平天成」を願った。そのため角倉了以は晩年を千光寺にて修行に明け暮れ、治水をした大堰川の現場を見守り、治水事業のため犠牲となった生命を追懐したのであろう。その魂たちの安息を祈っていた。遺命により大悲閣に了以が石斧をもった禹王を模した治水の姿の木像を安置し、とこしえに犠牲者たちの魂を見守りたいとの意思であろう。

１６１４年、角倉了以がこの世を去った。彼は二尊院の道空了椿を請じて大悲閣千光寺の中興の開山とした。

父了以の遺志を継いで、その子素案は寺内に了以の像を安置した。１６３０年、著名の儒学家である林羅山が撰文した「河道主事嵯峨吉田（角倉）了以翁碑銘」という記念碑が立てられた。

その後、日本の禹王信仰は、明治維新の西洋価値の優位によって廃れつつある。千光寺もまた衰退の道をたどった。大悲閣の仏堂や院が凋落していった。また、１９５９年の伊勢湾台風により大きな被害を受けるなど災難も重なった。しかし当時の住職たちの堅忍不抜な努力もあり、寺はどうにか半世紀の苦難を堪えることができて、２０１２年にようやく全面的修復が完了し、無事に線香の火種は絶えないでいる。

今日の大悲閣は昔日の風格を取り戻している。「千光寺」の名は金色に輝くイメージだが、寺院には華美な飾りもなく梁や柱は年月の経った白木のままであり、古刹の風格を保持している。百年の風に吹かれて陽の光に晒され、木造の柱の色は黒ずみ、ただ梁の木のみが黄色く塗られているだけである。それも防虫のためである。寺の内部も朴訥としており、埃一つない清潔さである。「一期一会」、「寂清静和」の書は、少なくない禅宗の清らかで静寂な感覚、朴訥な風格と青々と茂った松に山が満たされ、渾然として天と一体になるような人々に静寂と素朴さを悟らせる。

思えば、1919年4月5日という日に、青年周恩来もまたこの古刹で深呼吸をしたりして、雨にけぶる春景色に「一点の光明」を求めていたに違いない。

五、「雨中嵐山」の詩に隠れる行程

　1919年4月5日、この日に「雨中嵐山」以外に、周恩来は「雨后嵐山」の詩を書きあげた。この二編の詩は何を表現しているのか。青年時代に来日し救国の道を探求していた迷いから一筋の光を見出した感銘を表している。しかしながら周恩来の嵐山詩作の背景を考証するための資料はこれといってない。二編の詩の内容を追求するしか、方法はない。その中で「雨中嵐山」は、広く知られている碑の詩であるが、元の名は「雨中嵐山―日本京都」である。以下に論証陳述のために、二編の詩の引用をする。

雨中嵐山――日本京都

一九一九年四月五日に作る

雨中嵐山――日本京都

雨の中を二度嵐山に遊ぶ
両岸の青き松に　いく株かの桜まじる

道の尽きるやひときわ高き山見ゆ
流れ出る泉は緑に映え　石をめぐりて人を照らす
雨濛々として霧深く
陽の光雲間より射して　いよいよなまめかし
世のもろもろの真理は　求めるほどに模糊とするも
——模糊の中にたまさかに一点の光明を見出せば
真にいよいよなまめかし

（訳：蔡子民先生
日本国際貿易促進協会京都総局ホームページ http://www.japitkyoto.jp/shu-onrai/）

雨中嵐山——日本京都（中国語の原作）

雨中二次遊嵐山、
両岸蒼松、夹着幾株桜。
到尽処突見一山高、
流出泉水緑如許、繞石照人。

瀟瀟雨、霧蒙濃、
一線陽光穿雲出、愈見姣妍。
人間的万象真理、愈求愈模糊、
――模糊中偶然見着一点光明、真愈覚姣妍。

雨后（後）嵐山

山あいの雨が通り過ぎると、雲がますます暗くなり、
ようやく黄昏が近づく。
万緑に抱かれた一群の桜は、
うっすらと赤くしなやかで、人の心を酔わせるほど惹きつける。
人為も借りず、人の束縛も受けない、自然の美しさ。
考えれば、あの宗教、礼法、旧文芸……粉飾物が、信仰とか、情感とか、美観とかを説く、
人々を支配する学説に今なお存在する。
高きに登り遠くを望めば、青山は限りなく広く、覆い被された白雲は帯のようだ。
あまりの稲妻が、ぼんやり暗くなった都市に光を射す。

この時、島民の胸中が、あたかも情景より呼び出されるようだ。
元老、軍閥、党閥、資本家……は、今より後、「何を当てにしようとするのか」？

(http://dalianjingdu.kyotolog.net/%E6%97%A5%E4%B8%AD%E9%96%A2%E4%BF%82/%E9%9B%A8%E4%B8%AD%E5%B5%90%E5%B1%B1%E3%81%AE%E8%A9%A9%E7%A2%91)

雨后嵐山（中国語の原作）

山中雨過雲愈暗、
漸近黄昏
万緑中拥出一叢櫻、
淡紅嬌嫩、惹得人心酔。
自然美、不假人工、
不受人拘束、
想起那宗教、礼法、旧文艺、……粉飾的東西、
還在那講什么信仰，情感，美観……的制人学説。

――

登高遠望、
青山渺渺、
被遮掩的白雲如帯、
十数電光、射出那渺茫黒暗的城市。
此刻島民心理、仿佛従情景中呼出、
元老、軍閥、党閥、资本家、……
従此後〝将何所恃〞

「雨中二次遊嵐山」とある。限られた帰国前の日程で嵐山を二度訪れた、同日に二度訪れたという語句表現ではない。詩を詠んだときは2回目の嵐山逍遥だったと読みとれる。青年周恩来はたぶん前日か前々日かに訪れていたのであろう。4月4日に続いてなら2日目ということになる。詩作は1919年4月5日というその日に二編だ。では、「雨中嵐山」が先か「雨后嵐山」が先かどちらが先に詠まれたか、これを知ることは詩を探るうえで大切である。

これはもとより大そうな問題ではあるまい。「雨中嵐山」が「雨后嵐山」より先に創作されている。「雨中嵐山」の「両岸」、「到尽処突見一山高」という描写から読み取れる。この徒歩で移動している時に景色が変わる描写手法を無意識に使っている。つまり作者の移動に伴い、景色も変化している。

くりかえせば、「両岸」の言葉は周恩来が川沿いを歩いていたことが推測される。両岸の松や桜を鑑賞できる川だということである。その後、河畔に徒歩で移動し「到尽処突見一山高」の一句が出てくる。周恩来の逍遥は平地より徐々に高みに移動したのである。つまりは下から上のほうに移動したのである。詩意としてはすでに周恩来の常識的な嵐山逍遥の足跡にとどまっていることがはっきりした。嵐山という地形を目の前にすれば納得はたやすいであろう。

次に、詩が我々読者に想像させるのは、雨に浮かぶ水墨画に似た風景である。川面がなんとも幽邃《ゆうすい》で広々と浮かび上がり、流れ出る泉の水は緑のごとく、河畔の山岳がすっくと立っている。これこそ景色の風格が突然に切り替わった瞬間であり、そもそもが霧雨の朦朧《もうろう》とした中で一筋の光が漏れてきたのである。周恩来は深緑や鮮やかな桜、風光明媚な山水が交わる中に身を置き、自然の美しい風景と同じような万物真理を悟ったようである。探求により明朗になり、思索をすることで本腰を入れて取り組むのである。

時間経過の中で二編の詩を見てみよう。「雨后嵐山」の中の描写で証明ができる。詩中にある「山中雨過」、「登高望遠」は、周恩来が当日に川に沿って歩いたことを証明しており、先述の通り、「至尽処突見一山高」の後、山の上のほうまで登っていることがわかる。上のほうに登り、目に見える全ての景色の中で、「青山渺渺」があり「渺茫黒暗的城市」も見えた。言えることは「雨中嵐山」の時間を構想すると昼間であり、「雨后嵐山」の時間はすでに夕方を過ぎ、夜を迎えようとしていると考えられる。

登頂した時の距離が「渺茫《びょうぼう》」の効果を生み出しずらくなっている。「渺茫黒暗」の街は山頂と距離があり、山峰は必然的に一定の距離を話していないといけない、山の麓ではありえないのである。山の頂上にある大悲閣千光寺に立った俯瞰では、全方位「渺茫黒暗」の景色を眼底に収めることができる。また寺の高みに登ると、「青山渺渺」が瞼にやきつく。説明のため筆者が撮影した二枚の写真を対比して説明しよう。（次頁参照）

詩意を結びつけると、筆者は2015年と2016年にあわせて数回、雨の中を歩いた。周恩来と同じ天候のもとで現場に触れてみたかったからである。

初めに、周恩来が嵐山に遊びに来た道順を知るのに、1910年に開通した京福電鉄の本線に乗り終点の嵐山で下車した。青年周恩来もきっと利用した鉄道である。亀山公園を通った時に角倉了以の銅像を見つけ、大悲閣千光寺を考察する誘惑が湧いた。

しかし現場に足で歩いてみてわかってきたことは、周恩来にとって、嵐山は馴染みの場所で

1. 大悲閣千光寺参道入り口にある「緑水」と高泉詩碑

2. 大悲閣千光寺に上り、「青山渺渺」を眺望する。

はない。初めての場所であった以上、歩くと時間がかかる。嵐山地域は大悲閣千光寺を訪ねたとして一日で回りきれる行程ではない。案外疲れる。詩が示すように、「雨中二次遊嵐山」を経験することが筋が通っている。とはいえ、嵐山地区は名所が比較的平板に連なり、まとまりを見せる。およそ3キロ、4キロ四方に収まる。見忘れたり、再確認したりしたくて引き返すことも可能である。そのため、亀山公園にある角倉了以の銅像を見逃したとしても気になれば戻っているし、それよりも俊敏な性格の周恩来にとって、銅像に気付かなったはずがない。嵐山駅から亀山公園までの途中で臨済宗の大本山である天龍寺などの名所も逃さず訪れていたのかもしれない。

天龍寺は１３４５年に創建され、山号は霊亀山、境内全てが世界遺産に登録されている。嵐山の象徴的な渡月橋はもともと天龍寺の十景の一つである。そのため明治時代（１８６８－１９１２）にすでに、この辺り一帯は写真撮影の風景のベストショットとして選ばれている。日本人なら誰も知っている風景である。その理由から演劇や芝居が趣味であった周恩来がその名に惹かれて訪れたと推測ができる。もしあの日にさらに天竜寺周辺の散策、伝統的な竹林の幽径に感傷していたら、一日の時間では足りなくなる。天龍寺と大悲閣千光寺は大堰川を挟んで向き合う位置にある。たった一日で対岸に渡り、山や河畔を歩き、大悲閣千光寺にまで上がり、渡月橋まで引き返すのは不可能である。

周恩来にとって嵐山は4月5日が二日目だったという。私の足取りは駅から渡月橋へ向かい、橋を渡ってから、川の南岸に沿った山間に向かう小道に向かった。小道の最後は大悲閣千光寺に繋がる参道であった。即ち渡月橋を渡り、周恩来は川の対岸の小道に入り、40分ほど直進して道の最後に行きつき、目の前に現れた頂上にある大悲閣千光寺の参道を道なりに登ったのであろう。渡月橋から大悲閣千光寺までおよそ1キロの距離がある。寺へ登る参道は

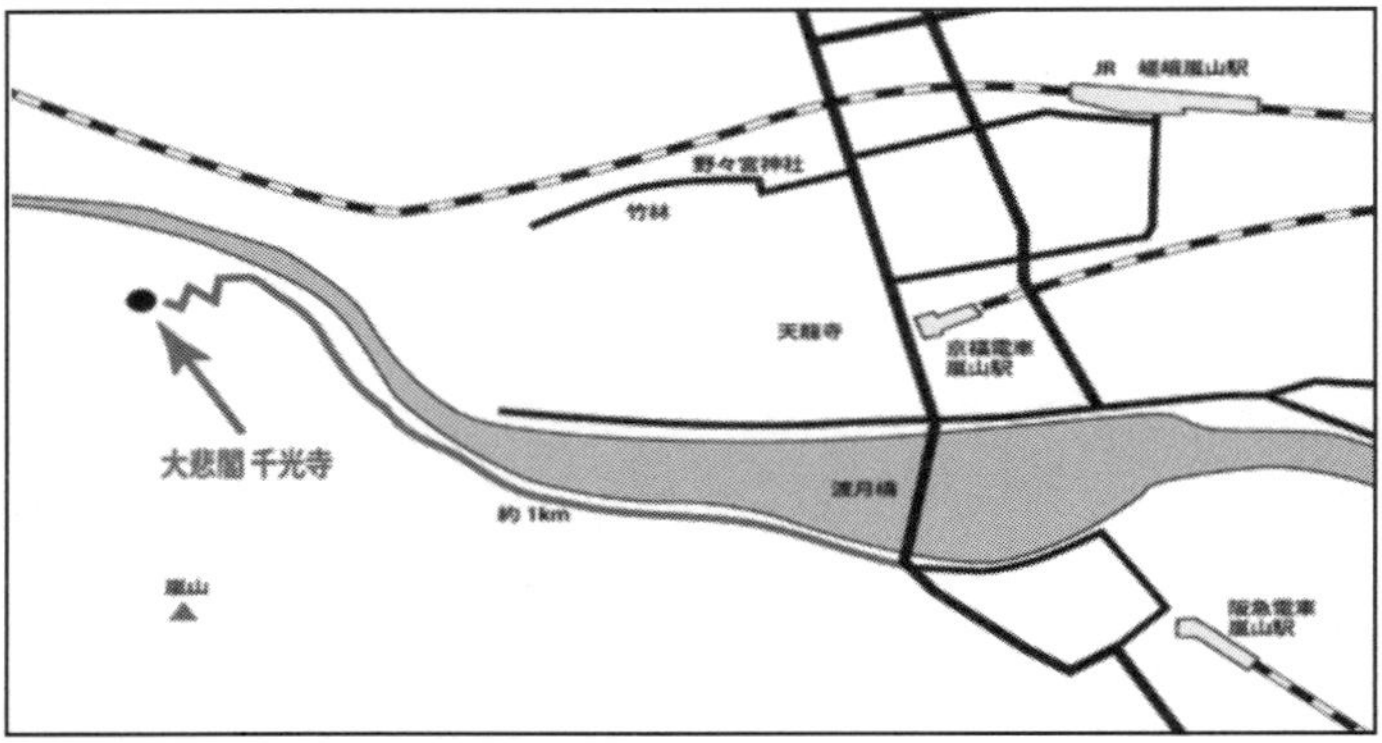

２００段の石畳の階段が山道に敷き詰められている。周恩来のころは今よりもっと難渋する道であったろう。

この道順に関して、筆者は大悲閣千光寺の大林道忠住職を訪ねている。住職はすでに逝去した前住職から、明治末に渡月橋から寺までの土の道があったと聞いている、いつ頃かは不明だが、その道が周囲に繋がるよう今日の状態に開拓された。これにより道路は１９１９年には存在していたことがわかる。なぜなら明治時代は１８６８年より始まり、１９１２年の明治天皇崩御により閉じた。同年即位した新天皇の元号が大正となり、つまりは大正天皇の御代を大正時代と呼ぶ。大正時代は15年で終息した次第である。１９２５年、昭和天皇が皇位を継承した。周恩来の嵐山逍遥は１９１９年、これは大正8年のこと。住職は寺への道が大きく変わるような事情は考えられないという。

黎帆作成絵図１
嵐山から大悲閣千光寺までの構想行程（第一回目は右岸のみの遊覧である）

大悲閣千光寺の道事情は今と変わらぬ細い道だったことが確かめられた。

http://daihikaku.jp/019_traffic/01_traffic_j.html

実際に王敏研究室の研究生孔鑫梓さんと旅行家の黎帆さんがそれぞれフィールドワークを行った。黎帆さんが描いた絵図を見てほしい。矢印が行程である。嵐山駅下車の後、天竜寺、亀山公園、渡月橋を渡り、大悲閣千光寺にまで登った行程である。しかし時間が限られていたため、一回目は嵐山を回る範囲が右岸に限られてしまい、大悲閣千光寺まで行きつかなかった。

そのため１９１９年４月５日、周恩来は雨の中２日目の嵐山探訪をした。大悲閣千光寺を目標とし、渡月橋の左岸の景勝の地を巡り、大悲閣千光寺に上った。絵図２を見てほしい。

黎帆作成絵図２　雨の中二度の嵐山巡りと大悲閣千光寺の構想行程

あくまで想像になるが、１９１９年4月5日に周恩来は友人呉瀚涛の左京区の居所、現在の左京区役所の住所から出発し、１９１０年3月25日開業した京福電車に乗った。始発駅である四条大宮から乗ったと考えられ、終点の嵐山駅で下車した。こう想像して大きなズレはないと思う。

下車後、渡月橋までの観光名所を見てから、周恩来は渡月橋を渡り40分ほど歩いた先に出現した景観に震撼した。それは山水に囲まれた道の最後が、大悲閣千光寺参道の入り口でもあったからだ。「雨中嵐山」に描かれている描写のような「突見一山高（道の尽きるやひときわ高き山見ゆ）」があり、参道の入り口右手は詩にある「流出泉水緑如許（流れ出る泉は緑に映え）」や「繞石照人（石をめぐりて人を照らす）」景色が広がっていた。その情景を筆者はカメラに収めた。

大悲閣千光寺参道入り口　王敏撮影

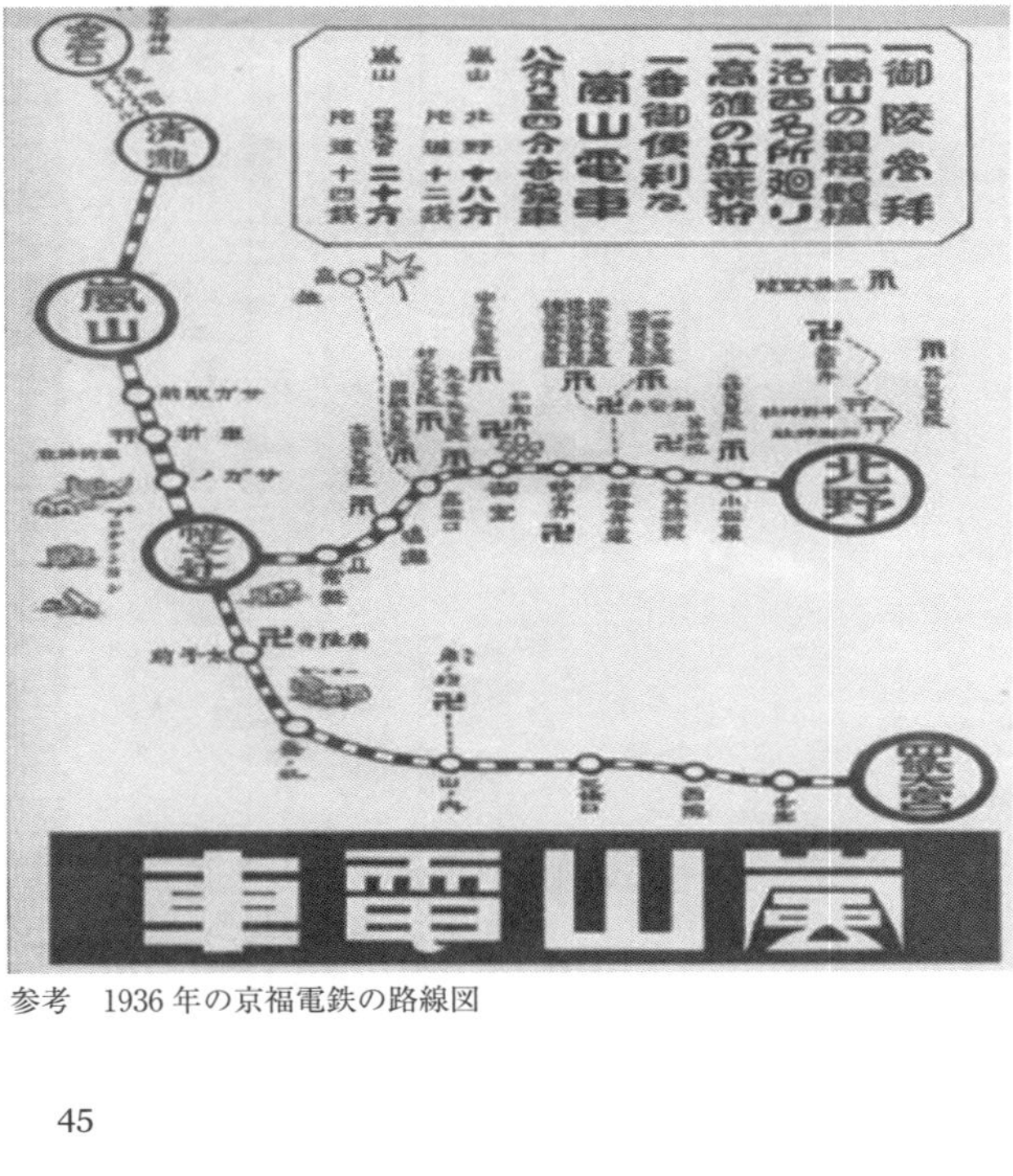

参考　1936 年の京福電鉄の路線図

六、高泉性潡の詩碑との邂逅

大悲閣千光寺に向かう参道には２００段の石段があり、参道入り口の両脇には一対の花崗岩に彫りこんだ石碑が直立している。高さ２２６センチメートル、幅39センチメートル、厚さ29センチメートルもの石碑は、上述した明末に隠元禅師が来日し広めた黄檗の高僧の七言絶句の「登千光寺」それは高泉性潡の詩である。

千尺悬崖构梵宫、
下临天地一溪通。
何人治水功如禹、
古碣高镌了以翁。

大悲閣に登る（日本語訳）

千尺の懸崖、梵宮を搆かまえたり
下に地の無きを臨めば一谿いっけい通ず
何人の治水、功は禹うの如くたらんや

古碣は高らかに鐫ほる了以翁

https://office34.exblog.jp/15069950/

石碑の中で高泉の名がはっきりと見てとれる（左側の石碑）

博客頁より https://office34.exblog.jp/15069950/

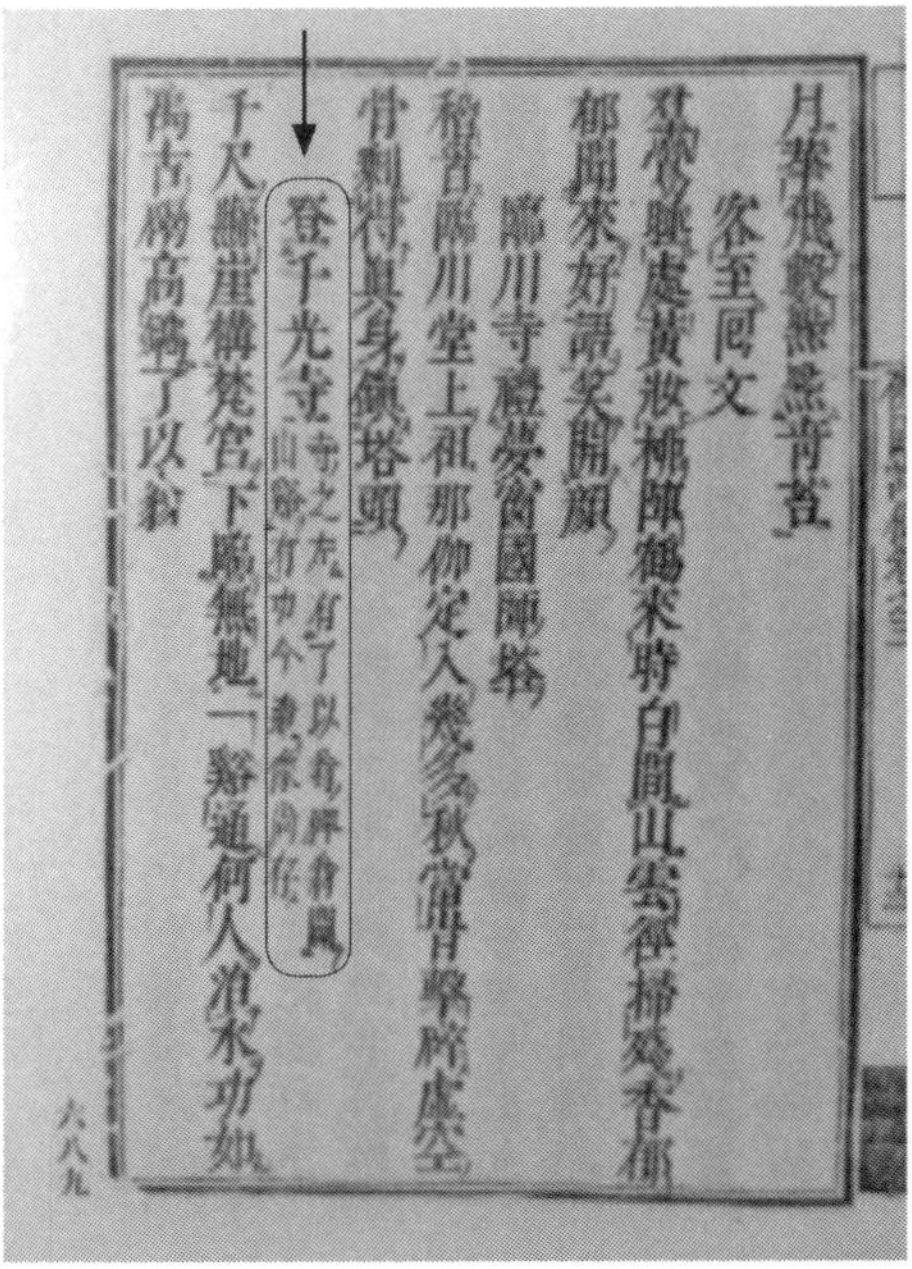
客至同文

臨川寺禮夢窗國師塔

登千光寺　寺之左有了以翁碑翁闢山谿有功今造像尚存

六八九

この詩は黄檗文化研究所の『高泉全集』編纂委員会編集、黄檗山萬福寺文華殿から2014年3月刊行の四巻本『高泉全集』Ⅱ詩文集篇　第二巻第689頁に収められている。「佛国詩偈」に分類分けされている。高泉の年譜によると、1678年に高泉は門弟の雷洲が開創した佛国寺の開山となり、佛国寺（現在の伏見区大亀谷敦賀町仏国寺）の住持を一時務めた。推定するしかないが、この詩を詠んだ時期はおおよそ1678年より後だといえる。

上に挙げた資料より、詩の題名と詩本文との間に二行にわたり「寺之左有了以翁碑翁闢山谿有功今造像尚存」とある。高泉が寺院の内部状況や構成についてはっきりと詳細を把握していることがわかる。すでに前述しているが、「了以翁」は角倉了以を指し、「了以翁碑」は儒家の大家である林羅山（1538－1657）が撰文した「河道主事嵯峨吉田（角倉）了以翁碑銘」の石碑を指している。吉田は角倉の旧姓である。

石碑の高さはおよそ2メートル、幅0・9メートルであり、左上の角が破損している。碑文は2000文字余りであり、文中の個別の文字がはっきりとせず、識別がしづらい。伊東宗裕編『林羅山文集』509から512頁に収録されている。碑文の内容は以下のよう、www.kinsei-izen.com/images/26_Kyoto/Ryoui-himei.pdf より読むこともできる。

（正面頂部横書き）「河道主事嵯峨吉田了以翁碑銘」（篆书）
「古云舟楫之利以濟不　通嘗聞其語矣今有其人也了以叟其人歟了以姓源氏其先佐佐木支族號
吉田者宇多帝之後也云爾世住江　州五代祖徳春來城州嵯峨因家焉其所居乃／角藏地也洛四
隅各有官倉在西曰角藏語在沙門石夢窓天龍　寺圖記中徳春子宗林宗林子宗忠皆潤屋也而仕
室町將家宗忠子宗桂薙髮遊天龍蘭若嘗學醫術一旦從僧　良策／彥逾溟渤赴大明明人或稱宗
桂號意庵蓋取諸醫者意也之義還于本邦其業瘉益進娶中村氏以天文　二十三年甲寅其月其日
生了以諱光好小字與七後改名了以性嗜工役嘗／雖志筮仕而未肯事信長秀吉矣　及于／前大

相國源君之治世也而初出奉拜謁焉慶長九年甲辰了以往作州和計河見艜船以爲凡百川皆可以通舟乃歸嵯峨泝大井川至丹波保津見其路自謂雖多湍石而可行舟翌年／乙巳遣其子玄之于東武以請　之／台命謂自古所未通舟今欲通開是二州之幸也宜早爲之丙午春三月了以初浚大井河其所有大石以轆　轤索牽之石在水中則構浮樓以鐵棒鋭頭長三尺周三尺柄長二丈許繫繩／使數十餘人挽扛而徑投下之石　悉碎散石出水面則烈火燒碎焉河廣而淺者帖石而狹其河深其水又所有瀑者鑿其上與下流準平之逮秋八　月役功成先是編筏纔流而已於是／自丹波世喜邑到嵯峨舟初通五穀鹽鐵材石等多載漕民得其利因造宅　河邊居焉玄之嗣焉子嚴昭受傳之玄之能書且問儒風於惺窩滕先生有年矣一旦招先生遡遊于河上奇／石　激湍甚多請先生多改舊號其白浪揚如散花者號浪花隈　※1　其齊汨環石者號觀瀾盤陀有石相距可二十　丈猿抱子飛超其間者號叫猿峽　※2　東有山岩高嶮有棲鶻之危巢／者號鷹巢石壁斗絶貌如萬卷堆者號　群書岩　※3此處有石似門廣五丈高百餘尺者號石門關有湍急流船行如飛號鳥船灘　※4　灘隣於水尾世　傳清和帝嘗來觀魚于此焉岸有／山岩高可五十丈其下水平衡如水載山取山下出泉蒙之義號曰蒙山皆有　倭歌在其家集惺窩所遊觀止此焉復有石方三丈許其面如鏡聳於水崖號鏡石又有浮田神祠世傳邃／古之　世丹波國皆湖也其水赤故曰丹波大山咋神穿浮田決其湖於是丹波水枯爲土乃建祠而祭之以鋤爲神之主　此神卽是松尾大神也下此則愛宕龜山在左嵐山左右

其勝區／不可枚數十二年春了以奉／鈞命通艜於富 士川自駿州岩淵挽舟到甲府山峽洞民未
甞見有舟皆驚曰非魚而走水恠哉恠哉與胡人不知舟何以異哉此 川最嶮甚於嵯峨然漕艜通行
州民大悦十三年又命了／以試自信州諏訪到遠州掛塚可通舟天龍河否了以 雖卽漕盪然無所
用故至今舟少方是之時營大佛殿于洛東大木巨材甚勞挽牽了以請循河而運之乃聽之於 是自
伏見里浮／之河泝而挐焉了以見伏見地卑於大佛殿基可六丈卽壤其高爲是於卑處若河曲處置
轤轆 引起復浮水水平如地先是呼許呼邪者五丁憂之萬牛難之於是水運不勞力不日材／木悉
達人皆奇之十六 年了以請行舟鴨河乃聽之因自伏見河漕艜遡上流達于二條至今有數百艘遂
構家河傍使玄之居之玄之男 玄德嗣焉十九年富士河壅嶮舟不能行／鈞命召了以有病玄之代
行治水又能通舟三月始役七月成之聞了 以病急告假玄之未入洛先二日了以歿實慶長十九年
秋七月十二日也時六十 一 歳此年夏營大悲閣于嵐山 山／高二十丈許壁立谷深右有瀑布前有
龜山而直視洛中河水流於龜嵐之際舟艜之來去居然可見矣其疾 病時謂曰須作我肖像置閣側
捲巨綱爲座犁爲杖而建石誌玄之等從其／遺教玄之錄其事以寄余請爲之記 件件如右昔白圭
之治水以隣國爲壑張湯之漕褒斜嶮巇不能通今了以疏大井河淪鴨水決富士川凡其所排 通釃
開則舟能行不臭其載人皆／利之與白圭張湯所爲大異矣所謂舟揖之利以濟不通者不在茲乎宜
哉垂 裕後昆余與玄之執交久矣故應其請書焉且旌之以銘其詞曰／排巨川兮舟楫通浮鴨水兮

梁如虹矧復鑿富　士河兮有成功慕其錫玄圭兮笑彼化黄熊嵐山之上兮名不朽而無窮／寛永六年冬十一月日（※1旧名／大瀬、※2旧名／猿飛、※3旧名／出合、※4旧名／鵜川）

なお、碑文の日本語大意は三熊花顛編『続近世畸人伝』巻二、寛政十年・1798年刊による【角倉了以】の条がある。

【角倉了以】

光好、姓は源、氏は吉田、後に角倉と称す。小字与七といひしが、後了以と改む。家系、羅山の作碑文に委しければ略之。母は中村氏。天文二十三年甲寅に生る。天姓工役にたくみ也。慶長九甲辰歳、事により美作国にゆき、和計川の舼船をみて、百川すべて舟を行べしと思ひ、たゞちに嵯峨にかへり、大堰川を泝り、丹波ノ国保津にいたるに、湍石多くしてはつかに筏のみかよへれど、猶舟すべきをしりて、翌乙巳歳、其子玄之を江戸につかはし是を乞しむるに、山丹二州の幸なれば、すみやかになすべしと許給ふ。於テ是ニ十一丙午歳三月より大堰川を浚す。先大石は轆轤索をもて牵之ヲ。水中にあるは、其上に高く足代をかまへ、鉄椎の頭尖りて、長さめぐり各三尺、柄の長サ二丈あまりなるに、あまたの索を結付、数十人して其椎を引あげて、直に落せば、巌石ことごとく砕けぬ。あるは、水より出たるは、其石の上にて大かゞりを焼て砕キ之ヲ、あるは、河広くして水浅き所は、石を帖て水を深くし、又瀑などあれば上をうがちて平らかにしつ。からうじて八月に至りてまたくなれり。かゝりし後、今に至るまで、丹波世喜村より嵯峨に舟かよひて、五穀、塩、鉄、材、石など有無を通じて、民大に利をうるとなん。十二年の春、又命を奉じて駿河の国富士川を浚ふ。此川もとも嶮流なれども、駿河の若淵より甲斐の国に船通ふこと丶はなりぬ。よりて其辺の人々艄をみてあやしみかつ驚ていふ、魚ならずしてよく水を行クと。かの胡人の舟をしらざるに似たり。又十三年、信濃国天竜川をさらへて、諏訪より遠江の国掛塚迄舟すべしと命じ給ふ。則奇工をつくせども、きはめて浚流なればふね用ゐがたしとぞ。此年、洛東大仏殿造立あり。大木、巨石を運ぶに甚なやめりしかば、了以又乞て伏見の里より河に循ふて運送す。元来、伏水の土地、大仏の基よりひき丶事六丈なりとて、其道すがら高き所をうがちてひき丶所に堤をつき、又河のめぐれる所は轆轤索をもて是を引などせしかば、不日にして木石ことごとく達せり。見る人みなあやしまざるはなかりしとなん。十六年、又官に乞ふて鴨川に船を通ず、今の高瀬川是也。十九年、先にさらへし富士川壅て船のかよひなやめりしかば、了以をめし給ふに、了以たまたま病にかゝれりしかば、息、玄之をして行しむ。三月より役を初メて七月に成。時に了以病急なりとき丶て、とみにかへりくるに、いまだ京にいらざるの前二日に歿せり。慶長十九年甲寅七月十二日也。享年六十一歳。此としの夏、嵐山に大悲閣を建立す。死に臨む時、遺言すらく、我肖像を作りて大悲閣の側に置き、巨綱をあみて座とし、犁を杖として石誌を建よと。後其遺教にしたがひ、碑文を羅山林氏にこふて建つ。其詞にいはく、排シテ巨川ヲ兮舟楫通ズ。浮カビデ鴨水ニ兮梁如シ虹ノ。矧ヤ復タ鑿チテ富士河ヲ兮有ルヲヤ成功。慕ヒテ其賜フコトヲ玄圭ヲ兮。笑フ彼ノ化スルヲ黄熊ニ。嵐山之上兮名不シテ朽チ而無シ窮マリ。寛永六年十一月日（巨川ヲ排シテ舟楫通ズ。鳴水ニ浮カビテ梁虹ノ如シ。矧ヤ復タ富士川ヲ鑿チテ成功有ルヲヤ。其ノ玄圭ヲ賜フコトヲ慕ヒテ、彼ノ黄熊ニ化スルヲ笑フ。嵐山ノ上名朽チズシテ窮マリ無シ。寛永六年十一月日）

（追記）

此一条、羅山林先生の碑文のうち一二をとりて訳せし也。猶かの碣誌に委し。往て見るべし。因ニ云。息玄之、一の名は貞順、通称与一郎、後号ス素庵ト。惺窩先生にしたがひ文学に長ぜり。常に深衣を著して儒書を講ぜりとなん。羅山氏と交りふかく、かつ羅山氏、惺窩先生にまみえしも、此人の紹价なりとぞ。

(http://ndb1.nichibun.ac.jp/tois/kijinden/kijinden_105.html)

ここで特に注意をひくのは碑文の末尾にある林羅山が書いた詩である。

慕其賜玄圭兮　笑彼化黄熊

(慕ヒテ其賜フコトヲ玄圭ヲ兮。笑フ彼ノ化スルヲ黄熊ニ)

「圭」はここでは父親のことを指し、「黄熊」は中国の伝説の引用である。古代神話の中で禹王の父親である鯀が黄熊になり治水をしたとある。林羅山は日本における儒家の筆頭として知られており、漢文への造詣は極めて深い。『河道主事嵯峨吉田了以翁碑銘』を寛永六年(1629年)冬11月に書いた後、12月、林羅山が京都から江戸へ赴く途中、尾張藩に立ち寄り、『拝尾張聖堂』を書き記した。その中に「金像有り。堯、舜、禹、周公、孔子安其中」とある。禹の金像について後述とする。

寛永九年(1632年)に林羅山が狩野山雪画伯に聖賢図・「歴聖大儒像」の群像を描かせた。伏羲、神農、黄帝、堯、舜、禹、湯王、文王、武王、周公、孔子、顔子、曾子、子思、孟子、周惇頤、張載、程顥、程頤、邵雍、朱熹の二十一幅である。また、寛永十三年（1636）、朝鮮通信使副使の金世濂（号は東溟）に賛を書いてもらったという。これら「歴聖大儒像」が現在、「大禹像」を含めて十五幅、東京国立博物館に収蔵され、他の六幅が筑波大学に分蔵されている。要は林羅山の禹王崇敬が明らかになっている。これに関連する事実については、以下の論文に詳しく述べられてある。（「大禹像」については300頁を参照）

吾妻重二による「江戸初期における学塾の発展と中国・朝鮮―藤原惺窩、姜沆、松永尺五、堀杏庵、林羅山、林鵞峰らをめぐって」、『東アジア文化交渉研究』第2号、2009年、57-58頁。水野裕史「狩野山雪筆《歴聖大儒像》再考―林羅山の道統論を中心に―」（日本儒教学会2018年度大会、2018年5月13日）である。

さて、高泉もまた林羅山の才能に傾倒しており、角倉了以の精神にも心服していたので、「登千光寺」を詠んだと推察する。この詩の中で、林羅山の碑文に対応する意思があり、禹王と角倉了以を同列に論じている。

「何人治水功如禹、古碣高鐫了以翁（何人の治水、功は禹うの如くたらんや　古碣は高らかに鐫ほる了以翁）」

これは林羅山に対する唱和であり、また角倉了以に対する称賛でもある。

高泉性潡は、また黄檗高泉（1633－1695）とも称される。福建省福清市出身の黄檗宗の僧である。俗姓を林、字は高泉または良偉、号は雲外であり、曇華道人とも称される。13歳の時に故郷の黄檗山に出家し、隠元隆琦の門人である慧門如沛禅師に師事し、その教えを継いだ。1661年、29歳の高泉は隠元の招待を受け、京都の黄檗山萬福寺に入寺する。まもなく、法雲院の住持に招請され、『妙法蓮華経』『円角経』『維摩経』の他30巻余りを血書している。献珠寺と仏国寺を開山した。また隠元のため100日の間棺側を守り、後水尾上皇に十牛頌を献上し、しばしば宮中に入り、説法を説いた。隠元禅師の禅の格は卓越し、黄檗の僧の多くは詩を作り賦に長けていたので、時に「詩南源、文高泉」と言われていた。1675年、高泉は『扶桑禅林僧宝伝十巻』を撰し、翌年に『東国高僧伝十巻』を編集した。その後も著述は不断なく、『尚有洗雲集十巻』、『佛国高泉禅師語録八巻』、『山堂清話三巻』、『東渡諸祖伝』、『法華略集』、『翰墨禅』、『高泉禅師語録』、『有馬温泉記』、『釈門孝伝』などの各一巻が続く。高泉性潡は徳が厚く、後世に名声が残るほどであった。貴族層と広く結びつきながらも平民とも近しかった。積極的に有効的な文化交流を推し進め、黄檗宗の興隆を発揚し、振興していた。1692年に萬福寺の第五代住持に就いた。このため二度に渡り、霊元上皇より

1705年に大圓広慧国師、1727年には仏知常照国師に諡号を送られている。後世では高泉は黄檗山中興の祖として祀った。世寿六十三。

高泉はその品行を以て、後世の仏教界の尊敬を勝ち得た。筆者は大悲閣千光寺の大林道忠住持とのインタビュー内容を見るに、上述した背景を基に、千光寺の住持は特に高泉を招待し寺に指導を来てもらうこと3ヵ月、揮毫を頼み、石碑に刻んだ。山門を立て、千載万世を示した。だが現在の高泉の詩碑は1924年に建てられた。これ以前の状態はいまだ不明である。しかしながら、開山時の千光寺は本来天台宗であった。その後、1808年より黄檗宗に改宗した。改宗の原因は明らかにされていないが、黄檗宗の高泉の存在とは無関係でないことは分かった。

例えば高泉の「登千光寺」の時期が1678年であると指定され、241年の時間の隔たりを経て、まさか周恩来が1919年に、千光寺に参るなんて想像ができただろうか。

第二章　「雨中嵐山」逍遥考

雨にもかかわらず嵐山に二度も逍遥した周恩来の誘因についてお分かりいただけただろうか。もし二度目が1919年4月5日であれば、一度目はたぶん前日という可能性が高い。二度とも（2日とも）雨に降られた可能性が高い。降りだせば止みにくい春雨の性質を無視できないから。限られた京滞在の日程にしばられたろうが、ほかにも誘因が考えられる。

一、治水の家の歴史

周恩来の母の万冬爾（1877－1907）は江西省南昌県人。その父は清河県（現淮陰県）の県知事であった。1897年、20歳になった万冬爾は周劭綱に嫁いだ。三人の息子を生み、周恩来は長男。一歳になる前に子のいない叔父夫婦の養子となった。1904年六歳の時、養父が死去。養母と実の両親と共に母方の祖父の家がある清河県に移り、祖父の私塾で勉強をしていたが、1907年、母万冬爾が過労により31歳の若さで亡くなる。1908年、養母も次いでなくなる。このため10歳の周恩来が生活の重責を負わなければならなくなった。

楊天石、章百家らが推薦する2017年九州出版社から出版された李海文の著作『周恩来家世』の記載によると、周恩来の母方の祖父である万青選は淮安府県に任ぜられたと同時に、水利の「里河同知」も受け持った。後に徐州府の「運河同知」も受け持ち、治水の水利専門家となった。周恩来の姪である周秉宜は筆者にこう話してくれた。万青選の長男もまた水利に詳しく、万家は三代にわたり、治水に関係したのである。このため、家庭生活の水文化の情報が必然的に周恩来の耳に入り、周恩来の禹王に対する知識や注意が培われた。

周知されているが、周恩来は幼い時より友人や年配者に対する敬慕の念が強い。その美徳はすでに多くの選考研究によって実証されているため、筆者が語る必要はない。ここで南開大学の徐行教授の先行研究における一例を論証として引用する。

周恩来は孝行心が厚く、常に身内を気にかけている。彼の母親は彼が9歳の時にこの世を去ったが、葬式を営む余裕がなく、長い間、郷里の淮安で仮埋葬していたことが、周恩来にとって気がかりであった。日本留学の間に実家は急に衰退し、周恩来の心はさらにせかされた。1918年1月8日に、家で長く臥せっていた叔父が亡くなったことを従弟の手紙で知った。周恩来はこの日の日記にこう記している。

「私の身は海外にあり、この悪い知らせを突然受け取った。その時の心中が如何に痛かったことか。この悲哀はまるで知覚を失ったことと同じである。[8]」

1月11日、彼はまた日記にこう記している。「この三日、夜はほとんど寝ておらず、想えば想うほど辛くなる。家がどのような様子かわからず、四伯（四番目のおじ）は急いでおり、この身が海外にいることをただ恨めしく、すぐに帰国し四伯を手伝うこともできない。義父[9]は多少は動いているよう。今のようなこの地位では進むことも戻ることもできない。」日本の学校の受験日も近づいている中、実家の状況が日に日に悪化しているという困難が、周恩来の受験勉強時の心理負担に大きくのしかかる。続けて日記にはこう記している。「自分は現在家のこのような事情を日々ただ心に浮かべるだけで、刻々と勉学に勤しんでいる。今年もし官費に合格したら、その時にやっと安堵できるであろう。一歩一歩の向上で進み、もしかすると恩に報いる日があるかもしれない。」

この日記から、海外にいた周恩来が清明節という特殊な意義を含んだ節目を迎えるときに、自然に親親類を思う気持ちが湧きで、異国の嵐山に対する神韻をさらに生み出し、趣ある山水の感嘆である。

二、祖先祭祀習俗

周恩来出生の地は今日の浙江省淮安市である。祖籍は浙江省紹興市である。紹興は皆が知っている紹興酒以外に、大書道家である王羲之（303－361）や作家の魯迅（1881－1936）、教育者の蔡元培（1868－1940）などの著名人を生んだ土地である。史伝にある治水賢王たる大禹陵などの40余りの禹王の活動遺跡の史跡もまた紹興が発生源である。紀元前210年より秦の始皇帝が禹王を祭って以来、歴代の王もその歴史を受け、遵守していた。960年、宋王朝の太祖が禹王を国の守護霊にした。民国時代、さらに禹王を祭る例祭を「国祭」とし、毎年9月9日は国を挙げての祭祀である。

以下略表形式に民国と新中国の大禹陵を参拝した国家指導者を紹介する。

国家指導者の大禹陵志参拝一覧表

潘建中編著（2005）『大禹陵志』研究出版社より抜粋

時間	人物	内容	ページ数
民国5年(1916)8月20日	孫中山	孫中山及び紹興県知事である宋承家、県商会会長陶蔭軒が付き添い、三明瓦船（書舫）に乗り、大禹陵廟）仰ぎ見た。窆石を撫で、題刻を読んだ。	253—254
民国28年(1939)3月28－29日	周恩来	1939年3月下旬、中共中央軍委副主席であり中共南方局書記周恩來は、国民政府軍委政治部副部長の公開身分を以て、浙江の抗戦前線を視察に来た。抗日民族統一戦線を展開するのである。28日の早朝に紹興に着き、「抗戦の機会を得るには故郷の墓参りをしなくては」と言い、29日の午前中に大叔父の希農太と従弟の王貺甫らを共に一族の墓参りを行った。午後に大禹陵廟を拝見し、大禹像の前にしばらく立っていた。大禹陵碑の前で思い出として一人の写真を撮り、禹廟拜廳の前の石段にて、皆と写真を撮った。周恩來は紹興滞在時と金華に向かう際に記者のインタビューを受けている。折に触れ禹王の業績を称え、故郷の同胞たちが抗戦に耐え、故郷の偉業を防衛していることを励ます際には禹王の精神を語る。周恩来は「抗日闘争のおいて、紹興の地は民族の精神的史略である。例えば、禹王と越王勾践の苦労に耐え奮闘の強い意志を見習おう」と言い、また「禹王は人類が自然に対し奮闘した第一砲を打ち鳴らした。科学が芽吹いている時代に、同じような自然的作戦は簡単ではない。中国の歴代統治者は禹王の治水ということの科目についてよく学んでこず、ただ抑制するだけを知り、状態に応じて優勢に導くことを知らなかった。そのため独裁となり、つねに反乱が起きた。彼らは失敗することを決定づけられていたのである。」とも述べた。	

（続く）

民国36年(1947)4月11日	蒋介石	国民党の総裁、そして国民政府主席であった蒋介石とその夫人である宋美鈴、経国夫妻は浙江省主席の瀋鴻烈に付き添われ、5時頃に大禹陵廟を拝見した。大禹陵の周囲をしばらく見渡した。大禹像を拝見した際に花輪を献花した。禹廟の損壊場所を目にし、紹興の責任者である鄭小隱と紹興県長の林澤に修繕するよう伝える。夕方6時頃に一行は杭州に帰っていった。	255
1991年5月20日	李瑞環	中共中央政治局常委、全国政協主席李瑞が陵廟を視察した。	259
1994年4月28日	丁關根	中共中央政治局委員、書記処書記丁關根が陵廟を視察した。	259
1995年5月15日	江澤民	中共中央総書記、国家主席江澤民が省委書記李澤民らと共に大禹陵の視察に訪れた。北京に戻ってから、大禹陵の牌坊のために「大禹陵」という三文字を書いた。	260
1996年6月16日	錢其琛	国務院副総理である錢其琛と国家旅遊局長一行が大禹陵を視察した。	261

会稽山图（摹自康熙《会稽县志》，卷首）

続いて過去と現在の新旧大禹陵の風景を紹介する。最初は清康熙十三年（1674 年）発刊の地方誌『会稽県誌』二十八巻刻本（「清」呂化龍修　董欽德纂）の巻首にある大禹陵の地図。

（紹興日報社　袁雲撮影）

次は現代の航空撮影による大禹陵の風景。川を挟んで右側に一連の建築がある。

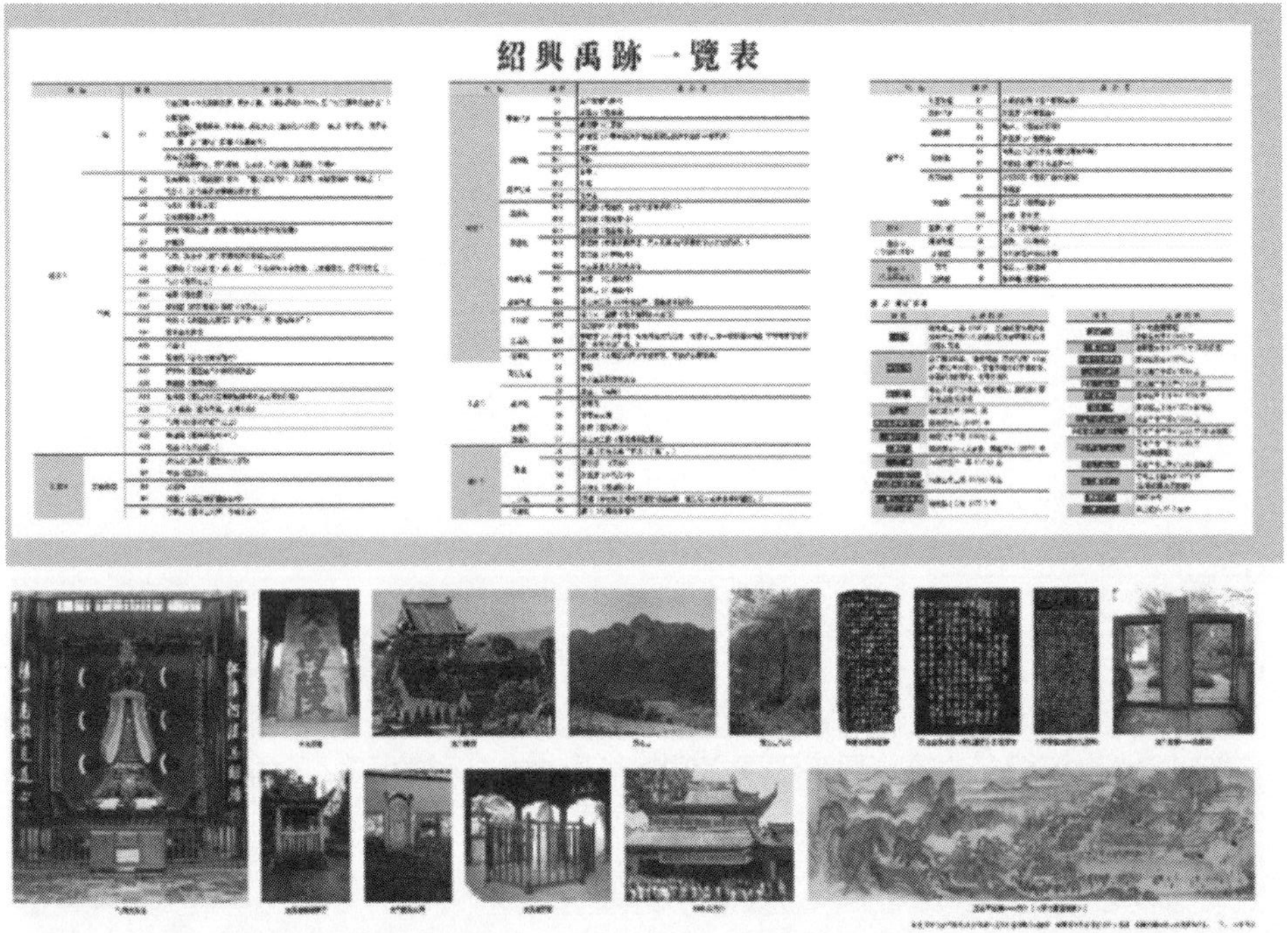

大禹のメッカである紹興に相応しく、今も四十数ヵ所の禹王ゆかりの旧跡名所があるという。その一部を邱志栄監修『中国鑑湖』第五期（中国文史出版社　2018年）に掲載されたものを紹介する。

紹興と禹王の歴史の淵源及び禹王情節は魯迅と関連した一枚の写真からも窺い知ることができる。これは１９１１年の早春、魯迅と紹興府中学堂の教員と同級生らと大禹陵に参拝した時の写真である。地元民にとって、大禹陵を参拝することは今に至るまで学校や会社などの行事において最もよく選ばれている。

周恩来も幼少より禹王文化の薫陶を顕著に受けてきた。１９３９年3月30日の午前、中国人が国を挙げての祖先祭祀である清明節の前夜、周恩来は紹興に戻り抗日運動を呼びかけたが、その際に親戚や友人たちと先祖を祀り、大禹陵に参拝に向かい、大禹陵の前で友人たちと記念撮影に収まった。次の二枚の写真は紹興周恩来記念館より提供してもらった。

禹陵

　ここからわかるように、その身が日本にあった周恩来は祖国の清明節の時期に合わせて、嵐山を選んで祖先祭祀を行ったのであろう。一回目の嵐山逍遥時に、偶然にも日本の禹王といわれる角倉了以の銅像に遭遇し、さらに大悲閣千光寺の存在を知った。禹王への敬虔な気持をつのらせてもう一度嵐山へ来ようという再訪の考えが自然に生まれたのであろう。1919年4月5日の京都嵐山は雨。中国人にとって、清明の日の雨は先祖祭の心情に合っているとされる。その理由は唐代詩人の杜牧の「清明」からもうかがわれる。

清明時節雨粉粉
路上行人欲斷魂
借問酒家何處在
牧童遙指杏花村

読み下し文

清明の時節雨粉粉
路上の行人魂を斷たんと欲す

借問す酒家何れの處にか在る
牧童遙かに指さす杏花の村
（「**漢詩　読み下し文　現代語訳**」より
http://sekiso.blog.jp/archives/1759067.html）

1919年の清明節は4月6日である。晴明節は陽暦だと4月5日か6日になる。偶然とはいえ、国の習慣を大切にした周恩来は清明節の日にあわそうと嵐山へ向かったのかもしれない。「清明時節雨紛紛」（清明の時節　雨紛紛ふんぷん）の雰囲気に出会いたかったと思えてくる。偶然とは思われない「雨中二次遊嵐山」である。
https://zhidao.baidu.com/question/1734974743965851667.htmlBaiDu　知道网にある記載より

ちなみに1901年から1943年の「清明」は陽暦の4月6日が多い。その年を列挙してみる

1902年4月6日　旧暦　二月廿八清明節

1903年4月6日 旧暦 三月初九清明節
1906年4月6日 旧暦 三月十三 清明節
1907年4月6日 旧暦 二月廿四 清明節
1911年4月6日 旧暦 三月初八 清明節
1915年4月6日 旧暦 二月廿二 清明節
1919年4月6日 旧暦 三月初六 清明節
1923年4月6日 旧暦 二月廿一 清明節
1927年4月6日 旧暦 三月初五 清明節
1931年4月6日 旧暦 二月十九 清明節
1935年4月6日 旧暦 三月初四 清明節
1939年4月6日 旧暦 二月十七 清明節
1943年4月6日 旧暦 三月初二 清明節

推定の域はでないが、周恩来は4月5日の嵐山逍遥の目的は祖先祭祀と禹王を祀ることでもあった。周恩来は清明節が1919年は4月6日だと分かっていたが、あえて前日に嵐

左より別称で　輔青（楊扶静）、永滋（于樹徳）、翔宇（周恩来）、東美（劉東美）
洗凡（馬汝駿）、冠賢（童冠賢）、子倫（張国経）、朴岩（黄開山）、存斎（安体誠）

山に向かったとみたい。「清明時節雨紛紛」という天候条件や地の利を見逃さず、敬虔な青年周恩来は行動したのであろう。

前日の4月5日に行かねばならない事情があったとみたほうがいいかもしれない。実際、1919年4月6日は周恩来と新中学会[10]の8人の会員は京都で対面を果たした。会員は京都帝国大学で学んでいる安体誠[11]と于樹徳[12]。また東京から来た学会リーダーでもある馬洗凡[13]と童冠賢[14]及び、東京水産講習所卒業の楊扶清[15]と張子倫[16]らである。彼らは周恩来送別に急ぎ駆け付け、またこの機会に京都の会員たちとも集まることができた。上の写真が4月6日に取られたものである。

三、入魂する禹王の精神

周恩来が南開中学在籍時に、三回ほど作文の中で禹王について述べている。この三編の作文は周恩来の民を思う心情が出ている。2014年に人民出版より出版された中共中央文献研究室第二編研部と天津南開中学編集した『周恩来南開中学論説文集』を参考に、三編の作文について簡単に紹介する。

1914年秋の作文「生人最宝貴者、無過于光陰」

「大禹惜寸、陶侃惜分、視光陰之可貴、在昔已然[17]。」

陶侃は東晋の名将であり、常に「禹王のような聖人でも毎一寸光陰を惜しんだ。我々のような凡人は更に光陰を惜しむべきである。放逸して遊び、光陰を浪費できるだろう。」このような光陰の品質を惜しむことは古来よりあった。

1916年5月6日の作文「誠能動物論」

「下車泣過、大禹之誠感罪、祷雨桑林、商湯之誠格上天[18]」

ここで述べていることは禹王が一度馬車に乗り巡回に出た時に、一人の護送された罪人と出会い、禹王が車から下り何事かと聞きに行く場面である。本来この罪人は悪事を働き罰を受けるべきものとみられるにかかわらず、禹王は事情を聴いた後に不覚にも涙を落とす。周りの人々は「この犯罪人は法令を守らなかったから、その罪は受けるべきものです。何か痛惜するものがありますか。」と聞いた。禹王は「尭舜の時代は、天下の人は皆本分を守っており、悪事を働き罰を受けたということは聞いたことがなかった。ところが今、私の執政は人に徳を為さず、犯罪人は民である。それは私の不徳の致すところである。」と答えた。禹王は側にいるものに亀の甲羅を1枚取り出すようすぐに命じた。そしてその上にこう記した。「百姓有罪、在于一人」。

商（殷）を国した成湯は夏を滅ぼしたが、大旱魃に見舞われ、五年間で作物を収穫できなかった。成湯は自ら桑の林の中で雨乞いを行った。その際、成湯はこう天に伝えた。「私一人に罪があり、民を巻き添えにしないでもらいたい。もし民に罪があるのならば、私一人がそれを担おう。」ほどなくして天から慈雨が降ったという。

1916年10月の作文「我之人格観」

「禹、湯、文、武以之鳴于政綱[19]」

「大禹下車泣盜、商湯祈雨桑林、是聖人以背于正道、而引以為良心未安[20]」

まずここで述べていることは大人物についてであり、彼らの生存は人類に非常に重要である。即ち彼らが常道（正道）であるからだ。禹王、商湯、周の文王と武王はそれを政綱に体現している。

次に述べていることは禹王が車から下り罪人について泣き、商の成湯が桑林で雨乞いを行った。これは彼ら偉人が正道に矛盾を感じる故に、良心が安定していないことである。

ここから周恩来が持つ禹王に対する認識は知識面に限った理解ではないことがわかる。彼が注目した焦点は禹王の品格と精神であり、禹王の実践に対するところである。すでに前述しているが、1939年に日本軍は上海、南京、杭州を相次いで占領し、中国全てを呑み込もうとしていた。周恩来は国民政府軍事委員会政治部副部長の身分であり、先祖のために墓参りを

「地平天成」鐘　紹興大禹陵風景区提供

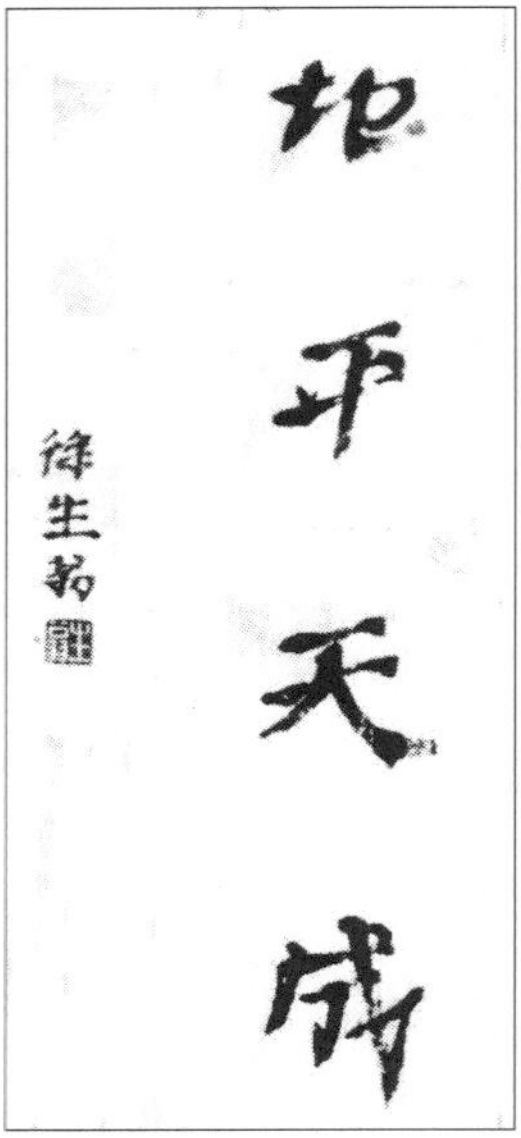

周恩来祖居記念館提供

するために紹興に戻ってきた。この期間に周恩来は現地の農民の生産と生活状況を調査した後、親族たちと大禹陵廟と大禹廟の石段にて記念写真を撮った。インタビューを受けたときに、禹王の治水の功績を何度も称え、故郷を守っている同胞らを励ました。日本の侵略に抵抗している時こそ、禹王治水の精神が発揮しようと述べた。

周恩来祖居記念館によれば、周恩来は「大禹陵」の三文字の刻まれた石碑の前で足を止めた。石碑に近寄り、「地平天成」と刻まれた禹王廟の壁にも強く関心を表していた。この時撮影した周恩来の写真は、周恩来祖居に展示されている。（70頁の写真参照）

『周恩来年譜』の中に、一編の禹王に関する論述がある。なお、この本は力平・馬芷蓀が中心となり、中共中央文献研究室編纂した。1989－1949と1949－1976という二つに分かれた内容になっている。中央文献出版社と人民出版社から1989年3月、そして1997年6月に出版されている。前半の一部が1998年2月に修訂本が出版された。67万字である。後半部分は上中下の3巻に分かれており、合わせて156万字である。

(1) 1946年11月30日（『周恩来年譜』電子版433p）

周恩来は各解放区の水利聯席会議の代表と接見した時に、「大禹治水、三過家門而不入（治水のため、家を三度も通り過ぎた）」の故事を用いた。これは水利関係者が人民のため害を除き暮らしを便利にする決心を鼓舞するためであった。

「水利部の仕事と各方面全てに関係があり、しっかり取り組むように。さもないと全ての計画に影響が出てしまう。中国人民は長きにわたり水害や日照りなどの災害の苦しみを受けてきた。水利工事は道を切り開いていく仕事であり、「種樹」（植樹の恵みは後世に末永くうけられるように）の役割である。これは人民のために努める仕事なのである。もし中国の全ての水力が利用できるとしたら、これは一つの偉大なる事業だ！水利工事は将来、君のみならず、さらに多くの青年たちを動員してやり遂げよう。」

（2）　1950年8月24日（『周恩来年譜』電子版459p）

中華全国第一回自然科学工作者代表会議にて「建設与団結」をテーマにした報告がなされた。国家建設の方向と目標は『共同綱領』に規定がある「独立、民主、和平、統一そして強い新中国を建設し、中国を一つの農業国から工業国へ変化させよう」である。しかし実際には「道は我々が一歩一歩歩いていくもの」や「我々が接収した旧中国は満身創痍であり、ぼろぼろの店であった」といったことが目に入る。

「我々は決して流されるまま、ぼろぼろの店の上に高層ビルを建てない、不安定であるからである。まずはしっかりと基礎を固めるのがよい」。「まずは戦争の傷跡をしっかり治そう。破壊された工業と農業を立て直そう」。そのため我々は「あと少しの困難の階段を経ることは、回復、整頓、調査や重点地の建設の段階である。その後は全国規模で建設を進められる。」となった。現在は「まずはいくつかの基本的な作業を入手しよう」、「第一に、水利の大規模な工事を起こす。我々は一時しのぎの解決を求めているのではなく、根本的な治療を必要としている。いくつかの主要な河川、例えば淮河、漢水、黄河や長江などの河川の工事をしていく。」、

「第二、鉄道建築。」」、「第三、化学肥料の製造。」」。「このような幾つもの大事には科学者の努力が必要である。現在の専門家の数は多くはなく、足りていない。」」、「現在、様々な事実に触れるにつれ、我々はこの問題の厳重性をより感じている。」」、「これにより有効な作業のため、科学者は団結し、迷信などを打ち破っていく必要がある。」」、「集団主義の精神を発揮し、個人主義の派閥を打ち破り、皆で知恵を出し力を合わせ、皆で協力し合い、新中国の建設のために努力しよう」」。「禹王の治水は中華民族の得た福利であり、中国科学者の努力は禹王よりもさらに大きな功績をきっと創り出すであろう。」

少年時代の周恩来が禹王の存在と功績に対して深く意識したとしたら、総理となった周恩来は禹王を文明の開拓者や科学の先駆者と定義づけ、新中国建設に必要な精神的象徴と、国を治め政治を行う際の参考とした。

四、念入りの中日間の共有

西暦１９１０年に亀山公園は完成。公開された。角倉了以の銅像は亀山公園の南入口付近に直立している。大正元年、つまり１９１２年に建立され、公園の入り口に面している。日

王敏撮影

本留学の断念は悔しかったにちがいない。周恩来にとって日本を離れがたくなったとき、嵐山は心なぐさむ地と思われたのだろうか。嵐山をくまなく歩いたと想像される。一般的に亀山公園を歩けば、銅像の前で足を止めるであろう。ついでであるが、当時の銅像は第二次世界大戦中に供出され、第二代目の銅像は1988年に建てられた。もし周恩来が角倉了以の銅像に関心を持ったと考えると、近くにある解説が彫られている碑文を読み、角倉了以の木像が奉納されている大悲閣千光寺について考えるのが自然である。

青年周恩来は大悲閣千光寺がもつ奥深さと中国文化との結び目の役割を知らなかったかもしれないが、千光寺には、角倉了以の木像と記念石碑以外の他に、隠元の題辞額「香門瑞現」が本堂に掲げられている。

明末清初の日本に渡ってきた隠元によって、黄檗宗は普及し栄えた。追随し、隠元に帰依した信徒が社会の各層に溶け込み、代々伝わるようになり、後世の日本人の生活や各方面に黄檗宗文化の影響があった。同時に日本で発展した華人世界の精神の拠り所ともなり、清末以降に来日した中国の留学生のホームシックに向かうところに自然と形成された。周恩来においても京都逗留の間に黄檗宗と隠元に対する関心を深めたと思われる。というのも隠元は鑑真と並ぶ、中国人の間では普遍的に尊敬される偉大な先人である。同時に日本社会の生活と文化の更なる発展を牽引した漢字圏の賢人でもある。

さらに「日本の禹王」の角倉了以の木像が寺内に正殿の中に奉納されており、記念碑文が儒家・林羅山に揮毫されている。それら詩文が後世に伝え残ったのは、隠元に付いて来た高泉の功績でもある。高泉の作品から多く出典されている。その詩の一部が寺院参道入り口の両脇にある石碑に篆刻されている。このような鮮明なる中日混合文化の烙印が、嵐山の大悲閣千光寺に集中して体現されていることは、周恩来の強烈な歴史文化の根源を追走する感情を必然的に誘発したのであろう。高泉の題詞の「何人治水功如禹、古碣高鐫了以翁」（何人の治水、功は禹の如くたらんや　古碣は高らかに鐫《ほ》る了以翁）の内包は、禹王に対して特殊な感情を持っている周恩来の故郷へ、祖国への気持ちを必然的に引き起こしたと想定される。同時に日本への親近感と認識を今一度、縦横に深化させたに違いない。

このように考えると、周恩来は嵐山の情景に接して感慨を催してから、本能的に日本での体験を整理したくなっただろう。そこで中日間が他国と異なる特殊な歴史文化関係を持っていることに気づき、中日両国の共有できる結び目の素材（禹王、隠元、高泉など）に目をかけることになるだろう。この線で思索の通路をたどっていくと、習俗など生活面に集中された共有の原点・漢字にそう難しくなく辿り着いた。同じ漢字を使う両国民には、教養体系を共有できよう。その一例に、古典とともに禹王信仰が日本に根を下ろし、日本の生活面と精神面に浸透・吸収されたのではないか。角倉了以がこうした日本化された禹王をモデルに選び、その事業を展開して成功したのも意味深い。

１９７１年1月周恩来が人民大会堂で日本卓球協会一行と会い、後藤鉀二会長と話した内容を思いだす。周恩来の話を再掲してみる。

「私は帰国前に京都に1ヵ月ほど逗留しました。舟に乗り洞窟を通り抜け、琵琶湖に行きました。琵琶湖は大変美しいですね[21]。」

琵琶湖の魅力は、近江八景に集約される。中国の洞庭湖の瀟湘《しょうしょう》八景にならったことはよく知られている。周恩来が琵琶湖行きを選択したのには、話が数十年隔てて再度及び、あの山水の美しさから見て十分にわかる。しかし深く探求するのであれば琵琶湖行きを選択した深層には必ず意図がある。筆者は琵琶湖行きの後に嵐山考察を行ったと推し量る。なぜなら角倉了以の禹王精神の実践を知ってから、周恩来の性格からすれば、関連資料を調べた可能性が高い。さらに角倉了以が晩年に琵琶湖開発をしようと企画したことが知られているから。

では、周恩来はどこから経由して角倉了以の琵琶湖開発構想情報にたどり着けたのであろうか。この問題に対しては更に考察考証が必要であるが、現に三つの可能性を挙げられる。

第一、本文の周恩来の嵐山行程案にて筆者は１９３６年の電車の路線図を引き出した。周恩来の嵐山行きの出発駅は四条大宮であろうと示したが、当時と変わらぬ現在の路線図をあわせてみよう。あらためて嵐山までの駅名の魅力に圧倒されないわけにはいかない。

何よりも古刹・名刹の漢字の並ぶ駅名に漢字圏の人間なら、その美しい音色（発音）に魅せられる。雅びな駅名は古都の風味が伝わり、各駅に下車してその駅名のかもしだすイメージを少しでも味わいたくなる。時にはそれに溶け込み、郷愁に浸りだすかもしれない。その先には日本の漢字文明に対する包容力と融合力に共鳴してしまう。２０１８年に８００万の中国人旅行者が訪日した背景にも、このような永久に衰えない京都の「漢字風」の魅力が根本にあると信じる。

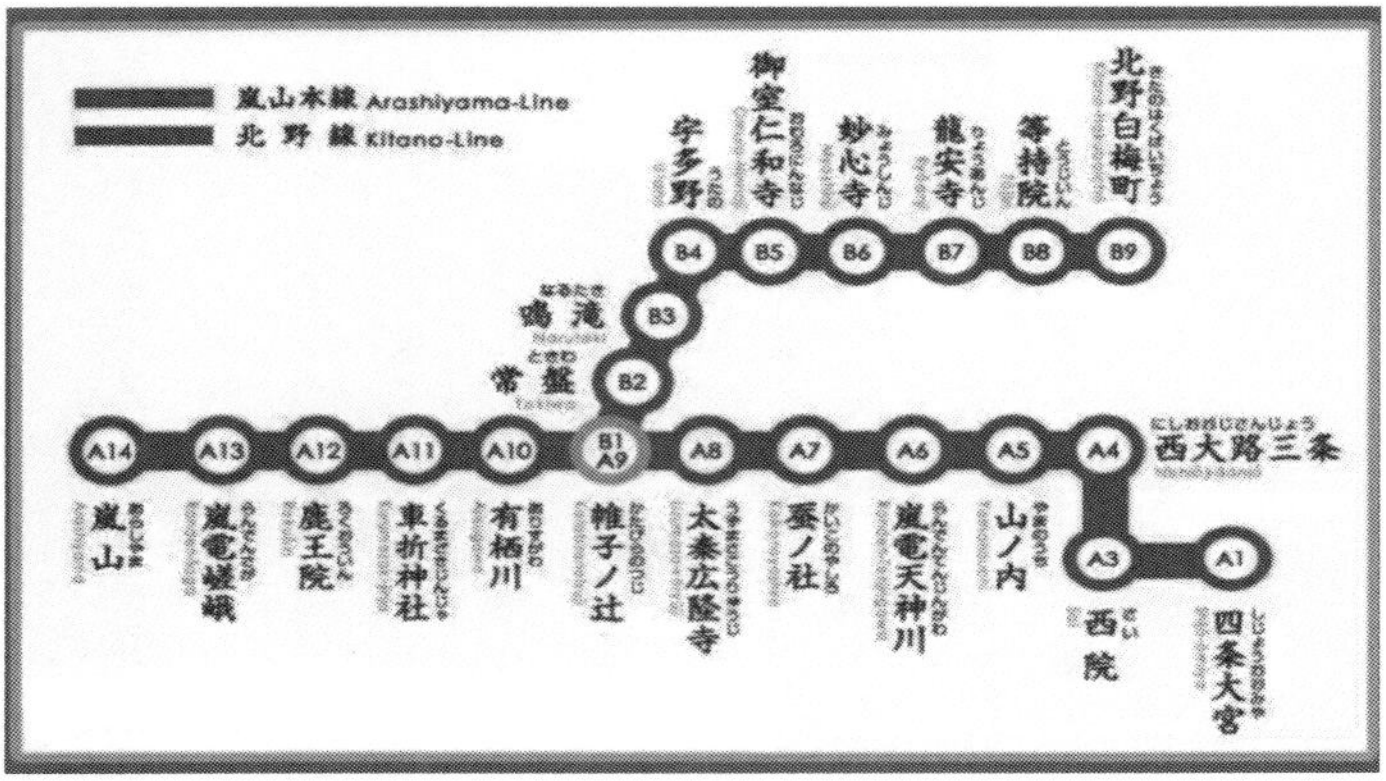

いうまでもなく、往時、古より受け継いだ風物人情が今日以上に濃厚であったはず。１９１９年の京都と嵐山には和中混成の風物が今を増した吸引力を持つ。現代の観光客と同じく、若く力がみなぎっていた周恩来は可能な限り名所を訪れようと考え、足を運んでいた。これにより、その足跡は隠元が開山し、高泉が第五代住持に任ぜられた萬福寺や角倉了以が暮らしたことのある嵯峨旧居などにも見えると想像する。これは事実ならば、行く先々からも角倉了以関係の諸資料を手に入れられる。

第二、１８９７年の明治30年に発行された信頼ある少年雑誌『少年世界』の中に、角倉了以の伝記「治水長者」が記載されていた。これは角倉了以が当時手本となるような人物であったということを意味する。とくに青少年の中では広く推薦され尊敬をされていた。時を置いて、その伝記発行から20年後の１９１９年、角倉了以の名声は変わりなかった。蔵書として大切にされ、有識者もその雑誌を高く評価し保存をしていた。苦心して幅ひろく読まれた雑誌を通し、日本を理解した周恩来は一世風靡した角倉了以の情報をおおよそ把握したその理由は、模範となるべき力が日本社会、特に青少年の中で重要な作用を発揮していたから。

第三、周恩来は京都で宿泊していた友人の呉瀚涛の家の中で角倉了以の資料を見たり聞いたりした可能性がある。というのも呉瀚涛の専攻は国際法であり、角倉了以が開拓した海運貿易について処理した法律問題などを考察したと推察できる。それに加え、呉瀚涛と周恩来の二人にとって救国の方向と方策を求めていることが当時最も関心が高かった共通点であり、海洋貿易と国際通商の最低限について彼らが頭を悩ませた話題の一つであったかと思える。

ちなみに周恩来は京都では概ね2ヵ所を寓居とした。その一つが呉瀚涛の家であった。筆者は『周恩来旅日日記』[22]に記録された住所を基に、フィールドワークを行った。当時呉瀚涛の家があった住所は、現在は京都市左京区役所に変わっている。

周恩来が京都に逗留したもう一つの住処は大徳寺芳春院だとされている。資料によると、大徳寺は臨済宗の禅院であり、鎌倉末期（1325年）に創立された。住所は京都市北区紫野大徳寺町。芳春院は加賀藩の前田利家（1538－1599）の正室まつが1608年に創建した。現在多くの観光客が訪れる風光明媚な寺であるが、周恩来の居住に関する資料は伝わっていない、伝聞のないことも確認した。

さて、呉瀚涛（1894－1988）のこと。字は滌愆、原籍は河北省楽亭県、吉林永吉人（現在の吉林省九台区である）。幼い時より私塾や吉林陸軍小学校で学ぶ。政治への目覚めは早く、若くして中国国民党に入党した。1914年に天津の南開中学に入学し、周恩来と同級生となる。少年時代の周恩来は端正美麗な顔立ちだったが控え目であり、時には笑いの的にされた。呉瀚涛は背が高くがっしりとした体つきであり、性格は率直であり、武術を好み、常に勇敢に立ち向かい、この静かな友人をかばった。これにより二人は深い友情を育み、共同で季刊学報を出版したり、日本の中国に対する「二十一カ条の要求」への反対運動などにも参加した。

呉瀚涛は1916年に来日、1917年春に第一高等学校（東京）の特別予科に入学した。1918年に、段祺瑞内閣が寺内正毅内閣から西原借款を借り入れたことに反対し、王兆栄らと帰国し、抗日宣伝活動を展開した後、日本に戻って第三高等学校（京都）の文科に入学後、東京帝国大学法学部にて国際法を学ぶ。卒業後はさらにアメリカに留学し、博士号を取得した。1930年に帰国すると、江北大学や北京大学にて教授職に就任、また『外交学報』

の総編集も務めた。華北綏靖公署参事、東北外交委員会常務委員を歴任し、国際連盟調査団（リットン調査団）中国代表処専門委員も兼任した。１９３３年に監察院監察委員や国立中央大学教授や廬山・峨眉山軍官訓練弾政治教官などを任命される。１９３８－１９４０年まで監察院秘書長、第一戦区巡察団主任委員を務め、１９４５年合江省政府主席兼保安指令に任ぜられるなど、遼瀋戦役で国民党が負けると台湾に渡り、東呉大学教授や行政院設計委員、総統府参事などを歴任し、１９８８年12月にこの世を去った。

政治見解は異なるが、呉瀚涛は周恩来の凛然とした正義感や異なるものを包みこむような人格と風貌に敬服していた。周恩来の京都逗留に、呉瀚涛は食事や宿を負担しただけでなく、時間をつくってガイド役も果たした可能性がある。

現在、周恩来が寓居していた呉瀚涛の住居に関してはまだ不明な部分がいくつかある。今後の研究の進展によって解明されることを期待したい。

以上にあげた可能性を踏まえて推測していけば、琵琶湖行きの動機が角倉了以に繋がっているかと見られなくもない。嵐山につながる人物（角倉了以、禹王、隠元、高泉等）の痕跡に日中共有の歴史文化が重ねられていくほど、点と点の間に見えない結び目がどうやらちらつきつつ透けて見えてくる。そしてその線と結び目が建国後の民間外交へ「疎通」という治水手法によってつながっているような気がしてならない。

五、あふれた気遣い

周恩来は人柄の魅力に満ちている。人となりは生まれつきの天分に負うところが多いとしても、後天的な影響も大きい。氏より育ちということわざがあてはまる。

周恩来は一期一会の精神で一つ一つの経験に学ぼうとした。若いころより一回の面会であっても相手の性格を見覚えたという。立体感のある記憶形成の名手であったといわれる。相手を気遣う性格も秀でていた。たとえ日本と中国の恩讐が交錯する場合に立っていても、周恩来は良識に基づく配慮を決して怠らなかった。気遣いが周恩来の人柄の魅力の最大の長所といえる。例えば、短期に終わった日本留学の経験を通して忘れがたい感銘を友人らに伝えていた。四つあげてみたい。

その一、留学して間もなく友人へ。1917年12月22日に、南開中学の同窓陳頌言に書いた手紙に、日本の魚料理を「僕は美味しくいただいて、まるで故里の魚料理の風味だ」[23]。

その二、1918年2月4日の日記。「日本に来てから、すべての事について学ぶ目で見るべきだと思うようになった。日本人の一挙一動、すべての行事などを私たち留学の人はきちんと留意すべきだと思う。私は毎日一時間余りを使って新聞を読んでいる。時間は大切だというが、彼らの国情などをちゃんと知るべきだ」[24]。

その三、「私は日本で生活をし、日本についての印象がとても深い。日本は非常に美しい文化がある[25]。」

その四、「日本人民は勤勉で勇敢で叡智だと認識する[26]。」

上述のような感想は生活の実体感から自然に発せられる感想のつづりである。「人を見たら泥棒と思へ」とはまったく逆の生きざまに思われる。性善説がしみ込んだ周恩来の性格が浮かんでいる。嵐山の静寂なたたずまいが禅的ものとの共有に裏打ちされたものと感じ取れたのであろう。周恩来において嵐山に対しての関心のたかまりと一致している。ここから生成した日本人観も善意に満ちた信頼を基礎に据え付けたと思わせる。

周恩来は１９５６年11月6日、日本の客人に語った。

「過去数年、我々は協力して、三、四万人の日本人を帰国させた。彼らは戦後ずっとこれまで、我々にとっても有益なことをやってくれた。我々は彼らを懐かしく想っている。いま、少なくない日本人女性が中国で中国人と結婚しているが、実家は日本にある。彼女たちも実家に帰って家族と会いたがっている。我々両国はすでに親戚の国同士だ[27]。」

1961年2月28日、日本の客人と面会したとき、

「中日両国は戦争から15、6年過ぎて、新たな要素が現れてきた。少なくない日本人は中国から帰っていったが、中国に残っている日本人も少なくない。戦争は人々を対立させたものだったけれども、互いの接触と理解も増やしている。ご存知のように、約5000人の日本女性が中国人と結婚している。これほどの数は歴史上稀なことだ。両国はすでに親戚関係となっている[28]。」

1954年10月11日、日本の友人と三時間以上の会談の席で、

「1945年8月15日をもって、日本軍は武器を捨てた。その前日まで15年間を戦っていたけれども、(中略)一旦、武器を捨てたら、日本人は中国人に友好的になった。中国人も日本人を友人として、憎しみを抱かない。最も大きく、最も感動的な出来事が東北で起きたのだ。当時、武器を卸した多くの日本軍は帰国せずに、一部の日本民間人と一緒に中国解放軍に参加した。病院で医者や看護婦をやる方もいれば、工場で技師や、学校で教師をやる方もいる。昨日は、まだ戦場で戦いあったが、今日は友人となった。中国人民は彼達を信頼し、憎しみを持

たない。大多数の日本の友人が仕事を良くしていて、助けてくれている我々は彼達にとても感謝している。彼達が皆自発的に集まってきたもので、我々は捕虜にして強制連行したものではない。昨年、大多数の方が帰国された。二万六千人余りもいた。信じられなければ、日本に帰ったら、彼達に聞いてみていい。戦いあっていた人々は武器を投げ捨てたら、一緒に仕事をして、しかも互いに信頼している。多くの中国人は負傷して、日本人医者に手術をしてもらう。病気の時、日本人看護婦に看病してもらう。とても信頼している。工場で、中国人は日本人技師に信頼して、一緒に機械を動かしている。科学院で、中国の科学技術者は日本人科学技術者の研究成果を信頼している。これは友情だ、真の友情だと言える。信頼できる友情だ[29]。」

１９５４年10月11日、日本の客人と面会して、

「ここ百年来、日本は経済と文化では中国の先を進んでいる。明治維新を通じて、日本は工業化した。中国は近代は、各面において立ち遅れた。中国の文化が凄いとよく言われるが、あれは昔だった。過去の歴史ではその地位があるけれども、ここ百年の中国は発展が遅れを取っている。」

「ここ八十年来、中国は西洋文化を学んでいるが、多くはあなた達のところを通して学び取ったものだった。健在の中国の古い世代で、今、政治活動に従事している方々の多くは日本で

留学したことがある。在席の郭沫若先生が留日生の重要な代表的人物だ。彼はあなた方達の帝国大学で医学を勉強したことがある。日本文化は私達にこのような良いことを与えてくれたので、私たちは感謝すべきだ」[30]。

「昔、日本は中国を侵略したので、今日、中国は強くなったら、日本を脅かさないかと皆さんは聞くかもしれないが、私達は誠心誠意で世界平和のために奮闘していると皆さんに保証する。」「いわゆる『同文同種』も『共存共栄』も他国を侵略するためではなく、排斥するためでもない。平和共存のためだ。」「正常な往来に従ってやれば中日の文化交流の発展力はとても大きなもので、鍵が平和共存だ。どっちも別の思惑を持つべきではない」

1972年4月21日、三木武夫氏一行と会見したとき、

「(中国と日本は)歴史上、言われた通り、一衣帯水の関係を長く続けてきた。その中で、ただの半世紀、50年だったが、中国人民だけではなく、日本人民も軍国主義の災難を蒙った。軍国主義の被害を蒙ったから、中国人民が自覚できた。団結ができた。だから解放された。あなた達の軍国主義はあなた達の広範な人民にも直接被害を蒙らせたので、戦後、軍国主義の復活に反対する人民が益々多くなっているのだ。従って、我々両国人民とも、軍国主義という反面教師で目を覚まされたのだ[31]。

上述した引用は一部に過ぎない。さらに多くの資料を拾い出すことが可能である。無論、そう語られた背景と環境と対象によって内容も異なる場合があるものの、周恩来が常日ごろ、どういう日本像を抱いているか、どんなにか日本人に接しているか、上述の引用を介して考察できると考えられる。

周恩来の姪である周秉徳さんが筆者に感動した逸話を話された。

1972年9月25日のこと、日中平和条約締結で日本の田中角栄総理大臣と大平正芳外相の訪中を迎える段取りを確認する夜、周恩来が徹夜で仕事する習慣化にかかわらず自分の秘書ら担当者に伝えた。「私は生活習慣を田中総理と近づくよう調整するつもりなので、私へは夜10時以降に書類を持ってこないこと」と釘を刺した。その理由は、毎日、田中角栄は早朝5時に起床する習慣があったから、数日は中国滞在中の田中総理に合わせて自分も5時起きを心掛けるからである。田中総理の細部の習慣まで、事前にきっちり情報収集していたという。例えば、中国政府主催の歓迎の宴で演奏されたのは、新潟県の民謡「佐渡おけさ」であり、郷里の歌を聴いた田中総理はこの想定外のもてなしを大変喜んだ。

以上にあげた例は特別な作法や礼儀ではない。相手をつねに気遣う周恩来の性格があらわれたものと考えていい。思いやる習性をベースにしているから。日本軍と15年間戦い抜き、国共内戦も勝ち抜き、新中国建国後も混乱の政局を治め、世界外交の幾多の難局を乗り切った政治家・革命家にとって人生は弱肉強食のサバイバルに支配されていたにもかかわらず、「気遣い」というありかたを忘れていなかった。

相手の身になって考えるのが気遣いの核といえる。「思いやり」も気遣いと同根の感性である。周恩来に気遣いは本能的に備わっていたものか。それもあろうが、本能だけではないものがあったのではないか。気遣う性格をさらに涵養する日々があったのではないか。ここに日本との関わりが考えられる。日本留学によって異国の日本を冷静に客観的に接する機会を得た。さらに1ヵ月の京都逗留、あえて極言すれば嵐山の逍遥によって、持ち前の気遣う感性を鍛えられ、柔軟性のある多元な観察眼を磨きに掛けたのだろう。このような在り方を一生を通して習性になったから、建国後の外交にも本能的に発揚されるだろう。この場合、対外交渉の潜在効果を滑らかに促すこととなり、国際関係における数々の難関を乗り切る現場に無意識の作用を働かせたと推察する。

六、中学時代の日本観

周恩来が南開中学に入学して１００年の２０１３年、天津の南開中学と中央文献研究室第二研部の編著である『周恩来南開中学作文箋評』が人民出版社より世に出た。表題からわかるように、この文集は周恩来が在籍中に書いた作文、そして関係した講評である。この文集から周恩来は中学時代からすでに日本の動向をかなり注目していたことがわかる。卒業した１９１７年の日本留学を決断したのが必然だったと思われる。作文の中で、何度か触れる日本とはどういうものか。中学時代の日本観が気になる。

１９１３年から１９１７年の間、南開中学で学んでいた周恩来は52編の作文を仕上げた。ヨーロッパに行く前にこれらの原稿は周恩来の手により製本化し、友人たちに渡し保管された。この戦乱の時期を乗り越えて、52編の作文は時間軸に沿って編集整理され、２０１３年の刊行に至った。

南開中学に入学した時の周恩来の年齢はわずか15歳。彼の日本に対する関心の視点は、作文を通して明確に見えてくる。その最大の特徴は、日本への関心が世の中そして国や民を憂う心情に対する構造であった。次の表の内容は関連する作文の内容を整理したものである。

表中の人物の「紀夏井《きのなつい》」とは廉直な官人として知られる平安時代の貴族。858（天安2）年讃岐守に任ぜられ、善政をしいたため人民の要望でさらに2年間留任となったという逸話の持ち主である。『土佐日記』の作者で知られる紀貫之より少し前の生没年（詳細不明）。

少年周恩来の日本観は、南開中学の下級生と関係があった。その下級生の名は陶尚釗（1903－1922）、祖籍は紹興市。1903年に奉天（現瀋陽）に生まれ、1917年に南開中学に入学し、周恩来とは密接な関係であった。二人は同郷であるだけではなく、祖母が従姉妹同士であった。

1919年9月16日、天津の学生が21人の会員を募り、周恩来をリーダーにした核心的な「覚悟社」を成立した。陶尚釗は周恩来の影響を受け、覚悟社に入会した。1920年1月23日と29日、天津警察庁が周恩来を含む馬駿、郭隆真（女性）そして陶尚釗らの覚悟社の27人の愛国学生を逮捕した。先に出獄した陶尚釗は出獄後、周恩来の指示のもと、多方面で救済活動を展開した。1920年7月17日、周恩来とその他の学生は釈放を勝ちとった。

その後、兄である陶尚銘の援助の下、1920年11月7日に周恩来と陶尚釗は共に上海からフランスに留学した。1922年末、陶尚釗はフランスの下宿先で料理をしていたところ、

時間	題名	内容	注	ページ数
1915年春	「与友人予約春假旅行啓」	旅行先を済南とした。この旅行は日本が挙兵し、我が国の官吏との措置を観察する。	手紙である。旅行の計画を済南にし、日本人の動向を観察している。	74
1915年秋	「子与氏不言利、司密氏好言利、二説孰是、能折衷之欤」	1. 今中国という危急存亡の危機一髪の時に、同族である東の隣国は突然野望を抱き始めた。 2. 現実の相手は日本人であり、弾圧に耐えられず、やむを得ずこれを考えた。	「中国の根本を救う計画	110
1915年冬	「海軍説」	日本もまた島国でありながら、初戦で我が国を破り、次にロシアに勝ち、台湾と朝鮮を占領している。近世の新進国家であり、優れた黄色人種でもある。		117
1915年冬	「或多難以固邦国論」	1. 下関条約で日本人が侮辱する。 2. 隣国の日本が第一次世界大戦の機会に乗じて、最終通告を突然出してきた。政府は後ろ盾がなく、時代の先駆者もおらず、屈辱に耐え条目を承認した。五項目は後ほど交渉する。	哀的美敦之書とはUltimatum、最終通告である	125
1916年9月19日	「致同学餞友啓」	よく知っている輪飛兄が日本留学官費を受け、まもなく日本に渡る。		246

（続く）

1916年11月	「今之憂国時者、佥謂国匱民貧由于世風奢靡、然泰西学者研究奢靡問題界説不一、波利比阿謂奢靡由于習慣、紀夏井謂奢靡由于性盾、二説然否、試探本言之」	1. 明治維新以来まだ半世紀ほどで新しい文明が芽生える時期にあるので、その国民生活はまだ西洋に及ばない。 2. **紀夏井**は日本の平安時代の人物であり、平安時代は純朴な気風があった上古の社会とははるかにも本質が離れている。そのため彼は奢侈が本性だと述べる。習慣が長く続くと本性となり、奢侈はもともと習慣であったが、今となってはもはや習慣ではなく本性に変わっている。日本は国土が狭く、奢侈の気風が日本に広まると日本が強国となるは実現しがたく、さらに貧弱化していくであろう。故に紀氏は日本の国民が文明の発展を求めず、単に欧米と歩調を合わせ、生活の高い水準を追求することに警戒し、奢侈が本性という観点を掲げた。日本人はこの話を聞き、人間の本性は変えにくいことを知り、質素な生活を送るよう努力した。今日の日本が、その国民にある勤勉且つ純朴な気風は、紀氏の影響を受けたのであろう。		275

（出典は天津南開中学・中央文献研究室第二編研部編著（2013）。
『周恩来南開中学作文箋評』人民出版社より）

不注意で火災が発生し亡くなった。19歳であった。周恩来は弟ともみなした。苦楽を共にした親友との別れを悲しんだことはいうまでもない。

陶尚釗の父、陶大均（１８５８－１９１０）は、清末における著名な「日本通」であった。１８７２年に官費で日本に留学した。１８７９年に横浜にある中国の駐日領事館に任ぜられた。当時の清政府が派遣した駐日大使は黎庶昌。１８９１年に北京同文館が東方館を建築し、陶大均は国に戻り教官に任ぜられた。１８９５年、李鴻章について「下関条約」（「馬関条約」）を締結するために日本に赴いた。帰国後、李鴻章の提携下で外務部左丞などの要職に就任した。１９１０年7月、陶大均はこの世を去った。彼の一生は日清戦争、戊戌の政変、義和団の乱、李鴻章の補佐に二度参事官となるといった経歴であった。著書に『中日戦記』２巻、『戊戌政変紀要』１巻、『庚子劫余録』３巻、『平龕文存』４巻、『劫余委遊草』１巻、『平龕公牘』５巻、『平龕日記』13巻がある。

陶家の親族による日本とのつながりは周恩来の日本関心を刺激したであろう。陶大均が、日清戦争の戦後処理として「下関条約」締結交渉の李鴻章に同行した重大な役回りは何度も周恩来は聞かされたようで、国家の大事への関心を深めさせた。国家に身を捧げるという子どものころからの志はますます膨らんだに違いない。

中共中央文献研究室の編集した『周恩来年譜（1898－1949）』（中央文献出版社出版）にこのような記載がある。1910年、奉天省官立東関模範両等小学校に編入した周恩来は、教員は何のために勉強するという質問に対して、「為中華之崛起而読書（中華の立ち上がりのために勉学しよう）」と、教室で堂々と答えたという。個人的目的を理由にするのが普通の中で、周恩来の気概と目標が抜き出た。自ら公に投身した者として、周恩来は当時の重大事件とされた下関条約に関心を寄せられるのは不思議なことではない。並べて対象国の日本に対する探求心を養ったのも理解される。そのころの気概が中学時代の作文に反映させ、引き継がれていることがわかる。学習意欲が高まるにつれ、中華の勃興を期す目的が定まっていくのである。

第三章　「疎通」が対日民間外交を促進

一、対日民間外交のヒント

1919年、周恩来は国造りの革命運動に身を投じるため帰国を決心した。帰国前に彼は京都に寄り、1ヵ月の京都滞在をした。

京都見物と友人たちに別れを告げるというも目的もあったろう。しかし、青年周恩来にとって少年のころから抱き続ける志と無縁でなかったはずである。すると嵐山逍遥がひっかかるのである。名所の多い京都のなかで一度ならず二度も嵐山を訪れている。周恩来をひきつける何かが嵐山にはあったと考察されてきた。

「雨中嵐山」と「雨后嵐山」の詩を読めば、周恩来は二度嵐山に行ったことがわかる。このことは先述した。ここで推測されるのは、嵐山への訪問は名所めぐりのほかに、もっと大きな目標があったということ。わざわざ二度も来たのである。それ以上だった可能性も隠せない。嵐山に来た動機を探りだす手がかりとして、周恩来の嵐山の足跡をかなり確実的に調べた。前もって詳述したことを基に考察を進めれば、角倉了以とその周辺の日本と中国の融合混成の関係との結びつきは探求のためでもあると思える。

「日本の禹王」と称されたのが角倉了以である。周恩来は国家的事業に挺身の一方で祖先祭祀も忘れていない。故郷や国家への心情にあふれていた。嵐山を背景にする禹王と等しき偉人として角倉了以を捉えた。治国の参考素材を見つけたい周恩来にとって、まさに雨の中二度も嵐山を逍遥した動機であったという推察には違和感がないだろう。

ここで「雨中嵐山」の中の句をあらためて読もう。

瀟瀟雨、霧蒙濃、
一線陽光穿雲出、愈見姣妍。
人間的万象真理、愈求愈模糊、
――模糊中偶然見着一点光明、真愈覚姣妍。

（訳）雨濛々として霧深く
陽の光雲間より射して　いよいよなまめかし
世のもろもろの真理は　求めるほどに模糊とするも
――模糊の中にたまさかに一点の光明を見出せば
真にいよいよなまめかし

この「一点光明」は一筋の啓示を含んでいる。具体的には、周恩来が救国の参照的啓示を得たと意味される。実際、当時の嵐山の道の先をゆくのに、角倉了以絡みの銅像や寺に遭遇する。詩の中に明確に書いていなかったにもかかわらず、「一点光明」は了以に与えられたヒントを指したとも推察できる。了以は禹王にならって当時の先端技術を運用し社会を繁栄に導いた。国際貿易の市場を開拓し財を成した。私財をつぎ込んで貧者を助けた。

他方中国では、民を救済した先駆者が治水の禹王である。禹王の技術と精神を理想とするのが中国人の常識とされる。ところが、嵐山では禹王をモデルにした当時代の人物の存在を発見した。比べてみると、当時の中国は軍閥政権が割拠し政情不安で民心は安定しない。リーダーを渇望する混乱した社会が現状であった。角倉了以の成功が中国のためにも参考の鑑として仕えたと、周恩来が気づいたろう。了以の実行力と科学的開拓事業は、混乱した中国が求めるものだと信じ、中国の進むべき道の参考になると受け止めたのである。角倉了以の銅像の前に立って、あたかも禹王を前にしている周恩来の若き姿が目に浮かんでくる。

周恩来と禹王精神の結びつきは疑う余地もないほど深いものである。新中国建国後の話になるが、外交だけでなく内政の総指揮をする総理として、周恩来は治水のために四方に奔走し農業生産力を高めようとした。全国の貯水池の建設そして淮河や黄河を整備し、長江を利用し、雄大な水利事業を計画、推進した。これらは日本の禹王・角倉了以の事業にも刺激されたことと無縁ではない。

嵐山を逍遥した見聞を加えて、富国の核・水利への関心が強まったとすれば、周恩来は、禹王と角倉了以を並べて考えたかもしれない。水を治め、土地を安らかにするには、「疎通」という方策が有効であることが古来知られている。ふさがっている事情を除いて通じるようにする手立てをいう。国と国との間においても、官と民との間においてもふさがっていることを嫌い、とどこおっていることを避けて、いろいろな対策や方策をつねに考えつづけた。角倉了以が禹王に倣って「疎通」を基本にした治水を、異国の日本に活用して成功したから、「疎通」の方法論が生かせるのでは、と、周恩来が思いついたかもしれない。古今、内外に有効な「疎通」の可能性を見抜いたのが青年周恩来である。

「疎通」に気がかりの周恩来は１９３９年、江蘇省紹興に帰郷した際、次のように語った。

「抗日戦争中、我々は禹王とその故郷の英雄である勾践から、彼らの忍耐と苦労、そして奮闘する精神を学ばなければならない。」

「人と自然の対立において、禹王は先駆者である。科学が発芽する時代、自然に勝つことは絶対的に容易いことである。中国の歴代統治者は治水の方法を掌握しておらず、誘導の方法ではなく、圧迫する方法しか採らなかった。そのため独裁者は反乱を必ず受けて、失敗する。」

周恩来が挙げた「誘導」とは、前述した治水方法論の「疏通」あるいは「疏導」と称される。新中国建国後、周恩来は「疏通」から得られたヒントを対日外交に活用したのも納得できる。その現場では、敵対関係を変えていくのに「疏通」が必須であり、疏通の担当者を取りあえず民間に任せるとなる。よって、中日両国間を「疏通」するには、少なくとも初期段階では、民間を主体とする外交の過程を要する。

なぜ民間なのか、日中両国の結び目である漢字の共有などを絡めて考えていけば、民間には共感、共鳴可能の素地があることが、周恩来が自ら日本の生活を体験し、嵐山などを考察して会得したから。民間の可能性にかけたい判断をされる際、周恩来の脳裏に角倉了以と隠元、高泉そして嵐山、東京、日本への思いが霞んでいたかもしれない。いずれにせよ、嵐山で得られた「一点光明」の刺激が、後の対日外交の参考素材となり、疏通というヒントを民間を主体とする外交通路の打開に応用させただろう。

よって、建国間もない１９５０年代の初頭に周恩来が心を決めたことを発表した。「我々は世界各国との正常関係を回復することを望み、特に日本との正常関係を望む。」これが周恩来が日本体験を基にした信念の現れであり、対日民間外交の幕開けと理解したい。

二、対日民間外交の実践

前述してきたように、留日時代以来、周恩来は日本の民間の力に注目しはじめ、建国後の民間外交に導入しようと努めた。この選択をした当時の国際情勢的背景には、第二次大戦からまもなくであり、国共内戦をまだ戦っている最中の１９４９年前夜の新中国は、世界では孤立した状態にあり、国際地位を固めることが急務であった。新中国成立後に社会主義勢力は弱体であり、建国間もなく１９５０年、朝鮮戦争が勃発して東アジアにも冷戦が燃え盛り、アメリカは「台湾地位未定論」を打ち出した。さらにアメリカは対日講和条約を急ぎ、日本を反共同盟国として早期の単独講和をめざした。対社会主義国家に対する戦略物資と技術を制限し、ソ連に対しては鉄のカーテン、中国に対しては竹のカーテンによって封じ込めんとした。

１９５１年サンフランシスコにて会議が開かれ、アメリカが中国を排除した日本国との平和条約の話し合いの他、中国はサンフランシスコ講和条約と署名に加盟国参加に未加盟であった。これに対し、周恩来は中国政府を代表しサンフランシスコ講和条約を決して承認しないと声明を発表した。さらに台湾当局は日本と締結した「政党地位」獲得のため、講和を認めた。そして1952年4月、台湾当局は日本と「日台平和条約」を調印した。

この時期、国際情勢は戦後の日本を再浮上させ、中国外交の対象を日本に向けるよう仕立てられた一因もあると言える。

朝鮮戦争停戦後、周恩来は国際情勢が相対的に緩和した時期を鋭くつかみ、大きく和平政策を促進させ、中国外交の新局面を打ち開いた。中でも国家間関係の平和五原則を提案し、インド、ミャンマー（ビルマ）の両総理と共同提唱し、五原則を国際関係の普遍的規範と定めた。

1956年末から1964年初めまで、周恩来は三度にわたってアジアアフリカを回り計28ヵ国を訪問し、友好協力関係を建て、発展させ、深い影響を生み出した。これと同時に、先進資本主義国家に打ち建て発展した関係の道を積極的に求めた。日本に対しても、「先進資本主義」と位置づけした。

1980年、中央文献出版社が発行し、中国外交部・中央文献研究室所編集の『周恩来外交文選』の中に関連する内容が触れられていた。

当時国内外の情勢の必要により、民間外交の実践は、理論を先行した。周恩来は長期に渡り、現場指導に力を入れ、民間外交の思想をまとめて論じる余裕がなかったと察する。突破口の最初は経済と貿易の交流を主とした。こんな事実が知られている。

１９５２年の春、周恩来は、中国が参加するモスクワの国際経済会議に、日本も参加する情報を知り、直ちに中国代表団団長である南漢宸を中国人民銀行総裁に充て、日本側と接触させることとした。出発する中国代表団責任者に重ねがさね言付けた。中国側が自発的に日本側を招くこととし、モスクワで交流する際、日本側に訪中を強く要請したのである。このため１９５２年5月に、高良とみ・帆足計と宮腰喜助の三人が北京を訪れ、6月には中日貿易協定を締結した。これが新中国が迎えた戦後第一陣の日本の客人であった。中日が署名した戦後第一段の貿易協定であった。

１９５３年9月、日本の国会は中日民間貿易を促進する決議を通した。10月、中国貿易促進委員会は日本の国会議員に中日貿易連盟代表団が北京で「中日貿易協議」に調印するよう促進した。その目的は「中日両国間の貿易を展開し、中日両国民の友好を強める」ことであった。同時期に第二回民間貿易協定を締結した。ここから、中日間の貿易関係は「人民間貿易」の方式で以て回復していった。中日民間貿易のルートは円滑に向かい、日本の各界の名士が続々と中国にやってきた。この年、中国在留日本人帰国送還の計画が動き出した。

１９５４年、日本の戦犯を特赦した。周総理は日本文化学術代表団と超党派議員団に接見した。中国赤十字会代表団が訪日し、これが戦後日本に踏み入れた第一陣の中国代表団であった。

1955年、中国経済貿易代表団が訪日し、第三回民間貿易協定に調印した。1956年、日本の旧軍人代表団が訪中した。

これより、周恩来の主導と推進の下、中日両国の民間団体は漁業、華僑、文化、科学、労働組合などと多数の協議を締結し、往来は日に日に増していった。

これに続いて民間外交を道筋とする両国が国交関係正常化への方向に推し進めた。だが、60年代に向け「半官半民」の新しい段階に入る前夜、1958年5月、岸信介内閣政権発足後に長崎国旗事件が起きた。民間交流は低迷状態に陥った。国旗事件で中国政府はただちに両国間の経済文化交流を中断すると発表せざるを得なかった。この間、周恩来は完全に断ち切っていない人的往来を通じて、積極的に政治家、実業家を招き、関係修復の突破口を探していた。また、膠着状態を打開する「政治三原則」を提案して、日本側に求めた。周恩来は貿易界の名士である鈴木一雄ら日本の友人と会見した際に、「貿易三原則」（政府協定・民間合作・個別配慮）と政経を分けない考えを提案した。貿易三原則は必ず政治三原則と関連すると強調した。それから民間外交に頼り、最終的に両国は関係を正常に戻した。

周恩来が経済、貿易から慎重に対日民間反抗が始動したかたわら、文化交流にも本格的に力を注いだ。1950年代、中日貿易の往来が迅速に高まると同時に、周恩来は中日文化芸術の交流を推進する機会とし、文化の段階から両国民の互いの理解を進める施政を進めた。具体的には1956年、梅蘭芳が団長であった中国芸術団が訪日し、空前の好評を得た。1963年に、日本各界で日中国交を回復する要求の署名運動が沸き上がった。1971年、中国卓球代表団が名古屋で行われた第31回世界卓球選手権に参加し、国民同士の友好ムードを引き起こして「ピンポン外交」とまで呼ばれた。1972年、上海バレエ団が訪日し「白毛女」を上映した。

なぜ周恩来が文化交流の効果を予想できたのか。それは、これまでに述べてきた通り、周恩来が経験をもとにした日本に対する認識が大きかった。両国の歴史文化の根っこと、両国の生活風土の深層への共有感があったと思わずにいられない。この側面を反映する証明を参考に挙げてみる。

世界知識出版社発行の『研究周恩来——外交思想与実践』（中国人民共和国外交部外交史編纂　1989年）の中に文化人夏衍の論著「永遠に忘れられない教示」が収録されている。その中に周恩来が1955年7月に重要な指示をした記述がされてある。それを整理すると、

1、すでに国交を結んだ国家に対しては政府を外交の主体とし、民間外交は補足とする。未だ国交を結んでいない国家に対しては、民間を先行し、「以民促官」とする。

2、日本に対してここ数十年年だけでなく、二千年来のつきあいの積み上げを考慮する。日本が我々を侵略した。だが、日本と我が国は一衣帯水の近隣でもあり、漢や唐代に悠久の友好付き合いが始まる。日本人は人生哲学、経済文化、生活習慣にいたるまで、中国とは切っても切り離せない関係がある。そのため現在の状況下で、日本との付き合いには、自然に進めていき、無理をしないことである。自然でなければ、中国の民衆は対応せず、無理を大きくさせ、日本政府はなにも行えなくなる。そのため「瞻前顧后、日積月累、水到渠成（なるようになる）」が必要であり、まずは文化、スポーツ、貿易からことを起こし、各種民間ルートを開拓し拡大する。友と広く交わり、民を以て官を促す、細流を河川と成し、熟して成るのを待つ。平和五原則を基本にし、国交成立の目的を達成する。

3、対話の外交効果を唱える。双方の掛け合いに心がけるよう、「兵対兵、将対将（対象にみあう対応）」のことわざを覚えておく。また、異なる意見を交換することは大変有益であるとしている。

4、相手国の長所を気づき、学ぶべきことを強調し、排外主義であるといういかなる言行を決してないとした。

では、建国初期の「民間先行　以民促官」の段階に対し、周恩来は経済、貿易交流から突破口にするという採択を決める際、本質の何かを冷静に分析して直視したのか。江培柱・邱国洪の『中日関係舞台上的輝煌楽章』によれば、民間の通商によって、日本国民は、中日の国交回復こそが日本人に有益であるとわかる。中国人民にも有益であることから、日本政府が対中政策を変えることになるだろうという。その上で、周恩来は自信に満ちた予言をした。「中日両国が未だ正常な関係を回復していないので、国際法の上では、未だ戦争状態が存在している。しかしこれは両国民の友好活動と民間協議を調印した妨げにはなっていない。まずは民間レベルで頻繁な往来かつ協議を始め、両国関係を大々的に発展させていく。そのあと外交上にて戦争状態の終結を宣言してから正常関係を回復するのである。」「国民外交を進めてきたので、日本の団体の訪中が多くなり、我々の団体も多く訪日している。両国がしたいことができている。これであとは、両国の総理と外相の調印とシャンパンの乾杯が残っているだけだ。」

また、周恩来が自分の留日体験を通して歴史的見方による日本観を持っていたと伺える。これも周恩来自身の話を通して窺える。１９５４年10月、周恩来総理は日本学術文化訪中団に会見した時に、「歴史上、私たちの文化は互いに交流し、影響を与えあった。正常な往来に照らし、中日の文化交流は大きな発展前途があり、そのカギは和平共存です。」と話した。たった四十七文字の中国語であったが、その中で中日和平発展を促進する目的、方向と方策を指し示している。こうなったのも目の前の中日関係のみの考察ではなく、二千年来の両国交流史と対比しながら時事問題への対応を思案した。そこから、両国間の正常往来の目標が和平のほかにない選択肢は一つである。平和を実現する有効な両国民共有の方式は、一押しが文化交流。これには経済と貿易の進展を必要とし、民間で積極的に取組まなければならない。つまり、中日関係の推進には、経済と文化の両輪を駆使し、民間という軌道の上を走らせる段取りがいる。これで以て特色のある民間外交を体現できるというものだ。

対日外交に周恩来が歴史的な視野を持っていたことを周秉徳女士からも伺った。女史によれば、平和条約を締結した１９７２年、田中角栄首相を北京から見送るときに、周恩来はこう言った。

「私たちと日本の付き合いは二千年もの歴史と半世紀の対立があります。今日、私たちは時代が螺旋式に前進することを見ました。」

想像に難くないが、建国初期の周恩来は政務が多忙を極め、外交の概念と定義を整理したり陳述する暇がなかった。比較的に言えることは、彼は多くの実践に心血を注いだ。不完全な統計ではあるが、１９５３年7月1日から１９７２年9月23日の中日国交正常化前夜まで、この19年間に周恩来が面会した日本人とは２８７回、３２３の代表団にのぼる。とにかく多くの客人と会った。日本の政治、経済、文化の各領域、工業、農業、商業、学術・有識者まであらゆる階層に及んで幅広く接触し、体力と時間のあるかぎり中日関係を深めた。これは周恩来流の民間外交の実践であり、行動で示す民間外交とは何かでもある。このような対日姿勢は、結果的に対象国の国民の心をも打たれ、日本側の共鳴を引き寄せられることに至った。ここで再度周秉徳女士に述べられた話を引用しよう。

「周恩来は国交正常化への歩みを止めてはいけない、世々代々の友好を実現しなくてはならないと、いつも考えていたと思います。創価学会の池田大作会長と会ったのは重い病の治療を受けているときでした。会見は痛みをこらえて病院で池田会長を迎えました。池田会長は、両国の人民のために中日友好を進めますという周恩来に敬意を表して、頷いておられました。『一枚の紙に署名するだけで劇的な変化がもたらされるのが国交正常化です』と周恩来は強調していました。それは、日ごろの考えとして〝民衆が真摯な理解の上に信頼関係を築けば真の友好が生まれる〟とつねづねいっていましたから。」

「日本人は周恩来総理を崇敬し敬愛していた。２０１１年8月、ＮＨＫがゴールデンタイム

2017年8月29日　周秉徳女史宅にて。右は王敏

に4日連続して特集映像「家族と側近が語る周恩来」が放映された。この特集は視聴率はよく、皇后陛下もご覧になったという。」

女史はまた、三木武夫元首相が語ったことを話した。「周恩来総理は一人の外国の政治家というだけでなく、日本にとっては各界に多くの友人がいるわけで、これほど尊敬を得られた国の政治家はいない。」

周秉徳女史に言及された「皇后陛下」がご覧になった家族と側近が語る「周恩来」の背景について、少し付け加えさせていただく。2012年4月20日、訪日中の周恩来ご親族一行が王敏研究室を訪ねてきた。その夜九時ごろ、皇后さまから女官を通じて研究室に電話をいただいた。周恩来による日中の平和関係への尽力に感謝する温かいお心遣いであった。無論、直ち

右から２人目が周秉宜女史、３人目王敏、
指さしている４人目は大平正芳元総理の親友鈴木岩男氏

に皇后さまの御旨を周秉徳女史にお伝えした。

このような経緯があって、２０１７年８月29日筆者が周秉徳女史の自宅を訪ね、周女史が人民大会堂で９月８日に予定している中日国交正常化45周年記念式典のスピーチの原稿内容について語り合ったのである。

ともかく、周恩来の親族たちは誠実に周恩来の対日民间外交精神を受け継ぎ、できる限りの貢献をし続けている。２０１６年11月５日、香川県観音寺市にて大平正芳記念館の開館式典に、周秉宜女史夫妻が北京から駆けつけて、知られていなかった周恩来と大平正芳元総理の協力話をご披露した。

アジア諸国との関係については、親族の皆さんにとっていつも関心事である。

１９７２年の中日関係の正常化を迎えたとき、「民間外交はすでに歴史任務を果たしている」と言われた。周総理はすぐに、「官民并挙（官民共の精進）」と「不忘老朋友、広交新朋友（古き友人を忘れぬ　新き友人を広く求める）」という方針を示した。と同時に、昔からよく言いならわされた「水を飲むときには、井戸を掘った人を忘れるな」ということわざをよく口にした。中国人は永遠に古い友人を忘れず、永遠に古い友人に感謝し、彼らが両国友好関係を揺るぎのない発展そして継続した努力を励ました。

歴史に学ぶことは中日間の重要な課題であるが、周恩来の態度は「前事不忘、后事之師」であった。その態度によって中日人民が過去のあの戦争の中から悲痛な経験と教訓を学んだわけである。ともに努力して歴史の二の舞を防ぎ、両国が今後も何世代もわたって友好関係であることを求める。日本軍国主義の発動した侵略戦争を事実通りに認めること、それは両国民に大きな災難と損失をもたらしたのである。次に、あの戦争が「日本軍国主義の責任であり、日本人民の責任ではない」と名言した。多くの日本人民は和平を望み、平和を愛している。もう一度いいたいのは、両国間は過去に半世紀という長きにわたり不幸な時期があったが、2000年以上の友好的交流に比べれば、はるかに短いということ。故に中日双方は「能够友好的（仲良くできる）」を固く信じ、再度中日友好を築くために、しっかりと歴史の経験教訓を記憶することがカギである。つねに前向きに取りくみ、一を聞いて十を知ることを心がけ各種問題を適宜に処理していくことが大切だと指摘した。

建国初期の民間外交は実践から動き出し、まず日本を対象とする経済交流の水門を押し開けた。この対日の成果が民間外交のあり方をめぐって構想の下地になった。思想へと昇華するまで時間がかかる。そのエッセンスを敢えて言わせれば、周恩来によって打ち出された「民間先行　以民促官」とその後の「半民半官」「官民並挙」方針はいずれもこれまで見られなかった考えであり、中国独自の対日外交の基礎的な方針になった。その価値と意義については、建国以来の外交史の検証を通して確認されていくだろう。

三、対日民間外交の定義（資料編）

民間外交を別な言葉に置き換えれば、人民外交、国民外交、公共外交といい方が許される。新中国の外交の全責任を負う周恩来にとって対日「民間外交」という言葉遣いが最も重きを成したことは言うまでもない。当時は先進国と植民地の対立を経てアメリカとソ連の二大世界の対立へと移行する時代にあった。各国とも外交力が問われていた。其の中で、とりわけ日本に対して民間外交を展開していくには、相当な決断力と確信を持たれていたはずと思える。では、周恩来あるいは関係者たちが民間外交または国民外交、人民外交と公共外交についてどう定義されているか、少し並べてみよう。

民間外交・国民外交・人民外交・公共外交の定義

□民間外交について

資料1　趙啓正編集『公共外交・案例教学』（中国伝媒大学出版社　27p　2016年）

人民外交と民間外交は歴史上受け継がれてきたが、わずかな区別がある。1959年、周恩来総理が日本の訪中代表団と接見した際に、日本と中国人民の友好往来を通じて、この一本の道が開けそうにない日本政府を促進、推進した。さらに協力の強調と発展した民間外交が徐々に政治色が多少色濃い人民外交にとって代わった。20世紀の80年代に民間外交というこの表現は徐々に主流の地位を占めていった。1973年、新華社が日本の田中角栄総理が中日卓球友好試合の題詞に「民間外交」の表現を使用すると報道した。1978年10月、『人民日報』は中日国交正常化の前の中日交流を「民間外交」と呼称した。1983年8月、時の国家主席であった李先念が日本の衆議院代表団と会見した際にも、「中日民間外交」の言葉を使用した。当時は民間から主流メディア、国家のリーダーまでもが民間外交、この一概念を承知していた。

資料2　趙磊・黄景源「国家意思主導下の民間外交—中国人民の対外友好協会を例に—」

趙啓正・雷蔚真『公共外交藍皮書中国公共外交発展報告（２０１５）』（社会科学文献出版社・皮書出版分社 251p　252p　254p　268p　２０１５年）

民間外交は民間交流において重要な一部分である。これまでずっと党と国家の高い重視を受け、歴史と意識形態の原因において、新中国成立後の初期に西洋大国が政治と紛争時において中国に封鎖を実行し、外交上では新中国を承認しようとしなかった。このような形成に直面し、毛沢東・周恩来や鄧小平ら代表的な一世代上の外交家たちは各段階から別々に「民間先行、以民促官」、「以官帯民、官民并挙」の外交方針を打ち出し、新中国外交のために方向を指針した。当時民間外交は新中国の全体外交の一部分であり、我々が外交封鎖を打ち破り、多方面にわたる貴重な国際支持が起きるためには拭うことのできない作用であった。新中国外交事業としての一種の傷は、民間外交は往々にして政府外交が持たない独特な優勢を守り、そのため我が国が国際的に認可を得る重要な経路となった。

グローバル化に一歩一歩繋がり、国際的な大きな枠組みに徐々に入っていく中で、民間外交は更に重要な影響を発揮している。公となった新時代は和平発展の道、調整の取れた世界理念の達成となり、世界が中国を理解する主要な経路の一つであり、中国国際政治の安全と経済合作の発展を押し包めた。歴史が絶えず証明することは、外交事業で紆余曲折や不遇に遭遇する度に民間外交事業は往々にして、その独特な優勢により安定装置と突破口の作用の働きをする。政府周辺の対話発展と交流のため、民意の支持と安定したルートを提供する。

民間外交のわけは新中国の外交事業の中で代替の利かない作用効果を発揮している。党と国家の高い重要視は切り離せず、過去または民間外交であろうとその自身の独特な形勢は、ひたすらに対外交流の中で先鋒的な作用を起こした。その実質は中国と世界が繋がるために一本の橋を架けたのである。習近平国家主席は2014年の中国人民対外友好協会成立六十周年に、長きにわたり、中国人民対外友好協会は中国が実行した独立自主的な和平外交政策を徹底的に実行し、国際社会と世界各国において広く深く友人と交わり、人民友好を深めるために深く耕し丹念に手入れを行った。国家関係を促進するために道を整備し、橋を架けた。国際合作を推進するために縫い針に糸を通していった。多くの成績が芳しい仕事を行い、替えの利かない効果を発揮した。中国人民対外友好協会の六十年の発展の過程は、人民友好が世界の絆と発展の中での強いパワーを促進するのを十分に展開し、民間外交が国家総体外交の中で重要な地位であることを十二分に証明した。

資料3　趙磊・黄景源「国家意思主導下の民間外交—中国人民の対外友好協会を例に—」
趙啓正・雷蔚真『公共外交藍皮書中国公共外交発展報告（2015）』（社会科学文献出版社・皮書出版分社 251p　2015年）

民間外交の核心は民間を通した交流であり、広い世界の友人と民間友好を厚く育むことである。中国は古来より国の付き合いは民の親しさという言い方がある。今我々は公共外交を話し合う際には知らず知らずのうちに民間交流のことが頭に浮かび、まずは民間同士の折衝することこそが民間外交である。

民間外交の概念について、学術界ではまだ厳密に統一されていない。欧米諸国では一般的に「公民外交」・「公民間の外交」または「多軌外交」と呼称されている。「多軌外交」はアメリカの学者であるジョン・マクドナルドにより最も早く提唱された。「多軌外交」は具体的には、政府外交が第一軌道外交とすれば、純民間外交は第三軌道外交に属す。政府と民間の間を介することは第二軌道外交である。そのため第二軌道外交は民間外交の範疇であり、その意義は国際交流の増強促進、政府間の信頼の強化、国際矛盾の緩和等に有利に働くことである。中国では、一貫して「人民外交」と「民間外交」の二種類の見解を持っていた。「人民外交」は新中国成立初期の時期に中国特有の党政外交行為を有していることを指す。これは我々が外交封鎖を打ち破る武器である。「民間外交」は最初に「人民外交」と併用し、改革開放後に「人民外交」の表現が徐々に歴史の舞台から下がり、更に実際の政治・経済・文化利益に重きを置いた「民間外交」が主流となっていった。しかし、名称や呼称がどうであれ、これには人民に基盤を置く思想を含み、外交の目的がどうであれ、全て人民の中で実行するであろう。

資料4　兪新天「論新時代中国民間外交」『国際問題研究』2017年第6期

非公式の機関・組織や個人による外交的活動は、その交流対象は主に外国の非公式機関・組織や個人である。その活動が中国公式外交と釣りあうか、中国公式外交の趨勢にあわせるかして草の根の友好・理解や協力を促進する。中国外交が国際的人心や民意の支持を得るために、グローバル統治を通じて世界平和と発展を促進する。その中に中国公式外交を組みあわせるか中国外交に一致するかの活動は民間外交の範疇に限られる。

資料5　韓光明論文「公共外交与民間外交異同的初辯」（公共外交と民間外交の違いの分析）（中国人民対外友好協会のHPより。）

HPアドレス：http://www.cpaffc.org.cn/content/details25-22644.html

1990年3月、江沢民主席が語っている。「帝国主義は我々を封鎖した時に、当時の周恩来総理は民間外交を創り、民間外交を用いた方法は国家関係のための道をつくった。その後多くの国家と我々は外交関係を成立した後に、すでに官方外交を有し、民間外交をも有した。民間外交を用いた方法は、歴史上かまたは現在から見るかに関わらず、非常に重要な意義を持っている。」

注：ここでの会は中国人民対外友好協会を指している。

資料6　韓光明論文「公共外交与民間外交異同的初辯（中国人民対外友好協会のHPより。）

HPアドレス：http://www.cpaffc.org.cn/content/details25-22644.html

中国人民対外友好協会の李小林副会長は2009年12月19日に清華大学にて開催した米中

関係討論会にてこう述べていた。「我々の展開した民間外交は中国国民と国外の国民が普通の往来をするだけではなく、各階の政府組織と支持の下、特定の機関と著名人による民間形式が出現し、性質に合わせた国外組織と個人が合作を展開した。これらの交流協力を通じて、国外の組織や個人に中国を理解そして好きになってもらう。更に進んでこれらの組織と個人が本国における影響力の力になってもらう。一歩ずつ国における中国に対する友好的な積極的な雰囲気と輿論環境を形成し、国が対中国との関係の発展の深さを推し進める。」

□国民外交について

おそらく、民間外交と意味的にそう違わない、論じられる資料も相対的に少ない。一件だけを並べさせる。

資料は「打破回復中日邦交的困難局面（中日国交回復の今年な局面の打破）」と言い、『周恩来外交文選』（中華人民共和国外交部中共中央文献研究室　中央文献出版社 171p, 228p　１９９０年）に出典してある。周恩来が１９５６年に日本の国営鉄道工会らの訪中代表団との談話した抜粋内容である。

私は見ました。国民外交の方式に照らし行っていくと、日本の団体はさらに多く来ました。

私たちの団体もまた多くいきました。両国間がやるべき事情をすべてやりました。最後に残っているのは両国の外交部長のサイン、これもまた省きましょう。とても良い方式です。

周恩来が1957年4月に日本社会党の訪中親善使節団との談話した抜粋内容である。

二三年来、私たちは何度も日本の友人と私たちの考えを話しました。まずは中日両国民が国民外交を進め、そして国民外交から半官外交に発展していくことが、アメリカの日本に対するコントロールを突破できるでしょう。

□人民外交について

資料1　趙啓正編集『公共外交・案例教学』（中国伝媒大学出版社　8p　2016年）

周恩来総理は1949年の早くから「人民外交」の概念を提出していた。彼が提出したのは、政府ありきの外交、民間ありきの外交、政府と民間が混じった外交である。惜しくも当時は冷戦の時代背景により、中国は世界でも比較的孤立しており、中国語が世界に伝わらず、普及能力が弱かったため、「人民外交」という言葉は世界に普及しなかった。

資料2　中華人民共和国外交部外交史編集室編著『研究周恩来―外交思想与実践』（世界知識出版社　44p　1989年）

周恩来は人民外交を展開させことを重視していた。彼は何度も説明をし、新中国の外交は政府間の関係と人民の間の関係を含み、両者は別ものであるが連携を取っている。中国人民と各国の国民は友好であり、政府間に国交成立がなくとも、中国政府は民間の友好往来を支持しており、それは外交関係を創造する条件のためでもある。

□公共外交について

民間外交、国民外交、人民外交の用語に比べて、公共外交は新語にあたる。また、国力増長に伴い、全体の影響力が絶えず上がり続け、公共外交はますます関心を受けている中、外交事業の中の一つの全く新しい領域である。

２００９年７月、胡錦涛主席は第十一回駐外使節会議の演説上にて、初めに中国が公共外交を展開することを打ち出した。これは公共外交という事業が正式に政府の議事日程に取り上げられたことを示している。２０１０年の全国人民代表大会と全国政治協商委員会に、当時の外交部部長である楊潔篪が初めて公共外交について講じた。中国共産党第十八回代表大会以来、習近平主席は公共外交に対して非常に重要視しており、２０１４年の中国人民対外友好協会の成立六十周年の演説では、公共外交が中国が発展する道程における重要な意義を実現したと強調した。

関係資料の紹介をしよう。

資料1　張志洲論文「中国の公共外交：世界に本当の中国を知ってもらおう」(http://theory.people.com.cn/GB/49150/49152/15233878.html)

２００９年7月、胡錦涛主席は第十一回駐外使節会議にて頭から明確に打ち出した。「公共外交と人文外交をさらに強くする」。公共外交を中国総体外交の重要な構成要素と未来の開拓方向とし、従ってこれを国家外交戦略の高度に言及する。

２００９年10月、外交部の新聞局に元々あった「公衆外交処」は「公共外交辨公室」に昇格し、公共外交の計画安配・協調と指導業務を強化した。

外交部長の楊潔篪は２０１０年3月の十一回全国人代の3回の会議期間に、「公共外交は中国技巧の重要な開拓方向であり、我々は公共外交が現在時運に乗って現れ、まさにその時代であり、非常にやりがいがあるものだと認識している」と陳述した。

資料2　2012年11月8中日共十八大を招集し、初めに明確に示したことは「公共外交と人文交流を着実に推進する」ということである。これは公共外交がすでに国家戦略レベルに持ち上がったことを示している。

2012年12月31日、中国公共外交協会北京にて成立し、全国人大外事委員会主任委員であり外交部前部長であった李肇星が会長に選ばれた。これは十八大が明確に打ち出した「公共外交」に対する要求の積極的な返答である。

2013年10月24日、習近平主席は周辺外交工作の座談会でこう強調した。「周辺国家への宣伝工作・公共外交・民間外交・人文交流に力をさらに強めていくように。」、戦略高度から新しい形勢下の周辺外交任務の中の公共外交性の重要性を強調した。中国共産党中央政治局常務委員会はこの会の周辺外交座談会に全員出席し、上層がこれに対する重要視が明らかに見てわかった。

資料3　趙啓正・雷蔚真編集『公共外交藍皮書中国公共外交発展報告（2015）』（社会科学文献出版社・皮書出版分社　2015年）

2013年12月、習近平主席は陳述の中で中国の夢と国家のソフトパワーを上げると強調し、我が国の国家形象を形作ることに力を入れようとしている。中国政府が対外に中国文化を普及し、中国故事を説明し、中国の価値観の基本手段を明らかにすることを明確にした。これはまさに中国公共外交のテーマである。

２０１５年3月、人民代表大会と政治協商会議の開幕式にて、政協主席兪正声が再度強調したことは、「中央外交工作総体部署に照らし、実務が対外付き合いを展開し、政協専門員会、中国経済社会理事会、中国宗教界と平委員会らが対外付き合いの優勢と効果を発揮している。積極的に人文交流と公共外交を展開し、国際情勢の分析検討強化を強め、中国故事の説明、中国語を広め、国家発展のために良好な外部環境を努力して築き上げていく。」

より多くなっていく事実は、公共外交が中国ではすでに国家戦略レベルに引き上げられていることを表明している。

資料4　趙啓正主編『公共外交・案例教学』（中国伝媒大学出版社　8-10p　２０１６年）

「公共外交」、この単語は中国で広まりだして10年もたたない。しかしすでに着々と広まっているのである。清華大学国際関係学科副主任である趙可金は『公共外交的理与実践』という本の中で解釈している。

「公共外交は一つの国家が本国知名度や名誉や認識度を上げるために、中央政府または権限を与えられる地方政府とその他社会部門や本国の委託または外国社会行動体より、伝達・広報活動・メディアなどの手段を通じて、国外公衆と相互の交流をしていく。また別の国家の民衆の忠告・情報・普及知識・価値を形どるに焦点を繰り広げ、国家利益の実現にさらにより良いサービスを行う。」

この一定義は公共外交の中心思想部門の同意或いは権限の授与を含んでおり、他国の民衆に的をあてて展開する外交活動である。これは政府部門による展開した現実である。

2013年2月、時に中国外交部新聞司司長の秦剛が中国新聞ネットに招かれて、ネット友達と交流していた際に、再度中国外交部対外公共外交の定義を申し込んだ。公共外交は対伝統外交の継承と発展として、主に政府主導・社会各階により普遍的に参加し、普及や交流手段を助けていた。国外の公衆に本国の国情と政策理念を紹介する狙いがあり、国内公衆には本国の外交方針、政策及び関係ある振る舞いを紹介している。（筆者の認識によると、公共外交は外国の公衆と向き合う）国内外の公衆の理解、同意や支持を得る狙ひは、民心民意と政府の良好なイメージを獲得する。有利な世論環境をつくり、国家の根本利益を維持し促進することであった。

公共外交とは、一国の政府、企業、社会組織、公衆らがそれぞれ各角度から外国の公衆に向かって本国の国情を示すことである。本国の性格を説明し、外国が中国の理解できないところを解釈し、同時に相手の国際交流活動を理解することである。目的は本国のイメージを上げることであり、外国公衆が中国への態度を改善すること。更に友好的な国際環境を形成し、その上で、中国に対する外国政府の政策に影響することである。

資料5　参考図（http://www.chinanews.com/tp/hd/2011/03-05/26578.shtml より）

２０１１年３月５日、全国政協十一回第４次会議が「政協委員談公共外交」テーマの記者会を開き、趙啓正が自作した図を用い、中国の「公共外交」を説明した。

資料6　趙啓正・雷蔚真編集『公共外交藍皮書中国公共外交発展報告（２０１５）』（社会科学文献出版社皮書出版分社　3-4p　２０１５年）

公共外交は新しい概念である。アメリカの学者のエドモンド・ガリオンは１９６５年に初めて公共外交という単語を使用した。その後、この言葉を使う学者が増えていったが、一つの共通点があった。それは政府による主導、外国公衆を対象とする、本国のイメージを高めると

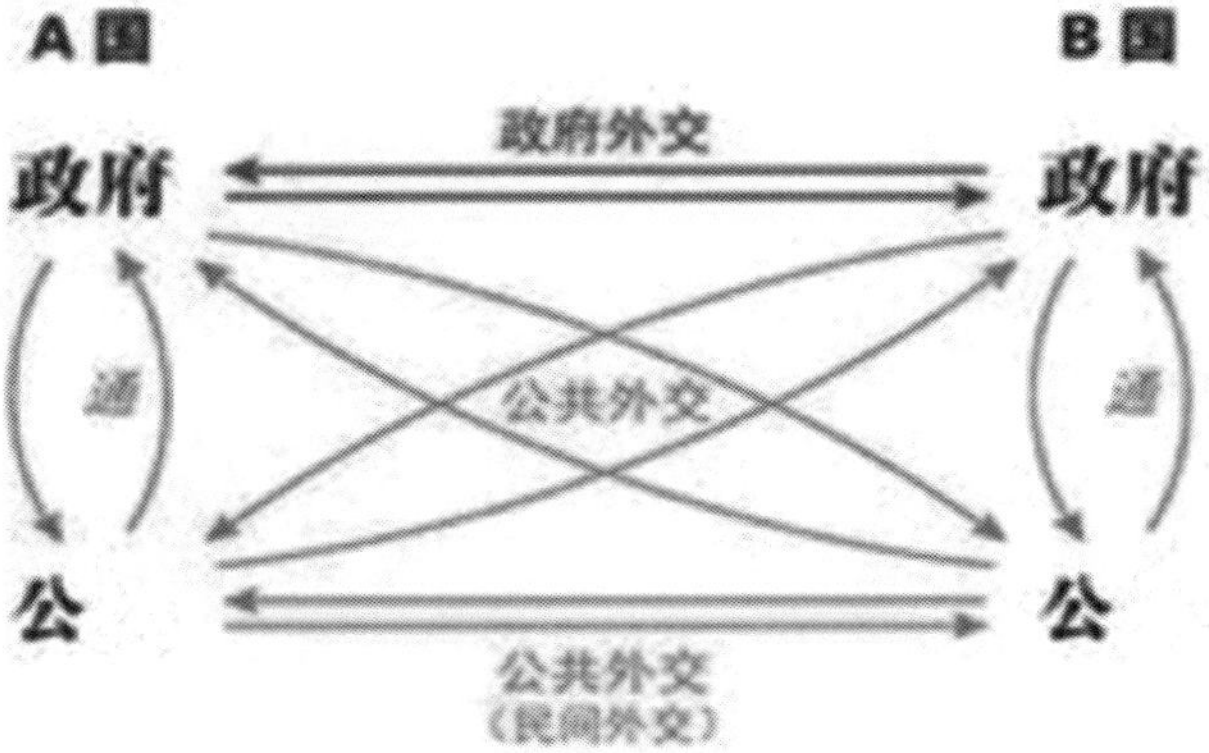

図　公共外交の定義の図表（趙啓正）

いう目的である。公共外交に対する理解というのは、差異が存在している。公共外交の具体的目標にも差異がある。

グローバル化と情報化の現在、国と国との人の往来と交流が日に日に盛んになり、政府は国家イメージの構築と普及のために貢献する公衆を重要視し始めるべきである。公衆が公共外交に参加する接去勢を支持し促進していかなければならない。この意義上から、公共外交を教戒する範疇は広範囲に及びことを妨げない。わかることは、国家間の付き合いの活動の中で、公衆が参加する国際交流がありさえすれば、公共外交の範疇に属する。具体的には、その類型は「一国政府対另国公衆」、「一国政府対另国政府」、「一国公衆対另国公衆」が見られる。（図を参照）

この定義図を通して、さらに公共外交の範疇と政府外交の関係がよりはっきりとわかる。「公共外交」が指していることは「政府外交」以外の各種対外交流方式であり、官庁と民間の各種双方の興隆をも含んでいる。ここにある「公衆」は非政府部門機構と組織、研究所、シンクタンク、各種民間組織と非政府組織（ＮＧＯ）、非営利民間組織（ＮＰＯ）などを包括した上で、各方面の精鋭人物（例えば社会活動家、学者、宗教トップ、演芸界の著名人など）や大衆をも含む。公共外交の行動の中で、政府が主導であり、民間組織、社会団体や社会精鋭は中堅であり、大衆は基礎となる。政府主導の効果は本国公衆と進めている互いの疎通の中で体現しており、政府が公衆に状況説明を行うことを含み、例えばニュース報道、外交部の藍庁シンポジウム、政府広報などである。また公衆が政府に対して政策建議を提案するのも含み、例えばメディア評論、大学研究機構による報告説明などである。

総じて、以上の言葉に関する定義と概念については、今後の整理を期待する。ここでは二氏の論説を紹介しつつ、まとめの参考に供するところに止める。

趙丕涛氏は２００９年、学林出版より発行した『人民外交読本――外事学習与実践』の中で、人民外交がまた民間外交と称され、社会主義の新中国外交の一大特色である。これもまた新中国が国際関係史上の一つの創造であると指摘した。氏によって、人民外交は政府（官方）

外交を相対時に、国際民間の往来を原点とするとしている。政府背景また政府の支持があることを広く指し、自覚的、意識的に国家利益を代表し、国家外交政策を実現する国際民間友好往来活動を「民間外交」と総称する。

民間外交は柔軟性、多様性、普遍性、深層性、持久性の特徴がある。民間外交の展開は政府外交のために道や橋、基礎を樹立し、民を以て政府を促進した。貿易と文化は外交の両翼であり、対日往来は経済文化交流から始まる。

趙啓正氏が人民外交、民間外交を受けた成果に継ぎ、時代の方向から公民意識の主張が高まり、「公共外交」という一核心的概念を提案した。この観点をまとめた一冊が2011年12月、筆者が編集翻訳を行い、三和書籍より日本語版が出された。『中国の公共外交「総・外交官」時代』である。

四、人民外交の思想及びその研究（資料編）

現在、周恩来の人民外交思想が固有なものとされている。しかしそれは、建国初期ごろの外交を進ませるという発想により、当時の時代に合わせたものである。相対的に日本を主とする対象の民間外交に対比して、人民外交が広く世界に向かって展開された。実際に人民外交の提唱は建国前の毛沢東をはじめとする指導者たちによるものであった。周恩来は人民外交という思想を構築した新中国指導部の一人にすぎない。但し、外交担当の責任者として、周恩来は始終外交の最前線に立ち、政府の決意に対して全責任を負う現場指導者の位置にあった。

趙丕涛は2009年、学林出版より発行した『人民外交読本—外事学習と実践』の中で、「毛沢東が建国前に繰り返し提案していたのは、外交任務は人民にも目を向け、人民に望みをかけるのである。周恩来もまた、我々の外交ルートは国家を対象としており、人民が基礎となり、上層外交を通じて人民に希望をかける」と指摘している。さらに「人民間の関係を発展し、職業外交官が進めることに頼るのではなく、多くの両国人民が直接に進めることに大いに頼るべきである。これにより、民間外交は招待外交の特殊なケースとして国家利益を抜きに実践できなくなった。政府外交の補充をすると同時に政府外交の別の側面も持つ。民間外交と政府外交の目標は一致しており、ルートが異なるだけで、結果は同じである。両々相まってますます良い効果を収めることであった」と、述べた。

人民主体の外交戦略の重大実践は建国初期に集中した。1994年12月、世界知識出版社が発行した裴堅章編集の『毛沢東外交思想研究』の内容によると、1950年10月まで、中国と正式な外交関係を結んだ国家はわずか18ヵ国であった。政府の官僚外交活動区域は相対的に狭かった。それで毛沢東と周恩来ほか中国の指導者たちが、人民主体の外交戦略を制定した。こんな背景のもと、以下の措置が実施された。

1949年1月、中国人民保衛世界和平大会常設機構を設立した。続いて中ソ友好、中緬友好（現ミャンマー）と中印友好など、可能なところから対外友好組織を次々成立させた。

1949年12月、中国人民外交学会を発足し、周総理自らが名誉会長に就任した。

1952年5月、中国国際貿易促進委員会が発足した。

1954年5月、中国人民対外文化協会が発足した。これは中国人民対外友好協会の前身である。

これと同時期に、周恩来をトップとした国際活動指導委員会を発足し、運営方法を調整し完全なものにした。これと歩調を合わせるように中国人民外交学会が発足した。

中国人民外交学会は周恩来総理により提唱され、1949年12月に設立した。これは新中国第一の人民外交に従事する専門機構であった。周総理は生前より、外交学会の名誉会長に就いていた。

外交学会の宗旨は中国人民と世界各国の民衆の間の相互理解と友好を増進することであっ

た。中国と世界各国の間の友好関係の確立と発展を促進し、世界平和、調和、発展と協力を追求する。筆者は、外交学会がさらに建国初期に、周総理の「以民促官、官民并挙」の人民外交思想の極めて重要な舞台を実践していたことを知っている。日本を例にとると、１９５２年から中日両国は再び人民の往来を開き１９６８年までの十六年間に、外交学会は日本各界の著名人が参加した１０７もの代表団を接待し、総計数は７８０人ほどであった。

現在、中国人民外交学会は世界１３０ほどの国と各界のエリートと密接な交流関係を結び、人民外交思想の縦横を代々伝え発展させていく。

総体から見ると、新中国の人民外交の形成と発展は、毛沢東と周恩来を中心とした指導部の知恵によるものである。その一部は建国初期ごろの対日民間外交となる。それは周恩来を中核とし、最高指導部に共有の見識に基づいた成果でもある。よって、趙丕涛氏が中国の民間外交事業について以下のように総括する。

1. 民間外交は政府外交に従事し、強い焦点を有す。
2. 国家外交総戦略方面を徹底的に履行し、民間外交は高い原則性と政策性を有す。
3. 具体的な実践過程において、民間外交と政府の官僚外交は強い補完性を有す。
4. 民間外交は広範囲の群衆が基礎にあり、対外外交付き合いの中に多国別、多段階、政府であり民間でもあり、地位の高低に関係なく能力を発揮し、機動性が素早いといったものを有し、形式は多様である。

さて、周恩来が人民主体の外交に関して、どう論じてきたか。中共中央文献編集委員会編集の人民出版社から１９８０年12月に出版された『周恩来選集』上巻と１９８４年11月に出版された『周恩来選集』下巻を底本とし、当時収録した人民主体の外交論の要点と簡略紹介を以下に記す。

周恩来の人生と貢献を論ずる場合、「人民外交思想」の創設と実践について取り上げられるところが多い。これまでに述べてきたように、民間外交の場合、卓越の実践を施した対象国が主として日本を指して言うが、「人民外交思想」について予めの理論を多く語る余裕がなかった。対日本の民間外交に限って重ねて言えるには、周恩来が総括されたように「中国の外交は官僚的、半官的、そして民間の三者が結びついた外交である」。この総括的発言が１９９４年、世界知識出版社の発刊である裴堅章編纂の『毛沢東の外交思想研究』に収録されている。外交の実践に対する「民間先行、以民促官」という周恩来の指針が、エッセンスである。現場指導と実務処理を第一義にせざるを得ない中で、民間外交という中国式の成功規範とされるこ

ページ数	巻数	題目	原文引用
88	下巻	我们的外交方針和任务	(六) 世界人民を団結する。我々はソ連や各人民民主国家に対して「一辺倒」である。植民地や半植民地であった国に対して、殊本主義や帝国主義国家の人民に対してもまた団結を勝ち取り、強固で発展した国際的平和の力を以て、新中国の影響を拡大していく。
88	下巻	我们的外交方針和任务	(一) どのような外交戦線を打ち立てるか。外交は国家と国家間の関係、または人民と人民の関係であるか。外交の仕事は国家を対象とするのか、人民を対象とするのか。我々は世界各国の人民を団結し、兄弟国家の人民だけではなく、植民地や半植民地だった国家と資本主義国家の人民も、我々もまた勝ち取っていく。しかし外交の仕事では、国家間の関係が対象である。外交は国家間の関係の形式を通して行われるものであるが、スタンスは未だ影響は人民を勝ち取るところにあり、弁証している。この一点もはっきりさせないといけない。
475	下巻	中美友好来往的大門终于打開了	アメリカの国民は偉大なる国民である。中国人民は偉大なる人民である。我々両国の人々は昔から友好的である。皆が知っている理由により、両国民の往来は二十年ほど中断していた。現在、米中の双方の共同努力により、友好の往来の扉がついに開かれた。目前に、両国関係の正常化を控え、努力して緊張を緩和した形勢は米中両国民の強い希望であった。人民、ただ人民だけが世界歴史を創造する動力である。我々は信じている。我々両国民が同じ希望を持ち、いつの日か実現できることを。
478	下巻	中日両国人民應該世世代代友好下去	中日両国の世界制度は異なるが、それが我々両国の平等な友好付き合いの障害になるべきではない。中日国交回復は平和五原則を基礎として隣国友好関係を気付いた。更に一歩両国民の友好往来を発展させるために、両国の経済と文化交流を拡大し、広大な未来図を切り開いていく。中日友好は排他的ではなく、アジアの緊張した情勢を緩和させ、世界平和を維持するために貢献をしていく。中国と日本は共に偉大なる民族である。中国人民と日本国民は勤勉で勇敢な民族である。中日両国民は代々友好

(続く)

478	下巻	中日两国人民應該世世代代友好下去	的でなければならない。ここで、私は中国人の代表として、日本国民に挨拶を述べたい。日本国民が歩む道の上で更なる達成を得ることを心から願っている。
152	下巻	在亜非会議全体会議上的発言	この平和五原則により、中国はタイやフィリピンなどの隣国関係と改善を得ない理由などない。中国は厳格にこの原則を遵守し、アジアやアフリカ諸国と正常な関係を成立する基礎とし、且つ中国と日本の関係の正常化を促すようにしたい。我々アジアアフリカ各国の相互理解と協力を増強するために、各国の政府、国会や民間団体が互いに友好訪問を行うことを提案する。
371	上巻	人民政協共同綱領草案的特点	第八は臣民主義の外交政策問題である。草案第七章の中に保証とは何かを明確に規定した。何を擁護し、何に反対するか、即ち本国の独立や自由と領土主権の完備を保証するために、国際的な持久的和平と各国の人民間の友好協力を擁護し、帝国主義の侵略政策と戦争政策に反対する。総則にて、毛沢東同志が『論人民民主専政』の中で論述した同志ソ連及び各新民主国家が同じ方針に立っていることを明白に受理している。これこそが我々の外交政策上の基本姿勢である。
34	下巻	為巩固和発展人民的勝利而奮闘	中華人民共和国の外交政策は、中国人民政治協商会議を通過した『共同綱領』に明確に規定している。『共同綱領』規定は「中華人民共和国外交政策の原則、本国の独立や自由と領土主権の完備を保証するために、国際的な持久的和平と各国の人民間の友好協力を擁護し、帝国主義の侵略政策と戦争政策に反対する」。外国と外交関係と貿易関係をもつ問題について、『共同綱領』規定は、「一般に国民党反動派とは関係を断絶し、中華人民共和国に対し友好的な姿勢の外国政府を採用する。中華人民共和国中央人民政府は平等、互いの利益及び互いに領土主権を尊重する基で、話し合い、外交関係を築く」、「中華人民共和国は平等と互いの利益の上で、各外国政府と国民と回復し、通商貿易関係を発展していく」。中央人民政府は一年の外交を経て、これらの基本的原則を執行する。

とが認められる。

人民外交思想の研究について、楊紹琼の修士論文の「周恩来人民外交思想研究」（『四川省社会主義学院学報』２００８年第1期）を基に紹介することは、国内外が周恩来の人民外交思想の研究に対し20世紀の80年代に始まったという。即ち、まだ新しい研究領域といえる。

だが、外国研究者の研究が中国の建国早々に始まった。例えば、カナダの学者であるロナウド・キースの『周恩来的外交』（汪永紅訳　東方出版社、１９９２年）とソ連の学者であるボールコバの「周恩来与中国外交」の論文（中共中央文献研究汁周恩来研究組・中共江蘇省委党史工作室編集『業績、方略、情怀——周恩来研究文集』（１９９４）中央文献出版社、141.pより引用）は人民外交思想は抗日期間の統治政策と輿論宣伝を原点であるとしている。２０１８年10月25日、南開大学で開催された第四回周恩来研究国際研究会には17ヵ国の参加であり、質の高い研究成果を出している。

人民外交に焦点を絞る研究には、劉寧一「周恩来与建国前后的人民外交」（中共中央文献研究室編（１９８７）『不尽的思念』中央文献出版社）と楚図南「人民外交史上的豊碑」（中共中央文献研究室編（１９９０）『我们的周総理』中央文献出版社）は、周恩来人民外交思想の実践を追憶している。

中国外交部は１９８９年に周恩来外交思想と実践検討会を開催し、『研究周恩来——外交思想与実践』（裴堅章編集（１９８９）世界知識出版社）を出版した。その中には姚仲明、楊清華の文章「周恩来総体外交的基本特征及其影響」を収録し、周恩来が人民外交を重視して展開したことを指摘している。中日国交の過程を総括すると、「民間先行、以民促官、以官帯民、官民并挙」であり、これは中国の対外交策の重要な方針であると強調した。

90年代に入ると、周恩来の人民外交思想の内容、特徴、現実意義を活発に討論するようになった。主要論著の一部を紹介しておく。

【論文】

李静「民間先行以民促官——从中日邦交正常化看周恩来所倡導的人民外交」『四川党史』１９９２年第5期

陳都明「発展民間外交実現関係正常化——緬怀周恩来総理対中日建交的貢献」『当代世界』１９９７年第7期

劉建平「从中日関係正常化看周恩来与新中国外交的歴史性転折」『当代中国史研究』１９９８年第1期

張新平・謝暁燕「論中日民間外交」『石油大学学報』１９９９年第3期等

【著作】
李恩民（1997）『中日民間経済外交（1945－1972）』、人民出版社
張香山（1998）『中日関係管窺与見証』、当代世界出版社
陳答才・潘煥昭（1998）『以民促官――周恩来与中日関係』、重庆出版社、1998年
羅平漢（2000）『中国対日政策与中日邦交正常化：1949－1972年中国対日政策研究』、时事出版社

2000年以降、人民が外交に参加する意識が徐々に強まった。学者の関心はどのように人民を主体とした活動を外交体系に組み込むか、またどのように民意を外交に表せるかといったところである。代表的な著作が叶自成『新中国外交思想：从毛沢東到鄧小平――毛沢東、周恩来、鄧小平外交思想比較研究』（2001、北京大学出版社）などがある。

周恩来の人民外交思想は実践の現場から発し、実践の結果によって検証されている。数々の成果を各方面から考察して記録していき、外交実践の現場調査を進めていく必須である。研究の手法にしては、相手有の外交だから、内外の双方向から検証できる分析が求められよう。中国国内に蓄積された成果と国外に反映されるものを照らし合わす相互の研究が期待されよう。

五、桜に思いを

1919年4月5日、留学生であった周恩来は嵐山雨中と雨後の桜を描写した詩を詠んだ。「雨中嵐山――日本京都」と「雨后嵐山」であることは幾度も述べてきた。

1974年4月、周恩来伴侶の鄧穎超を代表とする一行が日本に招待され、彼女自身が周恩来の「雨中嵐山」の詩碑の落成式に赴いた。60余前に周恩来が嵐山探索をして叙述的にその日一日を詩に詠んだことを記念して、除幕式は特別に4月5日に選ばれた。

周恩来の側近の警備員であった高振普将軍はこう追憶している。1979年4月5日も小雨がかすんでいた。鄧穎超一行が詩碑の前に着いた瞬間、雨がなんと止んだ。除幕式が始まることに、空には突然一筋の光が射し、詩碑をたらしだした。この情景はまさに「雨中嵐山」の詩の描写のイメージである。

瀟瀟雨、霧蒙濃、
一線陽光穿雲出、愈見姣妍。
人間的万象真理、愈求愈模糊、

——模糊中偶然見着一点光明、真愈覚姣妍。
（訳）雨濛々として霧深く　いよいよなまめかし
陽の光雲間より射して
世のもろもろの真理は　求めるほどに模糊とするも
——模糊の中にたまさかに一点の光明を見出せば
真にいよいよなまめかし

この神秘的な情景は、一心同体の夫妻ならではなかったたか、鄧頴超を通して周恩来の霊感が発露したようであり、挨拶していた鄧頴超が一瞬の景観の変貌に原稿から目を離して述べた。

「太陽が出て来て、私たちを照らしています。これは中日両国、そして両国民の友好を象徴している無限の光です。」さらに続けて、「絢爛なる桜が自然の法則にて花開き、無数の木々が同時に開き、また勇壮にも何処にも留まらず去っていきます。青年だった周恩来が人生の真理を追い求めていた時に多大なる啓示を与えたと思われます。」と。

（https://mp.weixin.qq.com/s/H7UpIM-cL7ulAdY6F3paYw より）

鄧頴超の内心から発したこの言葉から、私たちは明確なその間にある寓意をとらえることができる。「千樹万樹同時開放」の桜が人々の夢を表すものとすれば、「自然法則」が、人間が求めたい平和と繁栄を凝縮するものと解されよう。これは「青年だった周恩来が人生の真理を追い求めることに対して、多大なる啓示を与えた」ことを意味するだろう。日本人も中国人同様に同じ夢を目指すなら、民間に信頼をかけてもよい、対日民間外交の展開が期待できると考えられよう。こうした思索の可能性に関して、周恩来の身辺で成長した姪である周秉徳女史の証言に耳を傾けることにする。２０１７年９月８日、人民大会堂で開かれた中日国交正常化45周年記念パーティーにおけるスピーチ原稿によるものである。

伯父の周恩来はかつて若い時に日本留学に行き、日本国民の善良さと友好が彼の深い記憶に残り、一生忘れがたいことでした。新中国成立してまもなく、伯父は日本の友人に対してこう述べました。「私は日本で生活したことがあり、日本に対する印象はとても深いものである。」1974年12月5日、病身であった伯父は日本の創価学会会長の池田大作と会見した際に、再度青年時代に日本で生活していたことを思い出し、情愛深く言った。「私は日本から帰国してすでに55年です。1919年の桜が満開の時期に戻って来ました。」日本留学は伯父を日本そして、日本国民を深く理解させ、日本国民に対して深く厚い感情を抱いています。

周秉徳女史は中国政治協商委員会を務め、中国新聞社の副社長でもあった。2012年4月20日、周女士とその兄弟姉妹である、周秉宜女士、周秉華さん及び周秉和さん一行が小雨の中、東京千代田区にある法政大学を訪れた。当日の昼過ぎ、一行は外堀沿いの桜の下で王敏研究室の留学生たちと共に「雨中嵐山」の詩について語りだすと話が止まらなくなった。

周恩来は1919年に帰国してから長い年月が過ぎ去った。国のため人民のため、心血を注いで邁進していたので、桜を見る暇がなかった。しかし留日した翌1918年と日本

周恩来の姪と甥。左から周秉華、周秉和、周秉宜、（1人置いて）周秉徳。右端は周秉宜の夫の任長安。右から3人目は筆者、ほか3人は留学生

を去る１９１９年の２回見た桜の美しさを忘れたことはないという。平和条約を結んで２年後の１９７４年12月５日、病状が回復傾向をみせたとき、周恩来は創価学会会長である池田大作に対して懐かしそうに語った。「私が日本から帰国してもう55年です。１９１９年の桜の満開の季節に戻って来ました」。この時のこの情景は思いを打ち明けるようであり、桜の情景はずっと周恩来の記憶から消えていなかったようである。生涯にわたって日本の桜の満開の情景が脳裏に焼き付いていたからである。

上述した桜への思いが連綿と続いている。後世の人が周恩来の日本観及び対日思考の形成を考察するのにかけがえのない経験となったようだ。桜は日本文化の象徴であるから。

日本では一般的に梅の花は日本の上古時代の文学代表の花であると知られている。奈良時代半ば成立の『万葉集』の梅を詠んだ歌は118首であり、萩を詠った歌（138首）に次ぐ第二位である。梅の花は『万葉集』の中に多く現れる理由は、当時日本は中国文化を大量に吸収していた。梅の花は中国伝来の珍重な植物であり、薬用や食用の価値があり、貴族階級と文人の寵愛を受けた。

『万葉集』の中で桜を詠っているのは42首であり、第八位である。平安時代が進むと、、日本人は「花」を思うときに、桜の花を連想させる傾向が強くなった。聞くところによると、平安時代の最も古い勅撰和歌集である『古今和歌集』の中に梅を詠った歌は減って18首であり、桜の歌は70首にのぼった。

その頃の日本人は桜と言えば奈良吉野山とゆかりのある「吉野桜」を連想していた。修験道の開祖役《えん》の行者《ぎょうじゃ》は金剛蔵王権現の彫刻を桜の木の上で祈祷、祭祀を行い、故に信徒は蔵王権現と役行者の信仰を表すために桜の木を植樹し続けていったことが、「吉野桜」の由来である。

後嵯峨天皇（1220－1272）は吉野桜を大変愛したとしてその名を知られている。亀山殿を建造するために、天皇は吉野桜を吉野山から嵐山にわざわざ移植したので、今日に至るまで1500本の吉野桜が嵐山の春の色を綴っている。たぶん周恩来も耳にしたことであろう。
嵐山に対する二度のフィールドワークを行い、周恩来が両国の特殊な歴史文化関係に対する洞察の深さを考察した。これにより、周恩来は対日外交の中で、始終中日両国民に期待をかけている理由が見えてきた。周恩来が対日民間外交を提唱したことは１９１９年の嵐山考察とは無関係ではない。あの時に出会った人物群像と嵐山の歴史人文環境が実際、対日調査の第一次資料とも見なされよう。周恩来の対日外交の過程において、日本の風土人情に対する洞察が体現されていないと考えにくい。

中国建国の功労者・蕭向前が「周恩来の対日関係に於ける卓越なる貢献」（『周恩来研究——外交思想と実践』世界知識出版社　人民共和国外交部外交史編纂室　１９８９年）でこう分析している。周恩来の日本留学は「救国救民の真理を探すため、国難に赴く同志を見つけるためであった。１９４９年に中華人民共和国が成立し、周恩来は皆が期待していた総理に任ぜられ、その生命の最後の一息まで、彼はひたすらに、手ずから対日業務を握っていた。当時、中日が双方とも少しも接触がない民間と半官の外交を経て、正式国交を樹立した。実に足かけ23年の時間がかかった。樹立以降、周恩来は平和友好条約締結のため、三年を苦労に費やした。十分な理由を以て言えることには、周恩来が中日関係正常化の全工程を率いていたからである」。

「留日」の過程は良い国際関係の経験と知識を構築の蓄積を与えてくれ、留学現場は周恩来に人民主体の外交を構築する信念を固めた。彼は日本体験から、中日両国を結びつけた共通の歴史文化の脈を把握し、両国の結び目が外された危機から新たに結びつけた。これらはすべて嵐山の桜の雨情によって清められただろう。

今日、中日友好をめぐっては四つの基本的文献が締結されている。周恩来に開拓された戦後の日中関係の歩みを記録してある。四つの基本的文献を並べて、結びに記しておこう。

(1) １９７２年９月29日、「日中共同声明」。田中角栄総理、大平正芳外務大臣、周恩来総理、姫鵬飛外交部長署名。

(2) １９７８年８月12日に北京で「日中平和友好条約」調印。園田直外務大臣、黄華外交部長署名。10月23日に東京の首相官邸で福田赳夫総理と鄧小平副総理による批准書の交換が行われて発効。

(3) １９９８年11月26日に発表された「平和と発展のための友好協力パートナーシップの構築に関する日中共同宣言」。江沢民主席、小渕恵三総理、署名無し。

(4) ２００８年５月７日に署名された「戦略的互恵関係」の包括的推進に関する日中共同声明。

福田康夫総理、胡錦涛主席署名。
日中関係については、今後も民間外交、人民外交の軌道を進んでいくのであろう。

主な参考文献

劉建平「戦后中日関係之「人民外交」的生成：過程与概念』、『開放時代』２００８年第３期
瀋志華「中ソ同盟、朝鮮戦争与対日和約」、『中国社会科学』２００５年第5期
田健「日本战戦争賠款問題」、『文史精華』２０１３年第１期
小倉和夫『パリの周恩来』中公叢書１９９２年

参考資料

資料1　2017年9月8日、周恩来の姪である周秉徳が人民大会堂で開かれた中日国交正常化45周年記念の講和原稿原文

尊敬する河野洋平先生、田中真紀子先生、皆さまこんにちは！

45年前の九月末、中日両国はついに国交正常化を実現しました。これは生易しくない貴重な成果です。私の伯父である周恩来総理と日本の田中角栄首相たちがこのためにとてつもない努

力と卓越した貢献をしました。

中日両国は一衣帯水の隣国であり、二千年以上の友好往来と文化交流歴史があります。今日の日本は、いまもなお唐や宋の遺風を感じられます。ただ近現代において日本は何度か大規模な中国侵略戦争を発動し、両国の関係はひどく悪化しました。しかし総じていえば、平和と共の睦まじい友好が主流です。

伯父の周恩来はかつて若い時に日本留学に行き、日本国民の善良さと友好が彼の深い記憶に残り、一生忘れがたいことでした。新中国成立してまもなく、伯父は日本の友人に対してこう述べました。「私は日本で生活したことがあり、日本に対する印象はとても深いものである。」1974年12月5日、病身であった伯父は日本の創価学会会長の池田大作と会見した際に、再度青年時代に日本で生活していたことを思い出し、情愛深く言いました。「私は日本から帰国してすでに55年です。1919年の桜が満開の時期に戻って来ました。」またこうも言えます。日本留学は伯父を日本そして、日本国民について深く理解させられ、日本国民に対して深く厚い感情を抱いています。

中華人民共和国設立以降、中日両国は緊張対峙する状態にあり、正式な政府関係を成立することは不可能でした。中日両国が一衣帯水の隣国であることを考慮するならば、中日関係を改善することであり、伯父はまず経済貿易から着手しました。先に民間貿易から始め、徐々に民間往来と政府往来の連絡を起こしていき、以「民」促「官」、経済関係と政治関係を徐々に繋げていき、経済から政治に影響を当てました。「民間外交」から「半官外交」までの一本を歩き出し、両国関係の正常化の道へ再びたどり着きました。

中日貿易の往来は迅速に熱を帯び始めたと同時期に、伯父は、鉄は熱いうちに打てとばかりに、中日文化芸術の興隆を推し進める機会をつかみました。文化の局面から両国民の相互理解を推し進めるよう励みました。１９５４年10月、伯父は日本学術文化訪中団と接見した際に、「歴史上、私たちの文化は互いに交流し、影響を与えました。正常の往来により、中日の文化交流はとてつもなく大きな発展の前途を持っています。そのカギこそが和平共存です。」

伯父は「民間先行、以民促官」という対日外交戦略思想を提案した後に、身を以て実践を進めます。統計によると、１９５３年7月1日から１９７２年9月23日の中日国交正常化の前夜までの19年間、伯父が会見・接見した日本の客人は２８７回、３２３の代表団体（客人が多い場合も含む）であった。其の内１５４回は接見、１６４の和平友好代表団（日本の議員訪中団、各政党の訪中団、回復日中友好協会訪中団、前軍人友好訪中団らも含む）、46回の接見は５１５の経済代表団、35回の接見は39の文化学術代表団、８回の接見は10の体育代表団、

14回の接見は18の芸術代表団、18回の接見は26の工人代表団、5回農業農民代表団に接見し、7回の接見は8の婦女代表団、6回の接見は7の学生青年代表団であります。この驚くべきデータから、伯父は中日民間外交の推進に対して、余すところなく力を使い、日本の政治・経済・文化各領域・工・農・商・学・社会などの各層に幅広く接触していました。

長期にして幅広い民間外交は中日両国民に深い感情を打ち立て、真摯な友情を生み出しました。中国は日本の友人の信頼と尊敬を勝ち得て、さらに一歩進んだ日中友好のための努力の心と決心を固めました。

1972年9月25日、日本の田中角栄首相と大平正芳外相が中国にいらっしゃいました。伯父は自ら北京空港で出迎え、当日の午後に二回の会談を行い、双方の共同努力を経て、ついに日台平和条約等の障害を克服し、中日国交正常化の協議を達成しました。

この間に、ある感動する小話があります。伯父は田中首相に釣魚台の国賓館の18号楼に滞在してもらいました。一度賓館に着いた後、伯父はコートを脱ぎ、右肩に残してかけていました。脱ぐのは少し骨が折れるからです。田中首相がスタッフの前に立っており、自ら伯父がコートを脱ぐのを手伝ってくれました。伯父はすぐに「ダメです、ダメです。どうして先生が私に変わってコートを脱がせてくれるんですか。」と聞きましたら、田中首相は友情にあふれた言葉でもって答えてくれました。「総理は私は国賓館18号楼に滞在するよう手配してくれました。ここ数日、私がここの主人です。総理は私が最も尊敬すべき客人です。私は総理のために努めるべきです。ですから私に総理のコートを脱ぐのを手伝わせてください。」

伯父の仕事はいつも明け方まで一晩中続き、早朝にやっと休み、お昼ごろに起床します。反対に田中首相は早寝早起きの習慣があり、毎朝朝5時に起床し、生活は大変規律正しいものです。このため伯父は臨時的に生活習慣を変えました。接待に当たるスタッフをわざわざ呼び、「私は（田中首相の訪中の間は、）生活習慣を田中先生に少しでも近づける調整をしていかなければならない。夜10時以降に報告を私に送らないでほしい。」と伝えました。田中先生の生活の細部に対しても、伯父は先にはっきりと把握していました。例えば宴の時に演奏したのは田中首相の故郷の歌であり、首相は驚きながらも大変喜んでくれました。

正式な会談においては争論の場面も多くありましたが、双方は絶え間なく協議し調整を通じて、異なる点は残して共通点を見つけ出し、最終的に協議を達成しました。田中先生が首相就任から中日国交正常を実現するまでにかかった日数は、たった84日でした。この破竹の勢いは、日本国内でさえも「あまりに急なことで寝耳に水」との反応がありました。もし田中首相ではなく、他の人でしたら、この勇気はなく、アメリカより前に中国と国交成立をする勇気はなかったでしょう。伯父は田中首相の決断力と非凡な勇気を非常に好んでおり、以来日本の客人と会見するときには高い評価を述べていました。「田中先生は就任するとすぐに決断を出し、日中国交を回復しました。これは大変すごいことで称賛に値します。先生はニクソン大統領よりも勇敢なんです！」

伯父は中日関係の構想は歩みを止めなければ国交正常化できるとし、さらに次世代に渡る友好を追い求めていました。そのために中日国交正常化の後も依然として両国民の往来を特に重視していました。病身の時でさえ、伯父は病院内で池田大作先生との会見を固く決めていました。これに対し、池田大作先生は「中日友好関係に関して、周総理はもともと民のためを思ってのことでしょう。一枚の紙の条約が簡単に変化を生んだというわけです。総理の考えによれば『民衆が互いの真摯な理解や信頼関係を樹立することこそが、真の中日友好である』というのでしょう」とおっしゃいました。

伯父の遺志を継ぐために、１９７９年4月に叔母の鄧穎超が日本を訪れ、温かい歓迎を受けました。そして私や周家の他に親族たちも何度も日本を訪れました。日本の皆さんは伯父に対して尊敬と敬愛してくれる印象が深いです。２０１１年8月にＮＨＫで四日連続してゴールデンタイムに「家族と側近が語る周恩来」が放映されました。日本にいる友人が、このテーマが日本では大変人気を受け、日本の皇后陛下もご覧になり、中国の周恩来総理を大変尊敬していると教えてくれました。そして三木武夫元首相も「一人の外国の政治家ではなく、周恩来総理のような方は日本の各界の人々の中に多くの友人を持ち、こんなにも多くの尊敬を得られている！」という讃嘆をいただいています。

今の中日関係は、釣魚島などの争いの発端に憂いがありますが、私は双方が周恩来と田中角栄先生たち先輩政治家の積極性や実務処理の両国関係の知恵と経験に学ぶべきだと考えています。そうなればきっとうまく解決されるでしょう。田中先生を日本に見送った時に、伯父はこういいました。「私たちと日本の付き合いは二千年以上の歴史があり、半世紀の対立がありました。今日、私たちは時代が螺旋式に進むことを見てきました。これからも前進していきます。」

平和が来るのは生易しいことではないですが、中国人民と日本国民は平和を愛し、ただ平和社会だけで進化と発展を遂げます。平和だけが人々に安定と幸福をもたらします！

日本政府が歴史を正視し、先人たちの遺志を受け継ぎ発揚することを願います。私たち中日両国国民は様々な方式の対話と交流を通じ共通認識を増やして、代々この睦まじい友好を保っていきましょう！

皆さまご清聴ありがとうございました。

資料2　習近平主席の中日友好大会での演説全文（2015年5月25日）

来賓のみなさん、友人のみなさん。

こんにちは。2000年余り前、中国の大思想家、孔子は、友あり遠方より来る、また楽しからずや、と言いました。きょう、日本各界の人々3000人が遠方より来て、北京の人民大会堂に集まり、中国側と共に中日友好大会を開きました。これは近年の両国民間交流の盛事であり、またわれわれに大きな喜びを感じさせるものです。

まず私は中国政府と人民を代表し、また私個人として、日本の友人のみなさんの来訪に心から歓迎を表明します。私はまたみなさんを通じ、広範な日本人民に心からのあいさつと祝福を述べたいと思います。

中日は一衣帯水で、この2000年余り、平和と友好が両国人民の心の主旋律であり、両国人民は互いに学び合い、参考にして、それぞれの発展を促し、また人類文明の進歩のため重要な貢献をしました。

1週間余り前、インドのモディ首相が私のふるさとの陝西省を訪問し、私は西安でモディ首相と共に中印の古代文化交流の歴史を振り返りました。隋唐の時代、西安はまた中日友好交流の重要な門戸でした。当時、日本から多くの使節や留学生、僧侶が来て学び、生活しました。その中の代表的人物が阿倍仲麻呂で、中国唐代の大詩人、李白や王維と深く友情を結び、感動的美談を残しました。

私は福建省で仕事をしていた当時、中国の名僧、隠元大師（傍点は筆者）が日本に渡った話を知りました。日本で隠元大師は仏教の教義だけでなく、先進的文化と科学技術も伝え、日本の江戸時代の経済・社会発展に重要な影響を与えました。２００９年、私が日本を訪問した際、北九州などで両国人民の途切れることのない文化的根源と歴史的つながりを直接感じました。

近代以降、日本は対外侵略拡張の道を進み、中日両国は痛ましい歴史を体験し、中国人民に深く重い災難がもたらされました。１９７０年代、毛沢東主席、周恩来総理、鄧小平氏と田中角栄氏、大平正芳氏ら両国の一世代前の指導者が高い政治的知恵で重要な政治的決断を行い、さまざまな困難を乗り越え、中日国交正常化を実現し、平和友好条約を締結し、両国関係の新たな時代を開きました。廖承志氏と高碕達之助氏、岡崎嘉平太氏ら有識者は積極的に奔走し、多くの活動をしました。

歴史が証明しているように、中日友好事業は両国と両国人民にとって有益で、アジアと世界にとって有益であり、われわれは一層大切にし、心から守り、今後も努力を続けていくべきものです。

来賓のみなさん、友人のみなさん

隣人を選ぶことはできますが、隣国を選ぶことはできません。「徳は孤ならず、必ず隣あり」（徳ある者は孤立することはなく、必ず仲間がいる意）と言います。中日両国人民が真に誠実に友好的で、徳をもって隣人と接するなら、必ず子々孫々続く友好を実現できます。中日両国は共にアジアと世界の重要な国で、両国人民は勤勉、善良で、知恵に富んでいます。中日の平和、友好、協力は人心の向かうところ、大勢の赴くところです。

中国は中日関係の発展を非常に重視しており、中日関係が風雨に遭っても、中国のこの基本方針は常に変わらず、今後も変わることはありません。われわれは日本側と共に、中日の四つの政治文書を踏まえ、両国の善隣友好協力を推進したいと願っています。

今年は中国人民抗日戦争と世界反ファシズム戦争の勝利70周年です。日本軍国主義の当時の侵略の犯罪行為を隠すことは許されないし、歴史の真相をわい曲することは許されません。日本軍国主義の侵略の歴史をわい曲し、美化しようとする言動を中国人民やアジアの被害国人民は受け入れることはないし、正義と良識のある日本人民も受け入れることはないと信じています。前のことを忘れず、後の戒めとしなければなりません。歴史を銘記することは未来を開くためです。戦争を忘れないのは平和を守るためです。

われわれは日本人民もあの戦争の被害者であると考えています。抗日戦争終結後、中国人民は徳をもって怨に報い、中国にいた日本人１００万人の帰国を支援し、数千人の日本人戦争孤児を育て、中国人民の大きな度量と限りない大きな愛を示しました。

今日、中日双方は歴史を鑑とし、未来に向かう精神に従い、平和的発展を共に促し、子々孫々の友好を図り、両国が発展する素晴らしい未来を共に築き、アジアと世界の平和のために貢献しなければなりません。

来賓のみなさん、友人のみなさん。

中日友好の基盤は民間にあり、中日関係の前途は両国人民の手に握られています。両国関係の発展が順調でない時ほど、両国各界の人々が積極的に行動する必要があり、双方が民間交流を強化し、両国関係の改善と発展のために条件と環境を整える必要があります。

「若者が元気で国は栄える」。きょうの大会の出席者の中に若い友人が少なくありません。中国政府は両国の民間交流を支持し、両国各界の人々、特に若い世代の人たちが中日友好事業に勇躍身を投じ、交流と協力の中で理解を増進し、相互信頼を築き、友情を発展させるよう励ましています。

前の人が木を育て、後の人が木陰で涼む。私は両国の若者が友好の信念を固め、積極的に行動し、絶えず友情の種をまき、中日友好を大樹に育て、木々が生い茂る森林にし、両国人民の友好を子々孫々続けることを心から期待しています。

最後に今回の中日友好交流大会が大きな成功を収めることを願い、また日本の友人が中国滞在中、楽しく過ごすことを願っています。

みなさん、ありがとう。

第四章　周恩来と法政大学

周恩来は南開中学を卒業後、1917年9月中旬、日本に渡り留学をめざした。しかし、日本語力に難があったためか、志望した第一高等学校や東京高等師範学校に合格しなかった。その後の留日をどう過ごしたか。東亜高等予備校（日華同人共立東亜高等予備校）、東京神田区高等予備校、明治大学政治経済科（旧政学部、現政治経済学部）に通学経歴を有したとされる。1919年4月に帰国した後は南開大学文学部に秋の入学を予定する中で五四運動に参加した、とされている。

しかしながら、周恩来が日本においていったいどの大学で勉強し、何という先生に学んだかについては正確な調査報告に基づく研究成果は今なおない。言い換えれば、周恩来の日本留学の足跡は更なる考証を待たなければならない。目下の各種関係資料によれば、戦火と震災の影響により、周恩来が留日期間に在籍した学校についての確実な記録は現在まで発見されていない。

かかる現状に鑑み、周恩来研究を更に科学化、標準化するために、筆者と留学生は、日本でＷＥＢサイトが公表されている何校かを対象とし初歩的考察と分析を行い、その一つである法政大学附属高等予備校について、周恩来が就学したか、多方面からの考証を行うこととした。本稿は現段階における部分的な報告である。

一、中村哲総長の見解

第一に、法政大学における歴史認識に対する概説である。

中村哲（1912～2003）は東京府出身。府立三中および旧制成城高等学校（現成城大学）卒業後東京帝国大学法学部入学、1934年卒業。戦前台北帝国大学助教授、教授、戦後法政大学法学部教授に任じられ、法学部長、常務理事を歴任、1968年法政大学総長に任じられる。1983年社会党の要請で参議院議員選挙に出て比例代表区一位で当選、任期は6年。

中村総長と中国との友誼は深く、在任期間中（1968～1983）数次にわたり訪中している。1955年11月10日、彼は人民大会堂において周総理の接見に与る。帰国した彼は、周総理が法政大学附属高等予備校に在籍した事実を前後何回も文章で言及した。1955年11月10日、彼は日本護憲連合訪中団員として毛主席、周総理の接見と記念撮影に与る（写真1）。この写真は現在、法政大学大学史資料研究センターに保存されている。

この事実を重視し、筆者はこの写真の背景について調べた結果を表1にした。

写真１　日本護憲連合訪中団が毛主席、周総理との接見与る。中段右から３番目が中村哲総長。

表１　日本護憲連合訪中団の訪中

日時	背景	主要人物
1955年夏	1．中国代表団が「核兵器禁止世界大会」参加のため東京訪問 2．期間中、中国側は護憲連合に対し訪中招請を行った	日本側：片山哲（元日本総理） 中国側：劉寧一（中華全国総工会副主席）
1955年11月	1．護憲連合北京到着 2．毛沢東主席の接見に与る 3．周恩来総理と二回会談 4．文化・芸術・体育・労働等の部門と会談（中国側対外友好協会と「文化体育交流覚書」を締結） 5．撫順収容所に拘束中の日本人戦犯1000余人と会見（3年以内にもしかしたら釈放されるとの情報を伝達）	日本側：団長片山哲・副団長藤田藤太郎（総評議長兼私鉄総連議長）、社会党国会議員猪俣浩三、中崎敏。更に法政大学総長中村哲、俳優千田是也、元陸軍中将遠藤三郎氏等 中国側：毛沢東、周恩来等

窓 mado

58年前の憲法擁護、護憲連合代表団の訪中

今から58年前の1955年夏、広島で開かれた「原水爆禁止世界大会」に中国の代表団が参加した。大会後、一行は東京を訪問。劉寧一団長（中華全国総工会副主席）が「ぜひ、憲法擁護国民連合（護憲連合）会長の片山哲元総理に会いたい」と要望し、両氏は懇談した。

話のポイントは「護憲連合代表団の訪中を招請したい」との意向を伝えることだった。

特に周恩来総理は「日本の護憲運動に大きな期待を寄せている」と言われた、という。

招請を受けた片山会長は、同連合参加の政党、文化・芸術、労働などの人々と話し合って訪中を決め、11月に北京に向かった。団長は片山元総理。副団長は当時の総評議長の藤田藤太郎氏で、政界、文学、演劇、学術、労働、女性などの有力者20余人で構成された。

大変な歓迎を受けた一行は毛沢東主席と会見。周総理とは2度の会合をもった。また、中国の文化、芸術、体育、労働など各部門の責任者とも意味ある会合を行い、さらに撫順に赴き、収容中の日本の戦犯1000人余りと面会。直前に中国政府が決定した「近く釈放」の朗報を伝えた。

新中国成立後、日本の総理経験者の訪中は初めてで、以後の民間交流に大きな発展をもたらす契機となった。

今日、集団的自衛権や憲法改正の声が国会で叫ばれるのが目立ちだしている。憲法擁護の大切さを再確認して、護憲の輪を大きくしていきたい。（信）

写真２　日本中国友好協会発行の新聞《日本と中国》2013年9月1日版より

参考資料は主として以下の三つの関係文章であり、いずれも護憲連合訪中の過程と意義を記載している。

1．中村哲〈感動を与える中国要人の態度〉《法政大学新聞》（1955年12月5日月曜日　第304号）

2．日中友好協会理事長村岡久平訪問談話〈日中友好運動の新段階〉（記録　加藤宜幸）

3．日本中国友好協会発行新聞《日本と中国》2013年9月1日版の記事（写真2）。

周恩来と法政大学の関係につき、中村総長はいろいろな所で講演したほか、さらに文章も残した。その中でも重要な二編を紹介したい。

1.《法政大学新聞》1958年10月25日　第379号

最近風見章と会い、周恩来総理が曾て法政大学で勉強したことがあると告げられた。私が周総理と会談した時にはこの関係についての言及はなかったが、風見章の述べるところによれば、周総理は早稲田大学に通ったと世間では誤って伝えられているが、実のところはそうではなく早稲田界隈に居住し学校は法政大学である。これは周総理自ら風見章に語ったものであり、絶対に間違いない。

2.《日中文化交流》1976年1月30日　第226号

護憲運動の巨頭の一人である風見章は日中国交正常化のため中国を訪問、帰国後私に伝えたいことがあり私を九段の議員宿舎に呼んだ。会うと彼は、周総理が曾て法政大学に通学したことがあると述べた。世間では、早稲田大学に通ったとされているが、その実、宿舎がそこにあったのであり、学校は神田にあった法政大学の高等予備校である。（中略）法政大学は和仏（即ち日法）法律学校の後身で、フランス自由主義法学を主旨としており、私はこのことが後日の周総理のフランス留学と、もしかすると大きな関係を有するのではと推測している。

風見章（1886～1961）は立憲民政党、国民同盟、日本社会党所属の衆議院議員で、九回当選した。彼は更に第一次近衛内閣の書記官長、第二次近衛内閣の司法大臣を歴任、時間的に判断するに、周恩来の法政大学在籍の話題は、1958年9月、「日中国交回復国民会議訪中代表団」団員として訪中した時である。彼の当時の職務は、日本社会党顧問、衆議院議員である。上述の二つの記録には、風見章という重要人物が言及されている。調査に資するため、風見章の訪中経歴を表2にまとめ、参考に供したい[32]。

表の記載から、以下の二つの問題は更なる事実確認を待たなければならないことがはっきりしている。

1．先述の中村哲元法政大学総長が《法政大学新聞》第379号で発表した文章は1958年10月25日付である。この文章の中で彼は、周恩来総理の直接発言、「曾て法政大学で勉強し早稲田界隈に居住した」ということを、風見章の伝言を通して実証した。この文章が発表している内容と日時は、風見章の訪中経歴の最後の一回、即ち1958年9月24日出発の訪中と符号するが、その時の風見章と周恩来の談話内容記録は更なる

表２　風見章の訪中経歴

日時	身分	同行団員	在中国主要活動	備考
1953年9月28日(羽田出発、香港経由中国入国) ～11月3日（帰国）	第一期訪中国会議員団	①田正之輔（団長、自由党） ②各党派推薦により参加の議員13名 ③風見章（衆議院議員、無党派）	①廖承志等要人訪問 ②国慶節式典参列	
1957年7月30日(羽田出発) ～8月1日(モスクワ) ～8月27日（モンゴル共和国） ～8月31日（北京） ～9月10日（平壌） (中略) ～10月1日以後（帰国)	国際青年平和友好記念 (モスクワからの招待状、法政大学大学史研究センターに現存)	①風見章（日中国交回復国民会議理事長、社会党所属） ②田寿（秘書・慶応大学教授）	①廖承志等空港出迎え ②９月３日、周恩来主催宴会出席、談話時間予定より２時間超過 ③明の13陵参観 ④国慶節式典参列	
1958年9月24日(羽田出発) ～ 帰国日時不詳	日中国交回復国民会議訪中代表団	①風見章（団長） ②竹内実（通訳）	①国慶節式典参列 ②周恩来の接見に与る[33] ③10月11日人民外交学会と共同声明発表 ④廖承志等要人訪問	《法政大学新聞》第379号上で発表の文章と符号

考証を待たなければならない。

2．目下の考証結果によれば、その会見の談話内容は、森下修一編纂、中国経済新聞社発行の日本語版《周恩来選集 上》中の〈日本六団体との談話〉第721頁に収録されているが、その中には風見章と周恩来の個人的会話は含まれておらず、この一部分の内容は調べる術が無い。その間の詳細を明らかにするために以下のいくつかのルートを通して調査を行った。①日本外交資料館、②旧社会党と深い淵源関係を有する社民党の関係組織、③通訳を担当した竹内実元京都大学教授、④中国が収蔵管理する外交資料。

しかしながら、目下のところ各チャンネルを通じても更なる手がかりは発見されていない。しかも、竹内実先生は2013年7月に逝去された。つまり、この史実については、継続的調査研究を待たなければならない。

二、柘植秀臣元法政大学社会学部教授の観点

柘植秀臣（1905～1983）は日本の大脳生理学者である。戦後、民主主義科学者協会理事を務める。中央労働学園大学教授、法政大学社会学部教授、74年日本精神医療センター脳研究所長を務める。

彼は1976年2月15日朝日新聞紙上に、〈故周恩来氏の「神田学校」〉と題する一文を発表した。「筆者はしばしば中国を訪問し、周総理の慈悲深く優しいお姿を見ることができた。最後の一回は1972年の中日国交正常化の後で、正常化を慶祝するため催された人民大会堂における宴会席上である。私は長年にわたり法政大学で教鞭をとったが、総理が法政大学で勉強したとの見解を聞いたことがあり、事の真相をずっと探し求めていた。その様な経緯があり、総理が「法政ではなく、名称は忘れたが間違いなく神田にあった某語言学校です。日本語

はそれほど上達しなかったけど」と答えた。このこと以外にも多くの話題につき雑談した。この話は73年1月5日の『週刊朝日』に掲載されたが、『週刊読売』は相変わらず、総理は法政大学に通ったと報じた。」

周総理の留日期間中、法政の『法学志林』（11巻2号）には、「麹町区富士見町靖国神社、法政大学内、〝東京高等予備校〟」の学生募集広告が掲載されているが、これは法政の予科とは別の学校である。周総理が語った「神田にある語言学校」は、この「高等予備校」である可能性がある。

三、元法政大学総長大内兵衛教授が誇りに思う経歴

１９５０年、大内兵衛（１８８８～１９８０）は法政大学総長（ちなみに当時は「総理」と表記されていた。小文では、現代人にわかりやすいよう、「総長」に統一して使用した）に就任した。彼の専門はマルクス経済学、財政学である。日本学士院会員。大蔵省書記官を経た後、１９１９年東京大学財政担当教官になり、任期中労農派論客として活躍した。１９２０年、森戸事件に連座し失業、数年後復職した。１９４９年東大を退官後、１９５０年～

1959年の間、法政大学総長の職にあった。向坂逸郎と共に社会主義協会、社会党左派の指導者として様々な舞台で活躍した。

1955年、大内兵衛は日本学術会議訪ソ学術機構団代表としてソ連および中国を訪問、周総理と会談を行った。彼は周総理との会談の状況を同僚に幾度となく語り、周総理が法政大学附属高等予備校で勉強したことを誇りとした。

大内総長の同僚である現島根県立大学大学院東北研究科飯田泰三教授と法政大学法学部教授、法政大学沖縄文化研究所元所長の安江孝司は、大内総長が常に語った周総理との会見の故事の熱心な聴衆であった。彼等は2013年4月17日午後3時、筆者の訪問を受け、上述の事実を何度も実証した。

四、周総理の附属高等予備校留学を記録した法政大学教職員の文章

1．元法政大学総長谷川徹三[34]（1895～1989）は、1955年1月、岩波書店出版の雑誌《世界》（第109号）に《対話の余地》と題する文章を書いた。文章には彼が、

写真３　大内兵衛（1955年、中国にて）

写真４　左から周恩来、南原繁、大内兵衛

写真５　筆者は大内総長と周総理との会見について、
飯田教授（中）、安江教授（右）からの証言を得た

周恩来総理と日本議員団および学術文化視察団との記者会見記録を読んだ感想が含まれている。彼は、「私は大変気分よくこの記録を読むことができた。」と書いている。

2. 元法政大学総長大内兵衛は、日本学術会議の訪ソ学術機構団代表としてソ連および中国を訪問した。中国訪問時、彼は周総理の接見に与り、周総理と面談を行った。この時の面談に関して、彼は《如何に社会主義を実現するか》という書の中で詳細に説明している。

「周先生は背がとても高く、格子の服を着、皮膚は大変白く、眉毛はとても太く、唇をきつく閉じている。手の掌は大きく、指は細長い。この人が俳優になれば、きっと大変受けがいいと思う。面談時、私と南原繁[35]（1889～1974）が両国の政治経済についての見解を表明した。その後、周総理が総括を行った。言葉の使い方を通じて、私は彼の真心を感じることができた。その後我々は、日本と中国の教育制度と言語改良について詳細な討議を行った。我々がホテルに帰ったのは一時過ぎであった。」

3. 中村哲は法政大学法学院の院長の任にあったが、憲法擁護国民連合代表団の議員として、

1955年中国を訪問し周総理等中国の指導者多数と会談を行った。1976年、彼は周恩来追悼のため、《中日文化交流》226号の中で、「1955年、私は護憲連合の一員として周総理と個人的談話を行った……彼に対しその時の活動の意義を説明した。周総理はずっと話し手の目を注視し、話し手の意図を推測していたが、彼の様な政治家は空前絶後と言ってよい。」と書いている。

4. 1956年6月29日、谷川徹三文学院院長は団長としてアジア連帯文化使節団を率い中国を訪問、周総理に会う。

5. 1958年、《法政大学新聞》は中村哲が書いた〈法政時期の周恩来〉という文章を登載している。この文章は、その一昨年（1956年）、中村哲が中国で周恩来と会った時、周総理が曾て法政大学で勉強したことに言及したことを記載している。

6. 1964年、社会学部教授柘植秀臣は北京科学研究討論会に参加し、周総理に会った。（詳細は本稿2の内容参照）

7．１９６９年6月10日、日本《朝日新聞》は、〈周恩来の名刺、在籍した学校は法政である〉という岡本隆三[36]（１９１６～１９９４）の文章を登載し、その中で中村哲元法政大学総長が風見章から聞いた周総理の法政での勉強状況を紹介している。更に文章は、周恩来が日本で勉強した東京神田区高等予備校即ち東京高等予備校は法政大学附属予備校であり、したがって周恩来は曾て法政大学で勉強したと確定できる、と指摘している。

8．１９７６年1月、雑誌《法政》（１９７６年1月号）には、〈周恩来と法政大学〉という文章が登載されている。文章は、前文で言及した中村哲元総長が周恩来は法政大学で勉強したとの風見章から聞いた証言を記載している。その後法大教授の柘植秀臣が訪中、彼は「法政大学には学籍はないが、神田の語言学校には学籍がある。」との周総理の確実な回答を得ている。その語言学校こそ法政大学の予備校―東京高等予備校である。

9．１９７６年1月30日、《日中文化交流》（日本中国文化交流協会）２２６号の〈周総理追悼号〉に、〈法政大学との淵源〉という一文が登載されている。当時の法政大学総長中村哲は、周総理の法政における勉強状況および周総理との対面状況について書き、また、周総理が法政大学で勉強したことこそが、フランスに行ってからフランス法学に関心を持つことになる理由であると推測している。

以上の重点的紹介以外に、各種資料を次の表にまとめ、参考に供したい。

表3　各種参考資料

	作者	表題と出版社	発行日時	内容	備考
1	谷川徹三（文学部部長、後に総長）	〈対話の余地〉《世界》（岩波書店第一〇九号）	一九五五年一月	周恩来総理と日本議員団および学術文化視察団の記者会見記録の感想	
2	大内兵衛	〈如何に社会主義を実現するか〉岩波書店七五―七六頁	一九五五年六月一二日	大内兵衛は日本学術会議訪ソ学術機構団代表としてソ連と中国を訪問。中国訪問時、周恩来総理の接見に与り、周総理と面談する	
3	新聞報道	〈周恩来総理と総長の会談―各地で盛大な歓迎〉《法政大学新聞》第二九一号	一九五五年六月一五日	大内兵衛訪中に関する報道	
4	中村哲	〈敬服すべき中国要人の態度〉《法政大学新聞》第三〇四号	一九五五年六月一五日	訪中の見聞と感想、法政卒業の中国要人紹介	
5	菅原（編集部）	〈交流の萌芽―中国にいる大勢の卒業生〉《法政大学新聞》第三〇五号	一九五六年一月二五日	法政と中国の関係、法政速成科と卒業生紹介	
6	会談記録	〈法政大学と中国留学生〉《法政大学新聞》第三〇九号	一九五六年二月一五日	1 本校に多数の中国留学生 2 梅謙次郎 3 中国は日本の留学生の到来を期待 4 更に中国を理解する必要	

7	新聞報道	〈文化交流を希望する―中華全学連の手紙〉《法政大学新聞》第三一四号	一九五六年五月五日	日中両国留学生の交流状況	
8	香川正雄	香川君の中国便り〈きれいに一掃された植民地の残滓〉《法政大学新聞》第三二一号	一九五六年八月一五日	日本学生の中国見聞録	
9	海老原光義	〈戦前には見られなかった熱情―新中国の青年〉《法政大学新聞》第三二二号	一九五六年九月一五日	中国視察後の印象	
10	平野義太郎	〈再度ＡＡ組合に――日中国交の立脚点〉《法政大学新聞》第三二八号	一九五六年一一月一五日	日中国交正常化についての論述	作者は日中友好協会理事長
11	会談記録	〈日中国交と文化交流〉《法政大学新聞》第三三二号	一九五七年一月一〇日	新段階の日中国交の樹立	
12	岩村三千夫	〈日本と中国の対立―根底に流れるもの〉《法政大学新聞》第三七〇号	一九五八年六月五日	長崎国旗侮辱事件をめぐり論じる日中関係	作者は中国研究所常務理事
13	中村哲	〈法政に留学した周恩来、深い意味を有する中国との関係〉《法政大学新聞》第三七九号	一九五八年一〇月二五日	風見章は、周恩来本人が法政在籍の事実に自ら言及したと中村哲に伝達した	

14	平野克明（法学部4年）	〈法政大学と中国〉《草原》（第四号）	一九五九年一月一三日	資料13の内容を紹介	
15	安井郁	〈日進月歩の中国―毛主席と「矛盾論」を論ず〉《法政大学新聞》第四七〇号	一九六二年二月五日	毛沢東との談話内容の紹介	
16	岡本隆三	〈周恩来の名刺　在籍学校は法政である〉《朝日新聞》（夕刊）	一九六九年六月一〇日	資料13と同じ内容を紹介、周恩来は曾て法政に留学したと判断し、したがって周恩来の在日時の名刺に書かれた「東京神田区高等予備校」は「法政大学附属東京高等予備校」と同一の学校であると認めた	
17	岡本隆三	〈アジアの人物像　周恩来総理〉《朝日アジア評論》（朝日新聞社）	一九七〇年九月	周恩来は「曾て神田にあった高等予備校に在籍、予備校の正確な校名と入学時期は不明、大正七年（一九一八年）九月以降と推測される。」	
18	立馬祥介・守屋洋	《周恩来の謎》（主婦と生活社）	一九七二年六月二五日	周恩来の法政在籍に懐疑的態度を持つ	
19	柘植秀臣	〈周恩来と法政大学〉《法政》	一九七六年一月二〇日	資料13を紹介した後、周恩来に、法政に留学したか否かという問題を自ら確認、得た回答は「神田某語言学校」だったので、この学校は法政大学附属の予備校であると推測したことを陳述	

20	中村哲	〈法政大学との関係〉《日中文化交流》（周総理追悼号）	一九七六年一月三〇日	資料13を紹介した後、当時在籍したのは法政大学の高等予備校と認め、周恩来のその後のフランス留学経歴と法政大学の法学の淵源は関係があると推測した	
21	柘植秀臣	〈故周恩来氏の「神田学校」〉《朝日新聞》	一九七六年二月一五日	柘植が最後に周総理に会ったのは確かに一九七二年国交正常化後である。法政在籍の内容と資料は資料20と同じ	
22	渡辺三男	〈故周氏の学校は「東亜共立」〉《朝日新聞》	一九七六年二月二四日	当時周恩来がいた学校は東亜高等予備校で、法政大学ではない	
23	中村哲	〈中村哲名誉教授公聴会〉《法政大学と戦後50年》	一九九六年七月二八日	周恩来が当時在籍したのは法政大学ではなく、法政大学の中の語言学校である。この事は風見章が訪中前に私に語った	
24	的場伸一（茨城県立水海道第一高等学校校長）	〈本校第一回卒業生風見章と中国〉《KAIKOU TIMES》第一一号	二〇一二年四月二〇日	風見の事跡を紹介	茨城県立水海道第一高等学校学校新聞

五、法政大学現存資料中の附属東京高等予備校（1910～1924年）についての記載資料

小文は二つの資料だけを紹介する。

1．法政大学編纂論文集《法学志林》の広告

《法学志林》は1899年11月創刊号が発行され今日に至る。周恩来が留日した大正七年（1918年）と大正8年（1919）年の間に発行された《法学志林》には、ほとんど毎号に東京高等予備校の学生募集広告が登載されていた（写真6）。同校には「随時入学」と「奨学金制度」があり、その主要目的は試験準備である。周恩来が出願した東京第一高等学校と東京高等師範学校はその試験準備の目標学校であった。

2．法政大学歴史年代表の記載

筆者は法政大学の歴史叢書を追跡調査する中で、法政大学の歴史変遷を図解した《法政大学百年史》（法政大学出版　1980年）を発見したが、年代表を標した中に法政大学附属東京高等予備校の位置が明確に記載されている（写真7）。

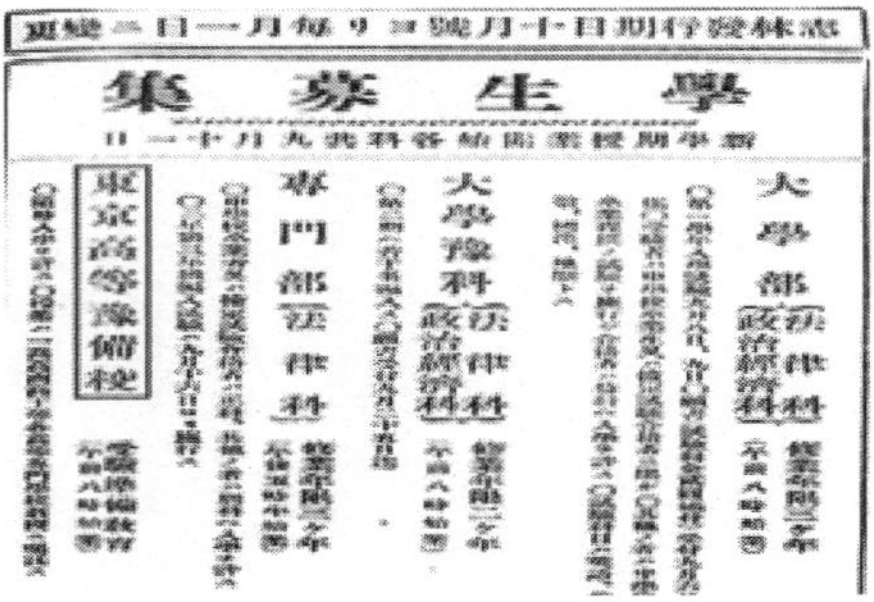

學生募集

大學部 法律科 政治經濟科

大學豫科 法律科 政治經濟科

專門部 法律科

東京高等豫備校

写真６　《法学志林》にほとんど毎号掲載された東京高等予備校の学生募集広告

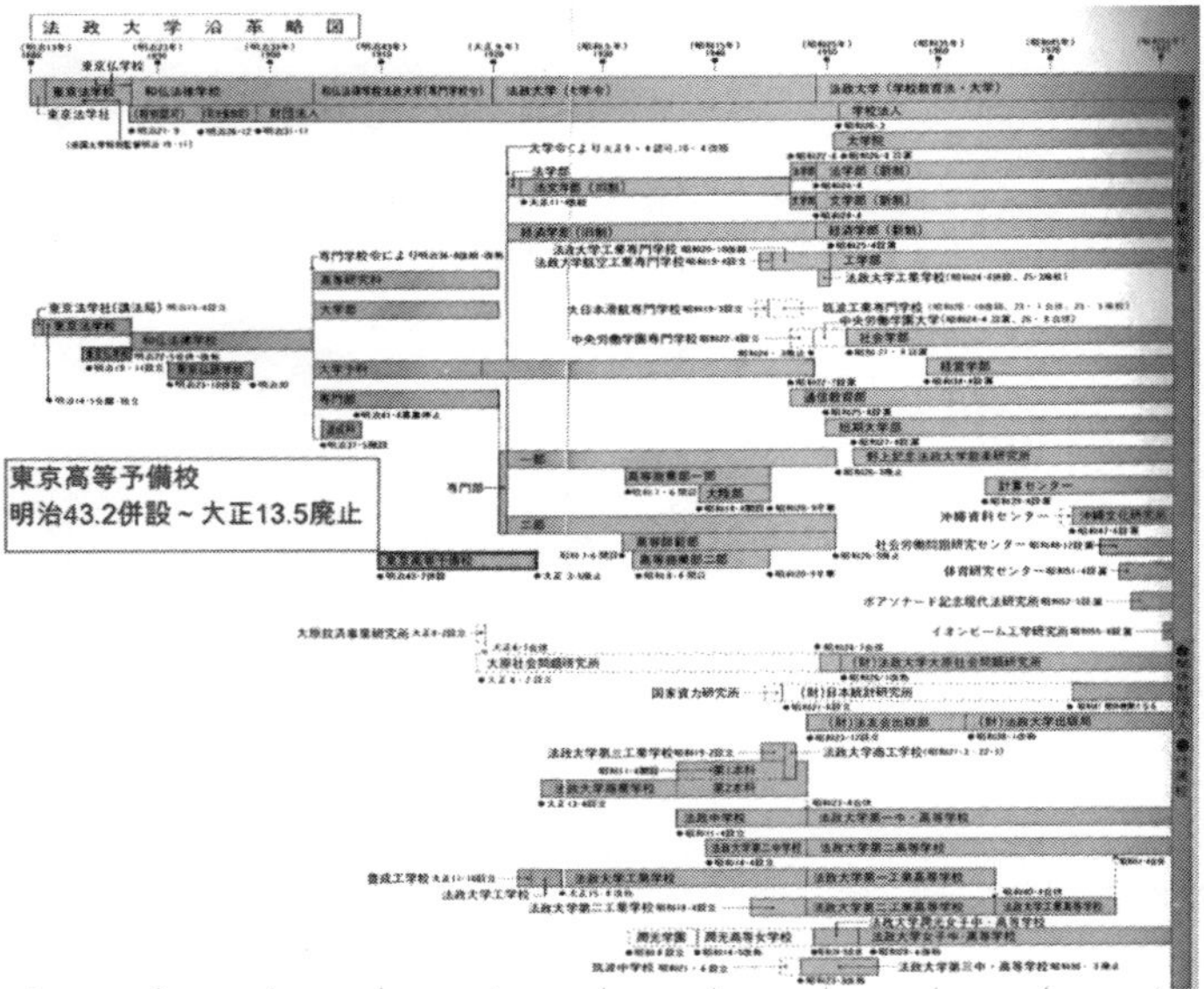

写真７　法政大学沿革略図

六、周恩来の留日日記についての考察

１９９８年2月、周恩来の日本留学時代の日記を収録した《周恩来初期文集》[37]が出版され、翌１９９９年10月、《十九歳の東京日記》[38]と題した日本語版が日本で発行された。現在までのところ、周恩来の留日時代の生活を反映した生資料は多分この日記だけである。この両作品を反復比較し大ざっぱに整理すると、周恩来の日本における主要活動地点は下記の通りである。

青年会、東亜高等予備校、高等師範学校、第一高等学校、神田神保町、早稲田、三越呉服店、日暮里、上野、浅草、田端、荒川、九段、本郷、牛込、横浜、東京堂、丸善、日比谷公園、神田の書店、菊富士酒店、公使館、監督処、服装店、中華楼、漢陽楼、源順号、北京飯店、第一楼、正金銀行、郵便局、朝鮮銀行等。

右記記述の中には、法政大学附属高等予備校に直接触れた記録はない。しかし、角度を変えて更に詳しく見ると、今日まで指摘されていない間接的手がかりが見つかる。

(1)周恩来留日日記は不完全

周恩来の日本留学期間は次の通り：

①1917年9月中旬～1919年4月：日本留学。

②1918年1月1日～1918年12月23日：日記がある。

③1918年1月1日～1918年8月28日：詳細な内容がある。

日記に述べられている日時によれば、当時周恩来は東亜高等予備校で勉強したことが見てとれる。しかしながら、この日記の詳細な記載は、1918年1月1日から8月28日までであり、日本に来た最初の3ヵ月と帰国前の約半年間については記載がない。これは周恩来日記が不完全であり、この期間の活動については更なる調査と事実確認を待たなければならないということを意味し、その間法政大学附属高等予備校あるいはその他の学校における聴講もしくは臨時入学での学習の可能性が存在する。

(2)日記中、南開大学創始者の一人である范源廉との接触の可能性を記載

可能性のある記載は3ヵ所。

4月12日（《周恩来初期文集》352頁）、「早朝季沖宅に行き范翁と信天夫婦に会う。」

4月15日（353頁）「再び季沖訪問、未だ帰らず、范老と深夜まで談、季沖が来て泊まる。」
4月20日（354頁）、「早朝范老、季沖、信天夫婦を送る。八時帰って来る。」

《范源廉集》[39]の内容によれば、1918年4月、南開大学創立者の一人である范源廉は米国に教育視察に赴く途中、行きに東京に行き東京の南開の学生を訪問した。日記中の「范翁」、「范老」は范源廉を指す可能性が多少ある。范源廉は、法政速成科の創設と発展に極めて深い淵源を有する。詳細は次章で触れる。

関心を持つに値するのは、周恩来は范源廉に会っているなら、当然ながら会話の中で、南開大学創設準備と法政大学内の高等予備校の状況に言及したと推察される。根拠は四つある。

①范源廉は教育を学習し実践した専門家である。周恩来と面談した時は、正に南開大学創設準備という使命を履行するため、訪米訪日したのである。彼の活動は当然訪日目的と連動している。しかも周恩来は南開中学の卒業生である。彼らが会うのは必然的なことである。

②范源廉は教育による救国という理想実現のため、日本留学期間中、学校経営の実践に参加した。次章のごとく、法政大学清国留学生速成科と実践女子学校の創建等々についての記載は

皆、彼の創造的参加と実践に言及している。言うまでもなく、これらの貴重な経験は、彼の人生という大河に融けこんでいるのみならず、その幾つかの大壮挙の一つである南開大学の創設計画に通じる。時代の変遷に敏感になって、日本で教育の実効性を確かめることだった。彼の再訪日は多角的視察を必然的に必要とし、自分と異なる時代に日本に留学している志のある後輩のアドバイスを必要とした。したがって、彼と周恩来が膝を交えてじっくり話し合ったことは、十分に考えられる。

③范源廉の個人及び公的事業は、法政大学と関連しており、同時に南開大学とも関連を有しているので、この縁を彼は自然に言葉にし、若き南開の学生周恩来に伝達した。かくして、風采文才今盛りの周恩来は、目に見えないながらも彼の影響を受け、法政大学に関心を抱いたのも想像される。そこで周恩来は、法政大学に出かけるついでに、法政大学近隣の靖国神社を訪問した。

④范源廉は 1899 年9月梁啓超との約束のもと日本に赴き、彼が開設した大同学校で勉強し、1927年に逝去する一年前の 1926 年まで依然として梁啓超に追随し、京師図書

館館長の後任となった。教師と学生の間の生死を共にした関係は、梁啓超の年譜を通して証明できる。即ち、梁啓超の１９２９年1月19日の病気による逝去は、范源廉の早死を大いに悲しんだことと関係がある。

１９１７年2月28日、少年周恩来は南開中学に来て講演した梁啓超のために自発的に《梁任公先生演説記》と題する記録を作成した。記録は文章のスタイルが優美で、条理が整然としており、２０１３年の新刊《周恩来南開中学作文集》[40]に収録されている。梁啓超、范源廉、周恩来三人の間の因縁がすこぶる深いのは明らかである。したがって、異なる時代の三人の真ん中の范源廉は上から下へ結ぶ絆というべきであり、周恩来はそれに対し幾倍もの尊敬を払った。

写真８　周恩来南開中学作文集

周知の通り、周恩来が帰国し勉強したのは南開大学が開学されるためであり、しかも范源廉は創始者兼第一期理事である。両名の訪日期間の深い対話は、間もなく成立しようとしている南開大学の新入生募集と関連していることは明らかである。当時梁啓超が范源廉を選んだように、范源廉も自然と南開出身の才人を放って置くことはできなかった。周恩来と范源廉との関係の背景中、最大の共通点は梁啓超との関連であり、共有できる留日経歴である。法政大学界隈は、彼らを時代を跨いでつなぎ合わせ、手を携えて共に前進する重要な地域であろう。

(3) 法政大学附属予備校近くの靖国神社を参観

日記の中に周恩来が靖国神社を参観した記録がある。《法政志林》(1918年、11巻、2号)の記載によれば、当時の東京高等予備校の住所表示は、「麹町区富士見町靖国神社側、法政大学内、東京高等予備校」である。両地は極めて近い距離にある。

日記中の関連する記載は下記の通り：4月30日(《周恩来初期文集》357頁)、「夜九段に行き靖国神社大祭を見る、雨に遇い止め、青年会に行き新聞を見る。」5月1日(358頁)、「夜九段を散歩、ちょうど靖国神社日本大祭、見て感慨深し。」6月2日(374頁)、「早朝〝新中〟に行き集会参加、すぐ解散、夢九訪問、昼まで話し、いっしょに出て会元楼で食事。

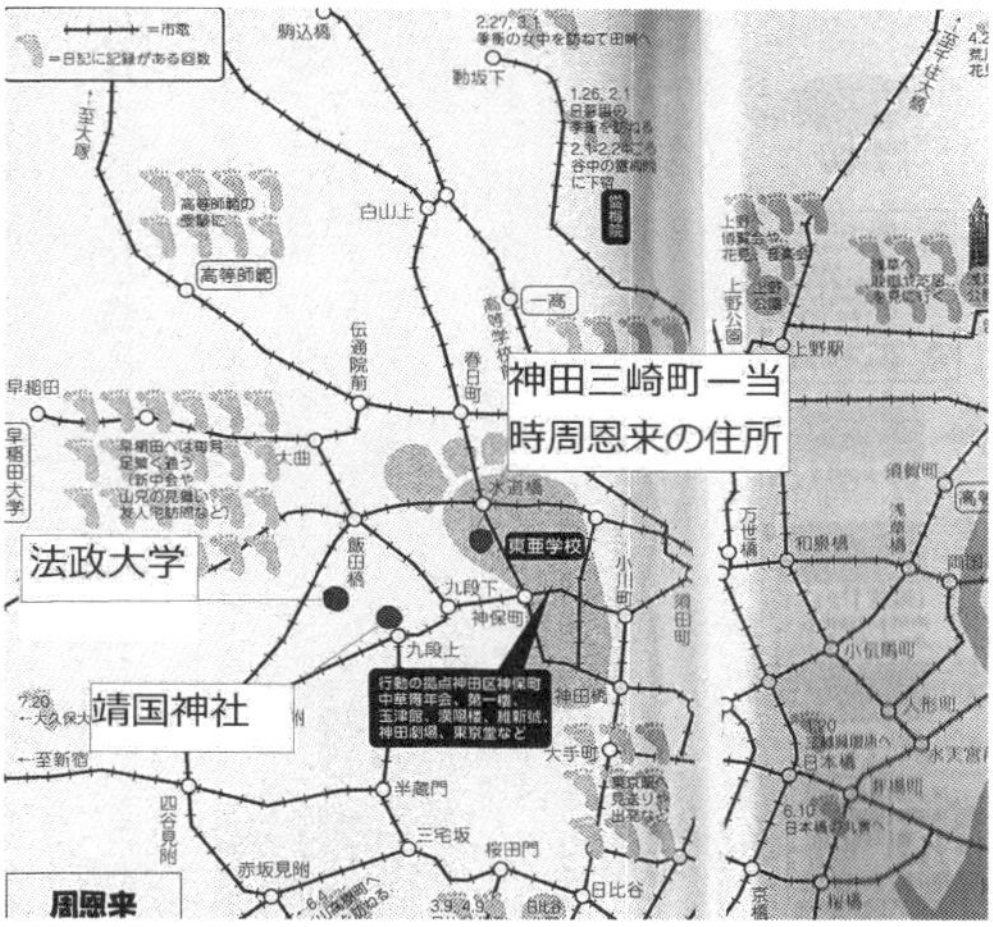

写真９　周恩来　行動マップ
出典：『十九歳の東京日記』（矢吹晋編・鈴木博訳　小学館　1999 年）を微調整

食後〝游就館〟に遊ぶ。」

日記記録からだと、周恩来は靖国神社を三回参観している。もちろん、その時代は日本の中国侵略戦争はまだ発動されておらず、靖国神社の戦犯問題も起きていない。南開大学創始者の范源廉に対する尊敬から、またその学校経営精神に対する探求心から、更に自身が今後どうするのかにつき考慮するため、周恩来は法政大学界隈を徘徊し、思索したり散歩をしたりしたことが想像できる。この界隈は、延々と堀が廻らされ、辛亥革命人士の足跡があり、景色は人を惹きつけ、風情に満ち満ちている。

ただし、日記中には法政大学が明確には言及されていないが、もしかしたら彼は法政大学高等予備校に在籍していたものの登校し勉強したのはごく僅かで、言うに値しなかったのかもしれない。日常は緊張し過ぎており、靖国神社を参観する時間がなかったのかもしれない。ここに来て遊んだ記録があるので、日々のメモとして日記に書いた。結論的には、たとえこの前に法政大学に行かなかったとしても、靖国神社を訪れる機会が何回かあった以上、強い好奇心からすぐ近くにある法政大学を見逃さなかったと思われる。

七、范源廉と法政大学

范源廉（1876～1927）、字は静生、湖南湘陰出身。1899年～1905年日本留学、最初は梁啓超が創立した東京大同学校で学び、後に東京高等師範学校に入る。1904年法政大学清国留学生速成科の特設を提案：1906年学業を成し遂げ帰国後清朝「学部」（注　清朝末期の教育管轄中央機関）に奉職、中華民国建国後三度教育総長に就任：1913年から1916年の間中華書局編集長。

范源廉が創設に参画した中国の近代の大学で主要なものは、南開大学、清華大学、北京師範大学の三校である。1918年春、范源廉は厳修、張伯苓等と米国に考察に赴き、翌年帰国後、「南開大学設立準備委員会」委員に選ばれた。そのため、彼は張伯苓と力を合わせ規約を共同収集したほか、数万余元を寄付した。1919年9月25日の南開大学開学式典における范源廉の素晴らしい演説は人々にとり忘れ難いものとなった。1921年、范源廉は董事長に選ばれた[41]。

范源廉と法政大学の淵源は「清国留学生速成科[42]」（以下「法政速成科」という）に始まる。速成科の設立者で当時法政大学総長の梅謙次郎は、1905年に書いた文章で次の通り回想している。

「去年3月、法政大学学生で清国人の范源廉氏は余との面会を要求した。……法政速成学校の設立が必要と思った。」

この提案により、梅謙次郎は「小村寿太郎外相の賛成を得るとともに、その紹介により清国駐日公使楊枢と会見した。……公使はこの企画に非常に賛成し、清国各省総督、長官を勧誘し、更に清国皇帝陛下に上奏し留学生を継続的に派遣する計画を制定した。そこで、文部省の批准を経てこの法政速成科を設立した[43]。」

1904年3月の范源廉の提案に始まり、4月26日法政大学は文部省に申請を提出、4月30日批准を獲得、5月7日に至り開学したが、このように短期間で行政の審査、教師の手配、学生の確保等必要な仕事をなし終えることができたのは、中国の、上は皇帝から下は各省地方行政官、駐日公使、日本の外務大臣、文部大臣、司法大臣等中日双方の大きなる支持を得たからである。

当時、中国は近代西洋の政治法律知識に精通した専門人材を急ぎ必要としていた。しかしながら、近代法政人材を専門的に教育する機構はいまだ無かった。范源廉は曹汝霖と相談した。「私は師範を学び、帰国後教育分野で力を尽くすつもりである、君は法律政治を学び、帰国後当然ながらその分野で貢献して欲しい。しかし、政治は良くなく、教育もまた着手する方法がない、両者相まってこそだが、政治は教育よりも重要である。しかし、人材が欠乏しており、また急には育成できない、私は君と相談して日本に法政速成班を創設しようと思う。不完全ではあるが、勉強しないよりはいいだろう[44]。」

以上から分かる通り、范源廉が法政速成科を設立し始めたのは、まさに中国法政人材が極めて不足しているという焦眉の急を解決するためである。

法政速成科が設立された後、課程は全部日本の教師により講義され、中国留学生が現場で通訳した。范源廉は、通訳の仕事を担当したほか、更に留学生活動の日常会話の通訳も担当した。すなわち、１９０４年10月1日の「法政速成科懇親会」で首席通訳を務め、同年12月挙行された懇親会では清国留学生を代表して日本語で挨拶を行った。そのほか、彼は通訳人員組織の連絡業務も担当した。

范源廉は速成科の学制設計に参与し、最初は法政大学総長梅謙次郎に速成科の「学制一年」を提案した。１９０４年9月、短期間の授業実践を経て、范源廉は一年という期間は短過ぎると考え、学制を一年半に変えたいと希望し、再度梅謙次郎総長に相談した。法政大学はその提案により、同年11月《法政速成科規則》を改正し学制を一年半に延長した。

范源廉は速成科授業教材《法政速成科講義録》（１９０５年2月5日発行開始）の翻訳者ではないが、当時留学生総会副幹事長の任にあり、「最も信望があった」。また、１９０４年8月4日、楊度、曹汝霖、黎淵等の留学生と集まり、「中国の法政を如何に改良するか協議した[45]。この四人は全て《法政速成科講義録》の翻訳者であり、翻訳組織の連絡業務は必ず范源廉により完成した。

指摘すべきは、范源廉は更に法政大学発行の中国語雑誌《東洋》の編集活動にも参画したことである。范源廉は《東洋》第一号に《清国女子留学生の卒業》という文章を書き、清国女子留学生の優秀さを列挙し、女子の留学を唱道した。

「女性の身で。勇気を持つ。決意を抱く。海を越え本箱を背負い万里の外国に留学。蛍灯雪案（注苦労して勉学に励む）。今ここに卒業。立派なり。我々はこの度下田女史が主宰する実践女学校清国女子留学生の卒業を聞いた。喜んでばかりはいられない。ここにその事のあらましを書く。昨年7月、清国の湖南湖北地方の女子学生20人が実践女学校に入った。その中で家庭の事情や病気で8人が中途帰国。残り12人。本年7月皆卒業。次に列挙。……

更に同校の授業法について。留学生の一生と卒業後の方向。校長の下田女史に聞いたところ。副校長青木氏等の説明。同校は今まさに授業開始早々。学生の年令はまちまち。学力もまた同じからず。黄憲佑の如きは四書五経を暗記できる。長文多種多様な詩。筆をとればすぐに完成。その学力は抜きん出ている。……教授は困難を感ず。そこで師範、工芸の二科に分ける。更に、学生監督（范源廉）管理者（劉善宏）学務相談（呉家駒）経費相談（劉頌虞）漢文教員（章行厳）教育心理漢訳（楊昌済）理科漢訳日本語文法（陳介）心理通訳（熊崇煦）八氏に委託。……清国夫人の欠点を抑える。多くはプライドが高過ぎることにある。しかし、今日の卒業者は日本淑女と比べても遜色が無い。女学生の模範足り得る。寄宿舎においては、舎監は雑巾塵取りを手に持つ。自分で掃除する。学生等の前で舎監の手から雑巾塵取りを取り、喜び勇んで掃除する。あるいは、女中が病気になると台所に自発的に入り、調理する。宿舎生活は正しく一家親族である。昔の威圧的態度にはきっと戻らない。勉強に専心できる。進歩が驚くほど早い。修業は僅か一年。成績は三年以上。他の就業者もほとんど同じ。おおかた皆聡明で一を聞いて十を知る。優秀な学生黄国厚の如きは、各科とも大体満点。あるいは90点以上で工芸科の留学生。刺繍造花図書のほか。更に博物、生理、数学等を教え、いずれも進歩を遂げる。その手作りの折紙は教師等皆驚かせる。たった一年の修業で。しかも技芸は精妙でないものはない。手工の練習をしてからである。理解は機敏。どんなものでも精緻な仕事。ひとたび教えればすぐ理解する。これはほとんど先天的素質。日本婦人も及ばない。またその一挙手一投足。すべて日本に対し感化。克己の力がはなはだ強い。学習は一部屋に閉じこもる。見慣れた一般の清国婦人には見えない。見識は全然違う。他日帰国後。学習見聞したことは必ず使う。そこで清国女子教育の開発は、我々が切望した卒業諸氏を待たなければならない。……ああ！　これらの卒業生。帰国の後。自国の女子教育に大きく貢献する決心を抱く。黄氏一族の如く。

日本留学前既に男女学校を設立。また専ら貧民学校の教育に尽力し長年になる。更なる発展を策す。そこで黄憲佑王勤等。夫と別れ愛する子供と離れ、異国に留学。年少者を監督。黄王両女史。年は既に初老を過ぎる。二人は最新の学科を修める。実に感動。黄憲佑は許壁の母。その他は皆姉妹姻戚。黄氏一族の日本留学者。実に25、6人の多きを数える。また王勤の一族も。また商船学校に在籍。」

法政大学により編集、創刊の雑誌《東洋》の発行状況は表4の通り[46]。

また、法政大学の現存資料を通して知ることができる范源廉の在日期間中の主要活動は表5の通り[47]。

范源廉は1906年初めに帰国後、「学部」「右待郎」厳修の推薦で1905年12月末に設立された「学部」に奉職した（1909年3月末「員外郎」に任ず[48]）。范源廉は、「学部」からの「進士館[49]は方法を講じて学生を海外留学に派遣する」との招聘により、新進士を一律に日本東京法政大学速成科に送り、1904年に入館した内班生（学内居住生）を法政大学補

表４　雑誌《東洋》の発行状況

号数	発刊時期	発行所	発行者
第１号	明治 39 年８月 15 日	東洋社	関安之助
第２号	明治 40 年１月 28 日	法政大学	萩原敬之
第３号	明治 40 年２月 28 日	法政大学	萩原敬之
第５号	明治 40 年５月４日	法政大学	萩原敬之
第６号	明治 40 年５月 29 日	法政大学	萩原敬之
第７号	明治 40 年６月 30 日	法政大学	萩原敬之
第８号	明治 40 年８月２日	法政大学	萩原敬之
第９号	明治 40 年９月６日	法政大学	萩原敬之
第 10 号	明治 40 年 10 月５日	法政大学	萩原敬之

写真 10　『東洋』における范源廉の写真
（右が范源廉。『東洋』２号 18 頁より）

表５　法政大学現存資料に見られる范源廉の在日期間中の主要活動

日時	標題	内容	出所
1904年4月	《清国留学生法政速成科設立趣意書》	……そこで清国留学生有志と相談。また清国公使の賛成が必要。法政速成科特設。	《法学志林》第56号、第105～106頁、《法学志林》第51～60号、1904年。
1904年10月1日	「法政速成科懇親会」	清国留学生法政科第１学期終了、……開設……懇親会。当日……通訳范源廉、曹汝霖、李盛衔、梁志宸	《法学志林》第62号、第119～120頁、《法学志林》第61～64号、1904年。
1904年10月18日	「法政速成科新学期開始」	清国留学生法政速成科の新学期課程は10月18日より始まる。当日、総理梅博士、清国公使楊枢および公使館諸氏出席。梅総理、楊公使、范源廉氏が訓示演説。	《法学志林》第63号、第95頁、《法学志林》第61～64号、1904年。
1904年12月11日	「各種試験合格者祝宴会兼校友学生、清国留学生懇親会」	本月11日……挙行……清国留学生諸氏との懇親会、……出席者……および清国留学生、……范源廉……(出席順)諸氏。……清国留学生代表范源廉挨拶(日本語)等、……	《法学志林》第64号、第113～114頁、《法学志林》第61～64号、1904年。
1905年10月	《法政速成科の冤罪を晴らすために》	去年３月、法政大学学生清国人范源廉氏が余との面会を要求……法政速成学校設立の必要を感ず……去年９月范氏が提出……１年半に延長を希望。……そこで課程を１年半に延長。	《法学志林》７巻10号、第40～42頁、《法学志林》７巻１～６号、1905年

（続く）

1906 年 8 月	「発刊の辞」	《東洋》創刊への祝辞 東洋創刊を祝う　清国北京学部 参議官　范源廉	《東洋》第 1 号（1906 年 8 月 15 日創刊）、第 5 頁
1906 年 8 月	「清国女子留学生の卒業」	「昨年 7 月、清国湖南湖北地方の留学生 20 人が実践女学校に入学。 ……更に学生監督 (范源廉) を招聘……」	同上、第 61 頁。
1907 年 1 月	写真「清国優秀青年」	清国優秀青年 范源廉　李穆　蹇念益	《東洋》第 2 号（1907 年 1 月 28 日発行)、挿絵、第 4 頁。
1941 年 1 月	「法政大学同窓会」	我輩の母校法政大学、……およそ政界、法律分野、学界で、母校出身の学生は枢要な地位にある。昔の范源濂の如く、……祖国貢献者は成績が客観的に優れている。	《法政大学報》 19 巻第 1 号、1941 年 1 月 15 日、第 43 頁。

修科に、外班生（通学生）を法政大学速成科に選抜推薦し、また、その経費は「学部」が「進士館」の経費から支払った[50]。《法学志林》は次の通り記載：「清国北京進士館はこのたび制度を改革し、その結果学生（進士）を我が法政大学に託し、法政教育を施すこととした。まず進士館教頭厳谷博士が法政大学と交渉、その上で清国「学部」が北京滞在の梅総理と熟議、このたび清国公使館が正式に発行した入学紹介書を得て、補修科に37人、別行記載の第五班58人が速成科に、合計95人が入学した[51]。」

進士館全員が法政大学に「転進」した過程では、法政速成科の発起人、参画者の范源廉は、ちょうど「学部」に奉職していたのであり、重要な連絡機能を発揮したことは間違いない[52]。范源廉は、法政速成科という拠点の創建と有効利用を通して、中国近代国家体制の建設と発展のために大勢の法政人材を育成した。

法政大学は范源廉逝去の際、責任者を派遣し葬儀に参加させた。松本亀次郎の《中華五〇日旅行記：附中華留学生教育小史、中華教育視察紀要[53]》は、この忘れ難い歴史的時刻につき記載している。

「昭和5年（1930年）3月14日、東亜同文会楼上において、清国〝学部〟前〝右待郎〟厳修、長男厳智崇および教育総長范源廉のための追悼会が挙行された。厳修は、〝学部〟〝待郎〟

の任にあった期間、学生の日本留学と本邦教員の招聘のために全力を尽くした。范源廉は曾て本国宏文学院に留学するとともに法政大学で通訳と斡旋業務を担当し、帰国後は以前の清時代の〝学部〟に奉職、民国時代には更に教育総長の要職の任にあり、我が国人士との交流が最も広く、衆望があった人物である。厳智崇は、我が国東京高等師範学校で学び、帰国後天津にそれぞれ師範学校、高等女学校、中学校等を設立、最後は駐日公使館に奉職、在任期間中に東京で客死し、我が国国民の深い同情を誘った。司会者：丸山伝太郎、親族：厳智開、文化事業部長：坪上貞二、中華民国駐日公使：汪栄宝。」

同文の記載によれば、葬儀の発起人、参加者は次の通り：嘉納治五郎、服部宇之吉、杉栄三郎、坂西利八郎、柏原文太郎、山井格太郎、牧田武、小野得一郎、三輪田輪三、玉木直彦、秋山雅之介（1931～1934法政大学校長）、竹内義一郎、清藤秋等。

范源廉は、中国教育史上に一頁を開き、また日本教育史上に残る一筆を揮毫した。彼は、両国の同時代の幕を開き、異なる地域に跨る時代のエリートを育成した。あの特殊な時代が彼を育成したのであり、彼は「上を受けて下を起こし」、時代の教育の空白を大までで乗り越えるために道を切り開き基礎を定め、周恩来等の当時の偉人を後継者として引き上げた。彼は、意図的に周恩来を帰国させ更に上の学校に入らせ、また、周恩来に留日の限られた時間と場所を利用して幾つかの大学と教育機構に対する考察を行わせた、と筆者は考える。当然ながら、この推測は科学的証拠を必要とする。

八、周恩来留日の特色

2013年、周恩来の生誕115周年を迎えるに際し、周恩来の日本留学期間の活動に対し現場調査と時代考証を行うことは、単に異国の知見を求めた探求者の先行モデルを科学的に展示できるだけではなく、留学文化と中国革命の相関関係を解析するとともに、更に中国と世界が融けあい調和するため周恩来が発揮した、とって代わることの出来ない作用を論証するのに有益である。海外の周恩来研究専門書の内容を総合的に比較すると、周恩来の留日生活はただその革命生涯初期の探求段階の一過程であることに帰納できる。どの学校で学習したかにかかわらず、すべては彼が意識的に選択した結果であり、すべての収穫は彼の留学目的と一致する。

1．時代に合う個人選択

日本留学ブームの裏には、日本と中国を貫く大きな時代背景があった。中国においては、人々は青年の目覚めを渇望しており、新式教育と西洋思想の導入が焦眉の急となっていた。そして最も迅速な方法は中国青年を海外留学させることであり、最短距離にあり西洋の経験を吸収した日本に行かせることであった。他の志有る青年と同様に、周恩来は自己の留学志向と社会改革の決心を一つに合わせ、東洋探求の方法として日本留学（「大江歌罷掉頭東」）を選択した。

2. 実際に役立つ専門を学ぶ傾向

当時の中国社会の要請と結びつけ、周恩来は留学期間、理論、思想方面の吸収を選択することに比べ、社会活動に関心を持つことに傾注した。彼は曾て次の通り多くの組織、団体の職務を兼任した。学生新聞《校風》総経理、演説会副会長、国文学会幹事、江浙同窓会会長、新劇団大道具部長、夏休み奉仕会幹事長等。このことからも、卓越政治家としての周恩来の組織能力の脈絡をうかがい知ることができる。

3. 日本を媒介とする留学観

周恩来は日本留学期間中終始、日本の社会と民情を理解しようと積極的に努めた。それは、日本こそ彼が世界を詳しく見ることができる唯一の入口だったからである。彼は同時に、日本の生活と社会的気風を注意深く監察し、また、留日中国学生の嵐のような反日運動を体験したが、動乱と混乱の中で終始学生の本分を見失わず、学習を基本とした。当時中日間で発生した社会変革と歴史潮流をよく見聞し、自ら経験したからこそ、周恩来はその後の複雑で変化の多い中日関係の中で根本を把握し、人民外交思想と中日国交正常化の方策を提起したのである。周恩来について言えば、日本は一方では学校であり、他方では歴史を検証推進する実験基地であった。同時に、世界的な時代潮流の変幻を把握する媒介であり、また、中国改革に必要な知識を学習する拠点でもあった。

4. 共産主義思想は留日および留仏の時空と繋がる

周恩来が本当の意味で社会革命思想、特にマルクス主義に直接触れたのは、1917年から約一年半にわたる日本滞在期間においてである。ただし、周恩来が日本で習得したものは、理論と思想というよりも政治感覚というべきものである。周恩来は日本から帰国後、「覚悟社」

における学習と実践を通して、中国革命に対する理論と思想を次第に形成し強化することができた。厳密にいえば、周恩来の思想と理論方面における成熟と昇華は、フランス留学期間である。

5．良き国際関係戦略を構築する体験と知恵の蓄積

周恩来留日期間の日本は、西洋民主主義の先進思想を社会全体で咀嚼し、また、社会生産力も大規模発展を得たが、伝統的貴族社会が崩壊し、更に成金趣味が横行するという背景の下、奇妙な日本が現れていた。別の方面では、当時の日本の中国に対する印象は、元々の悠久の歴史、燦爛たる文化から、政治が混乱し、経済が貧困で、文明が停滞しているとの認識程度に落ち込んでいた。この中国の混乱、動揺、劣った状況は、外国人の角度から自国の政治、軍事政策の誤謬を冷静に観察する機会を彼に与えた。また、彼が自己認識および対外認識について健全なる視点を打ち立てるのに、生き生きとした材料を提供した。日本での体験を基礎とし、周恩来はフランス留学後、ヨーロッパに対する観察を通して、「全世界のプロレタリアートは新社会を創造するため艱難を共同して引き受けなければならず、我々〝中国人〟も適切に分担しなければならない」と指摘した。この考え方は今日見れば理の当然ではあるが、中国共産党が

成立する前、しかもロシア革命の進む方向がなおはっきりしない時代に、20歳を出たばかりの留学生周恩来がこのように凛然と明言できる、その意義は看過できない。留日期間に育まれたこれらの認識は、時代の変遷を経験しフランス留学期間に大きく成長発展し、建国後国家指導者として中心となり主宰した一連の外交戦略の中に少しずつ反映体現された。

6. 周恩来の包容力ある人民外交思想の根源は留学経験にある

「大学」は、様々な政治的意図と各種各様の利害関係が相互に対立する所である。そして、各種学生事件はすべて、当時の政局の混乱状況と各勢力の争いの複雑な局面を反映している。革命家の思想は闘争目的から遥か遠いものになってしまいがちであるが、同時に闘争手段を選択し評価する上で、考慮を非常に深くさせる。留学現場は、彼に意思疎通と交渉を十分重視させ、また、統一戦線構築の信念を固めさせた。彼は更に、日本およびヨーロッパの歴史と現実の中から、「政治理論と思想は、宗教信条と同様に、それ自身の絶対的価値と比較すれば、戦略が多数を占める」等々の策略を身につけた。これらすべては、その後の国際戦略と対日の民間外交の展開に受け継がれている。

九、周恩来留日研究と関連する課題

⑴周恩来ご親族の法政大学訪問

２０１２年4月20日、周恩来総理の甥姪の周秉徳女士（元全国政治協商会委員、元中国新聞社副社長）、周秉宜女史、周秉華先生、周秉和先生一行が法政大学を訪問した。午後一時頃、一行は法政大学外堀校舎の桜の木の道に到着、法政大学王敏研究室の留学生といっしょに「桜花詩会」に参加した。

その中の周秉徳女史の夫君の祖父である沈鈞儒（１８７５～１９６３）先生も法政大学卒業生である。

１９０５年秋季、沈鈞儒は「新科進士」の身分で法政大学速成科に入学して学習、１９０８年卒業。１９４９年以降、相次いで中国人民政治協商会議委員会委員、中央人民政府委員、中央人民政府最高法院院長を歴任。著書には、《制憲必携》、《憲法要覧》、《政法教育の普及》等々がある。

「詩会」は、若き周恩来が東の日本に渡り学習探求するとともに中日友好の種を蒔いた歴史を回顧し、また、当時の法政大学が大勢の優秀な中国留学生を受け入れ、育成した事実を復習した。

最後に全員で、1917年9月に周恩来が船で日本留学の出発間際に書いた救国の抱負を述べた著名な詩を朗読した。

写真12　2012年4月20日　周恩来のご親族と法政大学の図書館にて

写真13　2012年4月21日　国際交流基金前理事長・小倉和夫氏の主催にて周恩来のご親族の歓迎晩餐会が催される（於国際文化会館）

「大江歌罷掉頭東、邃密群科済世窮。面壁十年図破壁、難酬蹈海亦英雄。」

サイト『碇豊長の詩詞』による注解：「大江」の歌が吟じ終わって、（頭を）振り向けて東の方の日本へ向かう。深くて詳しい諸科学で世の行き詰まりや貧窮を救おう。10年間、壁に向かって学問をして、壁を打破しようとした。（項羽の行為も英雄であったが）危険を

写真 14　沈均儒の法政大学卒業写真

写真 15　2013 年 3 月 5 日　王敏研究室で研修中の『人民中国』記者と、国際交流基金の職員と。周恩来ゆかりの「漢陽楼」の前で撮影

冒して海を渡るのもまた英雄である。

⑵留日前の周恩来の作文

２０１３年、周恩来総理の南開中学入学学習１００周年に当たり、天津南開中学、中央文献研究室第二編集部編著、人民出版社出版により、《周恩来南開中学作文評論》が出版された。題を見れば分かる通り、本書は周恩来が南開で勉強した時に書いた作文を集め、整理し、評論したものである。

１９１３年から１９１７年の間、南開中学で学んだ周恩来は、論、記、伝、啓、書、序、感言等の多様な文体により全部で52編の作文を完成した。欧州へ旅する前、これらの手稿は周恩来自らにより装丁製本されるとともに友達に渡し保管され、戦乱と時間の洗礼を経た後、周恩来学習と研究の重要資料となった。本書は52編の文章を時間の順序により編集整理し、また、文章の多くが文語文で書かれているので、青少年読者が読みやすいように各編の文章には詳細な注釈を加え、更に現代文を用いて作文の時代背景、創作動機を紹介し、文章の思想性と文学性を評論している。周到緻密にして、並々ならぬ配慮がなされているといえる。

南開中学入学の時、周恩来はまだ15歳に過ぎず、この時彼は、自分が将来中国の歴史過程を変える偉人になるとは意識していなかったと考えられる。しかしながら、この期間に周恩来は、普通の人の思想の高さと知識の広さよりも優れていることをすでに現していたし、至る所で偉人の気質を煌かしていた。歴史上の各分野の巨人を見渡せば、やすやすと成功した人は一人もいないと言える。各時代の背景は異なれども、個人としてその成長と昇華の過程には共通しているところがある。共和国の創始者でもあり建設者でもある周恩来の成長と昇華の過程は、この52編の文章を通してはっきりと見ることができる。

総じていえば、周恩来の南開時代の作文の最大の特徴は、心に天下を抱き、国と民を憂いていたことである。民国初年、中国は辛亥革命により千年の帝政を覆したものの、外からの侵略と国内の動乱があった。周恩来は作文の中でこの情勢について次のように描写している。「広大な神国、茫々たる大陸、風雨で靄り、煙雨は沈沈。ロシアは北を咬み、イギリスは西を窺い、フランスは南を食い、日本は東を占拠する。この瓢揺震蕩の時、今日は危機一髪の中国ではなかろうか？」。一人の中学生についていえば、常に心に天下を憂い、このような簡潔な言葉で国の情勢を述べることができるとは、眞に人を驚かして已まない。言葉の上だけではなく、行動においても同様である。１９１５年春、春の旅行の行先を選ぶ問題で、周恩来は、「旅行の行先については、私は済南がいいと思う。この旅行を利用して、日本人の進軍行為と我が国官吏の対応方法を観よう。」と述べている。すなわち、楽しい旅行でさえ国家の大事と如何に結び付けるかをも考えている。

思想性の高さをいわなくても、周恩来の南開時代の作文は極めて高い文学性を有しており、古典を広く引用している。《詩経》、《論語》、《史記》、《資治通鑑》等の古典を、或いは引用、或いは転用しているが、その大多数は程よく、分かり易く、彼の古典に関する造詣の深さがうかがえる。中国古典に限らず、18、19世紀の西洋ブルジョアジーの啓蒙思想についても周恩来は十分精通しており、文中でルソー、モンテスキュー、アダムスミス等の観点を引用するとともに中国の伝統的思想と比較し、中国国情と結合させ、その適用性につき評価を行っている。

現代中国の国情は、当時と比べていえば根本的な変化が発生している。国は強くなり民は豊かになった中国は、既に大国としての姿で世界に立っている。しかしながらこのことと比較すると、現代中国の青年は当時と比べどうであろうか？　周恩来のように学問知識があり、また、心に天下を抱く青年は何人いるだろうか？

非常に多くの人が、物質的享楽、金銭至上、自己中心という泥沼から自力で抜け出すことができない。青年がこの書を読めば、人生志向の確立、価値観の創出に大いに役立つとはいえ、模範を打ち立ててこそ初めて前進の方向が見つかるのである。更に、文学素養を高め歴史知識を増大することはいうまでもない。このほか、青年周恩来の思想を研究する学者にとっても、本書は貴重な資料である。

⑶バンドン精神の透き通った路線

２０１３年8月の烈日を受け、筆者は久しく待ち望んでいたバンドンに到着した。というのは、子供の記憶に深く刻み込まれていた幾つかの大事件の中にバンドン会議があったからである。それは、１９５５年4月インドネシアのバンドンで開催された植民地主義反対、アジアアフリカ各国の民族独立自主推進の会議である。中国総理周恩来は代表団を率いて参加した。会議は、国際関係一〇原則の構築を全会一致で採択するとともに、アジアアフリカ各国が同地区および世界平和のために友好的に協力することを提唱した。筆者の心の中では、バンドン精神といわれた「国格」と両親が私に教授した自己向上を怠らない「人格」が互いに融けあい、忘れ難いものとなっている。

22日、筆者は一人でジャカルタを出発、列車に二時間乗り、市中心のアジアアフリカ通りにあるバンドンアジアアフリカ会議記念博物館に急ぎ駆けつけた。１９８０年、アジアアフリカ会議開催25周年を記念し建てられた同館は、当時の会場を主体とし、バンドン会議に関する各種写真、文字資料、事物を陳列保存している。最も精彩を放っているのは当時出席した各国代表団団長の実況録音であり、周恩来総理の「アジアアフリカ国家には異なる思想意識と社会制度が存在するが、我々が共通点を見つけ出し団結するのを妨げてはならない、ということを承認すべきである。」とのはっきりした発言を聞くことができる。

もしかしたらこの声が時空の繋がりを越えたのか、23日、ジャカルタでインドネシアイスラム教理事会（ＭＵＩ）とインドネシア儒教協会（ＭＡＴＡＫＩＮ）が共同主催した２０１３年イスラム教と儒教のサミット会議の歓迎宴に、インドネシア宗教大臣代表、インドネシア外務省新聞局長ＡＭ　Ｆａｃｈｉｒ，インドネシアイスラム教法理事会（ＭＵＩ）代表、モスレム連合総会主席、インドネシア儒教（ＭＡＴＡＫＩＮ）総主席、インドネシア宗教文化交流協会主席、更にはマレーシア、シンガポール、台湾、中国大陸、日本、ペルー等の国の代表が熱烈参加し、バンドン精神は今なお煌いていると思わずにはいられなかった。

本大会は、「平和新文明を構築することへのイスラム教と儒教の貢献」をテーマとし、以下の四大議題について討論を展開した：シルクロードと関連手がかりに沿って、儒家文化とイスラム文化の関連の跡をたどる：インドネシアの宗教信徒間の調和のとれた発展をめぐる両宗教の交差点：イスラムおよび儒家文明のアジアアフリカ、世界平和と調和に対する貢献：《世界平和に献上するジャカルタ宣言》を制定し、信仰、宗教間の安定的関係を促進するため新思考を提供する。

24日午前の開幕式におけるインドネシア副大統領ブディヨノの演説は忘れ難いものがある。彼は、「社会安全を破壊する衝突事件はすべて政治的および経済的利益のためであり、また、宗教的利益を守るとのスローガンを掲げている。暴力行為を許可する宗教は一つとしてない。」と指摘し、更に、「信徒人口の割合から見れば、イスラム教徒と儒教信徒が手を携え協力する意義は重大であり、人類文明、社会の調和、世界平和に新たな色彩をもたらすことができる。」と強調した。

会議は24日夜、世界平和を目的とするジャカルタ宣言を制定宣布、インドネシア宗教問題の責任者ナサルディン・ウマー副大臣が大会の成功を宣布し閉幕した。この平和宣言の内容は、会議に参加した香港儒教学院院長湯恩佳博士、マレーシアラーマン大学中華研究院鄭文泉博士、世界儒学研究協会主席タンスリー李金友、その他世界各地からの200余名の研究者、教育者、宗教家の一致推戴を獲得した。

会議後、筆者は小学校と現地華人の歴史と生活を反映した文化館を参観したが、いかなる人種の各年齢の普通住民も皆周恩来の名前を知っており、また皆中国日本と手を携えアジアと世界の平和を共同して守るとの希望を表明した。

実のところ、我々はバンドン精神の透き通った路線を無意識に進んでいるのである。

以上については、本稿の「付録3」も参照されたい。

⑷未完成の課題―周恩来と孫中山、廖仲愷、沈鈞儒

この三名は皆、筆者が奉職する法政大学と関係がある。紙数の制約からここでは周恩来と廖仲愷一家の友誼につき簡単に述べる。

1923年秋、孫中山と国民党本部は周恩来を国民党パリ通信部設立準備員に任命した。1924年1月17日通信部が成立して間もなく、孫中山はコミンテルン代表の提案を受け入れ、1924年5月黄埔軍官学校を創設した。同校は、国共両党が協力して創設、革命軍隊の中堅養成を目的とする軍事政治学校であった。同年11月、周恩来は校長孫中山、同校国民党代表廖仲愷の招聘により政治部主任に就任した。

1924年5月、廖仲愷は孫中山により黄埔軍官学校中国国民党代表として特派され、設立準備業務を展開した。1924年5月6日、黄埔軍官学校設立準備委員会成立会において、廖仲愷は孫中山に正式に報告、周恩来を「極めて有能で、経験豊富な若き共産党員である」と

して推薦した。孫中山はこれを聞いた後直ちに同意した。そこで廖仲愷は、広東の中共責任者を通じて周恩来に連絡するとともに、旅費を送り帰国の手配をした。11月11日、周恩来は正式に黄埔軍官学校政治部主任に任じられた。これ以来、周恩来と廖仲愷の両偉人は、１９２５年8月廖仲愷が国民党右派に刺殺され壮絶な犠牲となるまで、常に集まり、いつも活動と戦闘を共にした。二人は一緒に軍官学校の政治工作を創り、同校の教官生徒から廖仲愷は「軍官学校の慈母」（母のようにその学校を優しく育てたという意味である）とほめたたえられ、周恩来は政治部の「火炎」と称賛された。

正にこの歴史の淵源があったので、周恩来は建国後対日工作方面で廖仲愷の子である廖承志と協力することが多かったのである。

１９４９年6月15日から19日、新政治協商会議設立準備会は北京で第一回会議を開催した。周恩来は臨時主席となり、開幕の辞を述べた。同夜、設立準備会常務委員会第一回会議の開催を主宰し、毛沢東を常務委員会主任に、周恩来を副主任に推挙した。当時廖承志の職務は、中国新民主主義青年団中央副書記、中華全国青年連合総会主席、中央放送事業管理処処長であった。

１９４９年9月21日午前7時、中国人民政治協商会議第一期全体会議は、中南海懐仁堂に

おいて盛大に挙行された。22日、周恩来は、《中国人民政治協商会議共同綱領草案の起草経過および特徴点について》という報告を行った。そして廖承志は、青年連合総会推薦の委員としてこの政治協商会議に出席した。

1969年冬、周恩来は北京医院を訪れ廖仲愷夫人である何香凝老を何回も見舞った。また、廖承志を任命派遣して、台湾人民「二二八武装蜂起」を記念して開催する記念会の具体的業務の責任者とした。更に、台湾をどう扱うかが中日国交樹立交渉の重大な交戦点となったが、田中首相と交渉し満足な結果を達成、1972年4月から9月の間、周総理は一連の事前橋渡し、各レベルの交渉、準備活動を手配した。1972年4月13日、日本民社党委員長春日一幸は代表団を率いて訪中、中日友好協会と共同声明を発表し、中日国交回復三原則を再確認した。日本外相大平正芳は、《中日共同声明》調印式後の記者会見で、日本は台湾と外交関係を断絶するとの声明を宣布した[54]。

(5) 法政大学についての簡単な紹介

1880年創設の法政大学は、政法の専門幹部を育成するため作られた最も早い総合大学である。1904年から1908年まで清国留学生法政速成科を開設し、清朝政府が派遣した法律、行政、政治分野の優秀な人材約２１１７名を専門的に受け入れた。１９０５年東京で成立した中国同盟会会員９０３名中、約８６０人が留学生か当時日本在留の華人であり、法政大学の在校生はほとんど皆参加した。

法政速成科の特徴は、複雑な入学試験手続きを設けなかったことである。駐日公使の紹介状さえあれば入学できた。次には、清国の北京進士館から直接学業、品行ともに優秀な「清国紳士」の入学を受け入れ、中国人が授業の通訳を担当、「教」と「学」の良好なる循環を形成していたことである。そのことと中国近代史および辛亥革命の相関関係は、下記の代表的人物を通してうかがい知ることができる。それは、董必武、沈鈞儒、陳叔通、廖仲愷、章士釗、程樹徳、胡漢民、宋教仁、汪精衛、楊度、湯化龍、丁惟汾、刀安仁等である。

中国が発展に向い歩む道程で、海外学生特に留日学生は、時空を越えた精神体験や歴史上前例の無い実践をしばしば経験し、後世に貴重な多元的課題を残した。

中国指導者の留学期間における直接的原始資料を深く掘り下げると、以下の五つの方面から整理できる。①日本で学んだ学校の考証。②日本の友人との系譜。③日本での学業の実際状況。④日本での革命思想と活動の開始。⑤帰国後の日本との関係。上述の考証を通して、以下の三つの方面の目的を達成したい。①指導者の留日期間の主要な思想活動を分析し、その革命行動の源を指摘する。②中日近代文化教育交流の実際状況と意義を解析する。③中国現代化と日本の内在関係、中日現代化の違いを指摘する。

今日の法政大学は既に総合的私立大学に発展し、東京六大学の一つに名を連ねている。大学には、教授、準教授が509人おり、本科在校人数は2万9000人を越え、大学院生は1600人近い。大学は、15の学部、14の大学院研究科、20の研究所・センターを開設している。2010年の学校創立130年時の統計では、卒業生は既に42万余人に達している。

「清国留学生法政速成科」は1904年から1908年まで開設され、法律部と政治部を設け、清朝が差し迫り必要とした法律、行政、政治分野の留学生を専門的に受け入れ、その数2355人。1905年8月7日の朝日新聞報道によれば、当時清朝留学生を受け入れていた日本の学校は全部で35校（小、中、大）、その中で法政大学は第三位で、在校留学生は295人である。清国留学生法政速成科は、中国近代化を担った若干の傑出した人材を育成したが、その代表者には、1949年建国初期の中国国家主席董必武、最高人民法院院長沈鈞儒、《猛回頭》《警世鐘》の作者陳天華等がいる。彼等は東アジアの新時代を創った歴史創造者であり、また、留学文化の実践者、中日人文交流の参与者でもある。我々は彼等を模範とし、「上下求索、自習自強」を求めなければならない。

付録1　国民交流の原点回帰を今こそ—周恩来の哲学に学ぼう（王敏）

「両国民の間では信頼のすそ野は広がっている」

猛暑の今夏（2013年）日中、日韓それぞれの間で8・15をめぐって歴史認識の相互認識がマスコミの話題になったが、韓国の8・15「光復節」を迎えた朴槿恵《パククネ》大統領の言葉の一部に私は注目した。

朴大統領は「激しい非難の言葉は控え、独島や慰安婦といった言葉も避け」て、「日本の国民と政治家との間に一線も画した」（「朝日新聞」8月16日付）。

この大統領の言葉を読みながら、私は周恩来（1898～1976）滞日経験に基づく友好外交を思い出していた—。

周恩来が19歳の時、1917年からわずか約一年半にすぎないが、日本に留学したことは中国でも知られている。日本語を習得しながら東京高等師範学校、第一高等学校を目指したという。その後、天津の母校に大学部が創設されるというので帰国した。神田周辺を勉学と生活の拠点にしていたので浅草に六回行ったほか、日比谷公園や三越に行き、靖国神社で行われた祭りを見物しており、志を立てる青年期に日本社会の風習・習慣につぶさに触れたことは日本観形成に大きな意味を持っている（『周恩来「十九歳の東京日記」』小学館文庫）。

日本で一年ほど過ぎた夏、東海道線で日本人の青年と名刺を交換した縁で親交が生まれるなど、日本の風土と文化や一般人を知るという強みから、周恩来が一連の対日関係の処理に臨んだと思われる。

１９４９年10月、中華人民共和国の誕生とともに周恩来が総理になり、１９７６年1月死去まで27年間そのポストにいた。世界最大の人口を抱え、複雑な国内外の諸課題について意思決定し行動した。建国当初の１９５０年から１９７５年まで周恩来が会見した訪中の日本の政治要員・政党代表・団体責任者・民間人などは３００余団体、延べ数千人に上った。二十数年間を通して、各国の代表との会見では、回数も人数も最多の国が日本だった。

他方、日本の戦犯に対しては、周恩来は戦犯の思想改造に重点を置いた。「彼らを生まれた故郷に帰し、われわれの友にしよう」「復讐《ふくしゅう》や制裁では憎しみの連鎖は断ち切れない」という考えであったと言われる。日中戦争で計り知れない犠牲を被った大方の中国人の心情があったにもかかわらず、周恩来は「二〇年、三〇年たてば分かる」と引き下がることはなかった。元戦犯たちの感謝の再訪を、周恩来は温かく迎えている。「子々孫々替わることのない友好が深まっていってほしい」と、これからの努力を期待したという。

１９７２年９月、田中角栄首相が訪中して周恩来首相と日中共同声明に調印して国交正常化が実現した。懸案だった賠償については声明で中国が放棄したが、周恩来は、「日本の人民もわが国の人民と同じく、日本の軍国主義者の犠牲者である」と、政府と国民を仕分けする考え方で、中国国民に向かって説明した。

外交は国家と国家との関係と言えよう。国を前面に立てれば領土や資源など国益を優先した利害の対立が起こりがちである。このような利害対立が生じざるを得ない外交の重要性を知り尽くして、国民を国家から切り離して国民と国民の直接の交流を目指したに違いない。そのために、国民同士の双方向の理解と信頼を醸成しようと努めたように思う。国交回復前の１９６２年調印の「日中総合貿易に関する覚書」（ＬＴ貿易）もそうであり、１９７１年４月のピンポン外交（世界選手権のため日本訪問中の米国チームを中国へ招待し、米中関係改善のメッセージを伝えた）もそうである。考えてみればスポーツや文化、生活の交流が利害や国益を超えられる性格を持っているからだ。

国民交流の原点がどこにあるか、これらの事柄から見えてくるだろう。利害や対立を見つけだすことに躍起となればなるほど国と国の関係は険悪になるだけである。周恩来が息長く取り組んで日中の良好な関係が構築できた史実を、今一度思い出して頂きたい。文化・生活レベルでの国民を信頼した交流の積み重ねをもう一度再開するしかない。対立や軋あつれき轢は政治・外交の専門家に任せることにして。

もし周恩来が今の状況を目にしたならば、現在の日中関係を嘆いていることだろう。日中関係について国民意識のレベルにまで相手国を嫌う「空気」が蔓延《まんえん》してしまった中で、最善の答えではないかもしれないが、私は国民の直接の触れ合いを大切にした周恩来の姿勢に今こそ立ち返るべきではないか、と胸に手を当てる。

初出：時事通信社『外交 Vol.21』

付録2　周恩来とフランス（王敏）

１９１７年9月～１９１９年4月、周恩来は日本留学から帰国後に、天津で開学した南開大学に入学したが、１９２０年11月7日に華仏教育会の主宰による第15回「勤工倹学」留学生として、上海から船でフランスに赴いた。以後、フランスを中心にヨーロッパを遊学し、１９２４年7月に帰国した。フランスでは、周恩来はパリのほか、リヨンに四回ほど滞在した。

最初の二回については、周恩来について書かれた記事から垣間見ることができる。１９２１年から１９２２年にかける長編連載記事がいずれも『天津益世報』に掲載されているもので、リヨン市立図書館の所蔵資料「周恩来　旅欧通信、人民日报出版社、１９７９年 CH 9834」となる。

三回目のリヨン行きが１９２３年6月23日であり、国民党と協力関係に関する会議への参加のためであった。さらに四回目は同じ年の11月25日で、国民党欧州支部大会に出席するためであった。これについてはリヨン市立図書館にある以下の所蔵資料から詳細がわかる。「Nora Wang, Émigration et Politique : les étudiants-ouvriers chinois en France, 1919-1925, Paris,

Les Indessavantes, 2002. CH 20399」。

２０１５年1月13日、筆者はフランスのリヨン市にあった中法大学（中国語表記では「中法学院」）を訪問した。リヨンに滞在した周恩来は同大学の宿舎に泊まり、前述の１９２１年から１９２２年5月1日に発表された新聞記事に、リヨン中法大学を紹介したこともあったからである。

同学院の林建生秘書官によれば、２０１４年3月26日午前、中国国家主席習近平氏がリヨン訪問された際、中仏大学を訪れたという。約１００年前、フランス留学した有志の中からは、周恩来、鄧小平、陳毅らの革命家、徐悲鴻、巴金、蔡元培らの大文化人が多数輩出された。新中国の基礎を築いた諸先輩への敬意、また今後の中仏交流につながるよう、習氏の願いが込められていると受け止められる。

リヨン市立図書館の所蔵になる雑誌『赤光』。周恩来が創刊に参加したという。

1924 年に発行された中法大学『半月刊』（法蘭西學院漢學研究所圖書館所蔵）

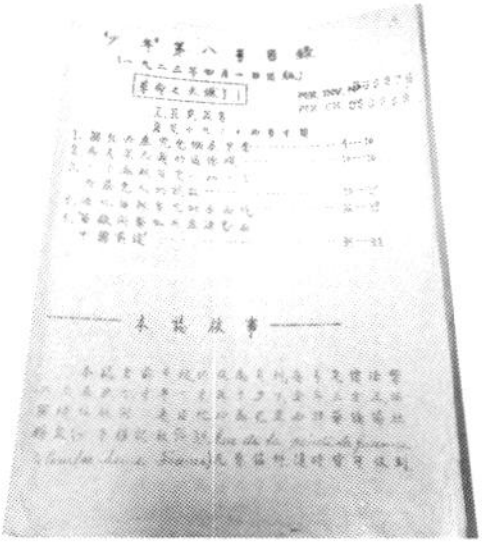

リヨン市立図書館の所蔵になる雑誌『少年』。周恩来が創刊に参加したという。

2015 年 1 月 13 日　中法大学の玄関にて同校の林建生秘書官と筆者

付録3　バンドン精神──先人たちが敷いた平和を願うレール──（王敏）

真夏の2013年8月、私はインドネシア・ジャワ島西部の町、バンドンを訪れることができた。この町は1955年4月、反植民地主義、アジア・アフリカ諸国の民族自決などを掲げた「バンドン会議」（アジア・アフリカ会議）の開催地として知られている場所だ。

中国からは周恩来首相率いる代表団が参加していたこの会議では、全会一致で『世界平和と協力の推進に関する宣言』（※1）、いわゆる『バンドン十原則』が採択された。アジア・アフリカ諸国は自国と世界の平和と友好に寄与することを宣言したのだ。バンドン精神と呼ばれる崇高な精神は、幼い頃に父母が私に説いた自彊不息《じきょうふそく》（※2）の精神に相通じるものがあり、私の子供の頃の記憶に深く刻み込まれた。以来、いつか行ってみたいとずっと思い続けてきた。

（※1）『バンドン十原則（ダサ・シラ・バントン）』とも呼ばれ以下の通り：(1)基本的人権と国連憲章の趣旨と原則を尊重、(2)全ての国の主権と領土保全を尊重、(3)全ての人類の平等と大小全ての国の平等を承認する、(4)他国の内政に干渉しない、(5)国連憲章による単独または集団的な自国防衛権を尊重、(6)集団的防衛を大国の特定の利益のために利用しない。また他国に圧力を加えない、(7)侵略または侵略の脅威・武力行使によって、他国の領土保全や政治的独立をおかさない、(8)国際紛争は平和的手段によって解決、(9)相互の利益と協力を促進する、⑽正義と国際義務を尊重。

（※2）『易経』乾卦からの引用で、自分からすすんでつとめ励んで怠らないという意。

２０１３年８月22日、イスラム学者評議会（ＭＵＩ）とインドネシア儒教最高会議（ＭＡＴＡＫＩＮ）の共催による「イスラム教と儒教サミット」に出席するためにインドネシアに出張していた私は、首都のジャカルタから二時間列車に揺られてバンドン市に向かった。目的地のアジア・アフリカ会議博物館は、１９８０年に会議開催25周年を記念して建てられたもので、当時の会場を利用して会議に関する各種写真や資料が展示されている。最も貴重なのは、当時の参加各国代表団団長等の発言を録音したものだ。「我々は、アジア・アフリカ諸国間には様々なイデオロギーや社会制度が存在することを認めつつも、我々が共に求める共通性と団結を妨げるものでは無い」と発言した周恩来首相の肉声も聞くこ

とができる。

翌23日に、ジャカルタに戻った私は、周恩来首相の言葉が時空を超えた瞬間に立ち会うことができた。「イスラム教と儒教サミット」の歓迎レセプションにおいて、インドネシア宗教相代理、インドネシア外務省報道部ファチル部長、イスラム学者評議会（MUI）代表、ムハマディヤ（Muhammadiyah）議長、インドネシア儒教最高会議（MATAKIN）議長、インドネシア宗教及び文化交流協会会長、マレーシア、シンガポール、中国、台湾、日本、ペルー等、各国地域代表ら出席者たちの発言から、往時のバンドン会議やその精神を確かに感じることができたからだ。

会議のテーマは「イスラム教と儒教の平和新文明への貢献」で、四つの議題に即して討論が行われた。その四つとは、
(1)シルクロードと関連する場所から儒教文化とイスラム文化の関連性を探る
(2)両宗教が全インドネシアの宗教信者と協調発展するには
(3)イスラムと儒教文明がアジアと世界の平和協調への貢献について
(4)『世界平和のためのジャカルタ宣言』を制定し、信仰の促進と宗教間の安定的関係へ新しい方法を世界に届ける　である。

24日午前の開幕式での、インドネシアのブディオノ副大統領の発言もまた、私にとって忘れ難いものとなった。

「社会を不安定化に陥れる衝突事件というのは、往々にして政治や経済的利益によるところが大きく、宗教保護のスローガンを掲げることもしばしばである。どんな宗教でも暴力的行為を容認することはない。信者の人口比率から見れば、ムスリムと儒教信者が協調しあえば、人類の文明、社会の平和と安定に寄与できる」と発言されたのだ。

同日夜には、世界平和を謳った『ジャカルタ宣言』が発表され、ナスルディン・ウマル宗教副大臣が閉会宣言を行った。この平和宣言は、香港孔教学院院長・湯恩佳博士、世界孔学研究協会のタンスリ李金友会長を始め、世界各地より参加した200名以上の研究者、教育関係者、宗教家が見守る中で読み上げら

れた。

閉会後、私はジャカルタの華人学校と幼稚園、さらに当地の華人等の歴史や生活を展示する文化館を訪問した。そこで、私は初めて、どんな年齢層でも、どんな民族でも、周恩来首相の名前を知らない者はいないことに気付いた。皆中国や日本と手を携え、アジアや世界の平和を願っている。

私たちは皆、先人たちがバンドンに敷いた平和を願うレールに沿って生きているのだろう。

出典：ウェブサイト「nippon.com　知られざる日本の姿を世界へ」
（2013年10月4日付。原文は中国語）

付録4 「国民総教養」外交―パブリック・ディプロマシー―（王敏）

外交の専門家より一般の市民が優れた外交実績をあげることがよくある。市民レベルだと純粋な友情だけをベースにした交流が可能だからであろう。職業的な政治家同士だと国益第一の言動をとりがちである。

四川大地震で世界の反響を呼んだ小さな命

無垢な幼児が大いに中国のイメージアップを果たしたことが忘れられない。幼児の行動ほど素直に受けとめられるものはない。

２００８年5月12日午後、四川省北部を震源地にした大地震が起きた。死者、行方不明者約九万人を出す災害になったが、夜が明けた早朝、震源地の真上近くで倒壊した幼稚園舎のがれきの下から三歳の朗錚《ろうそう》君が見つかった。腕などの骨が折れて体の節々は猛烈に痛いはずなのに、救出隊員たちに最初に口にした言葉は精いっぱいの声で「ありがとう」。散乱した板材で間に合わせた担架で運ばれていたときも幾度も「ありがとう」、さらに右腕を頭にあてでしっかりと敬礼した。その敬礼する朗錚君の写真が海外にも発信され、反響を呼んだのである。三歳児による敬礼が凛々しく映り、世界中の多くの人々の胸を打った。

米中外交関係の修復に卓球チームが果たした役割が評価されてピンポン外交と称されたりしたが、中国には外交という表面に輝きをもたらすスポーツや文化などの交流を重視してきた歴史がある。英語でいう「パブリック・ディプロマシー（Public Diplomacy）」の走りだったかもしれない。中国語で「人民外交」「民間外交」または「公共外交」と読ませる。民間の役割を重視した外交理念である。

中国が日本から学ぶ「パブリック・ディプロマシー」

この点は日本から学ぶべきものがたくさんあると、中国人は思っている。3・11の未曾有の東日本大震災以来、日本人の秩序だって助け合う姿が世界に配信され続けている。災難中の略奪多発を経験する国々が多い中で日本人の「絆《きずな》文化」（「助け合い精神」）の成熟は驚きに値する。途上国を含め各国から復興への支援の手が差し伸べられて、きっちりお礼し続けているのもそうであろう。米ハリウッド映画にも主演して国際的に知られた俳優・渡辺謙さんは今年1月、世界の政治・経済のリーダーが集まる「ダボス会議」に多忙な身にもかかわらず出席し、英語で大震災への支援感謝を表明した。立派な公共外交の一端だったと思う。

中国は経済力（GDP総額）で2010年、日本を上回って世界第二位になったことを誇らしく思っている人々も多いが、果たして公共外交の成熟を伴っているだろうか。国民一人ひとりが豊かになって初めてゆとりある生活が生まれ、社会への思いやり、気遣い精神が潤う。日中は古来、「衣食足りて礼節を知る」ということわざを共有してきたことをかみしめたい。

初出：ウェブサイト「nippon.com　知られざる日本の姿を世界へ」
（２０１２年６月10日付）

※第四章は『国際日本学研究叢書23　百年後の検証・中国人の日本留学およびその日本観』（法政大学国際日本学研究所編　２０１５年２月16日発行）に掲載された同名の論文の改訂版である。

第五章　近代中国人の日本留学

本稿は、幸いにも偉大な先人たちが築いた礎の上に記すことがかなった小論である。その偉大な先人たちとは、筆者が奉職している日本の法政大学でかつて学んだ2000名余りの辛亥革命の祖たちを取りあげることにする。その代表は、中国人留学生・董必武（中華人民共和国国家副主席）、沈鈞儒（最高人民法院院長）ほか、陳天華、周作人、陳叔通、廖仲愷、章士釗、程樹徳、胡漢民、宋教仁、汪精衛、楊度、湯化龍、丁惟汾など辛亥革命の志士たちである。辛亥革命100周年記念2011年に際して、筆者は志士たちが活動を展開した日本に関する資料を改めて調査し、辛亥革命の志士たちと法政大学との関係を切り口として、辛亥革命が展開された同時代における日本と中国という異なる地域での展開と両国の人々の参与についての若干の考察を記すものである。

一、法政大学清国留学生法政速成科設立の背景

法政大学は日本で最も初期に設立された私立の法律学校であり、時代の変化とともに校名は以下のように変更した。

・一八八〇年　東京法学社
・一八八一年　東京法学校と改称
・一八八九年　東京仏学校と合併し、和仏法律学校と改称
・一九〇三年　和仏法律学校法政大学と改称
・一九二〇年　法政大学と改称し現在に至る

和仏法律学校の時代、すなわち明治維新後の改革期に重要な役割を果たしたフランス人のボアソナード博士が、同校で長期にわたって教職に就いた。1903年8月、当時の専門学校に関する規定により、法政大学と改称した後は次第に私立の総合大学として発展するとともに、1904年から1908年にかけて清国留学生法政速成科（以下、法政速成科と略記）を設置し、清朝から派遣された留学生を受け入れ、法律、行政、政治分野での人材育成に努めた。当時、留学生は五期に分かれ、合計2117名が法政大学速成科に入学し、後に986名が卒業した。

五期の学生、入学・卒業人数

第一期　一九〇四年五月　94名　入学
　　　　一九〇五年六月　67名　卒業
第二期　一九〇四年一〇月　273名　入学
　　　　一九〇六年六月　230名　卒業
第三期　一九〇五年五月　518名　入学
　　　　一九〇六年一一月　66名　卒業
第四期　一九〇五年一一月　388名　入学
　　　　一九〇七年五月　238名　卒業
第五期　一九〇六年九月　844名　入学
　　　　一九〇八年四月　385名　卒業

当時、授業科目として設置されていたのは、法律概論、民法、商法、国法学、行政法、刑法、国際公法、国際私法、裁判所構成法、民事・刑訴訟法、経済学、財政学、監獄学であり、授業は中国人による通訳が配置された。

速成法制教育が実施された直接的な要因としては、清朝末期に清朝政府が憲政の実施を宣言し、日本に学ぶ方針を打ち立てたことによるもので、憲政を専門とする多くの人材を必要とした国内外の情勢によるものである。明治37（1904年）3月、清国留学生代表の范（範）源濂[55]は法政大学総理の梅謙次郎と会談し、法政大学において法律と政治を関連させて学ぶ速成班の開設を要望した。梅総理がこの件について当時外相を務めていた小村寿太郎[56]との間で度重なる協議を行った結果、外相も新たな留学生政策に期待を託したため、梅総理を清国駐日公使の楊樞[57]に引き合わせて双方が検討することとなった。楊公使はその案に大賛成し、中国国内の関連部門と直接連絡を取ったほか、光緒帝に上書し、法政大学が清国留学生のために法律と政治学の速成科を開設し、同年5月7日に始業することとなった。

1905年8月7日付『朝日新聞』の報道によると、当時、清国留学生を受け入れていた日本国内の教育機関は合計35ヵ所あり（小中学校、高校、大学を含む）、法政大学は学生総数が3位で留学生は295名であった。また、同年、東京で設立された同盟会会員963名のうち、留学生あるいは日本在留中国人は860名を数え、法政大学の在校生はそのほとんどが会員になった。

清国留学生法政速成科を開設した背景は、清朝政府からの要望によるところが大きい。第

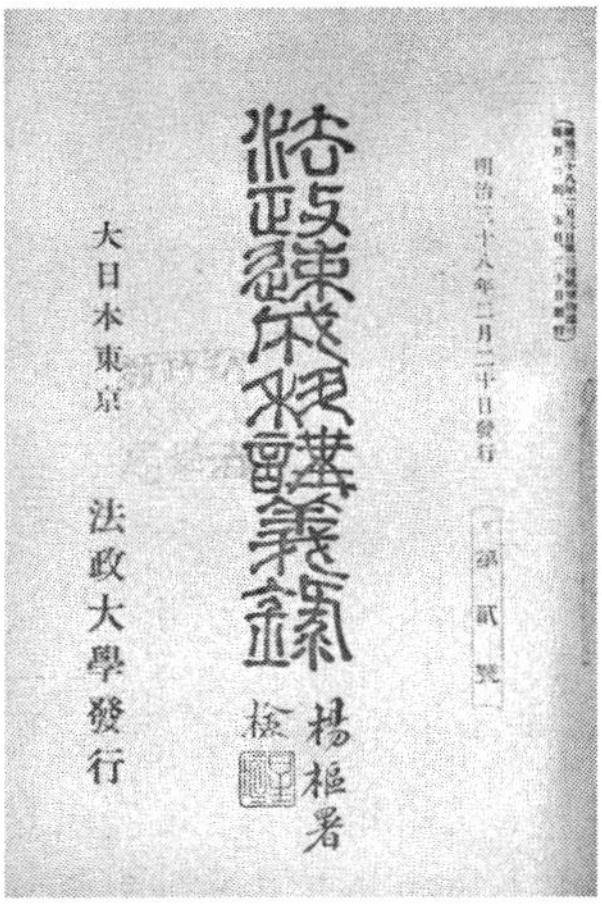

写真１　法政大学清国留学生法政速成科で使用された教材の中国語版

一に、清朝自らが困難な情勢を脱却すべく、日本が近代化によって強国となった経験に学ぶために、持続可能な発展には立法が不可欠だと考えたのである。そこで、１８９６年からすでに第一期13名の留学生を派遣していたが、１９０６年からは立法の準備段階として留学生を増員し、清朝の改革に貢献する人材育成に努めたのである。

それと同時に、清朝はおよそ１３００年の長きにわたって脈々と受け継がれてきたエリート教育の制度であった科挙試験を１９０５年に廃止し、それに代わる学校をベースにした西洋式の近代教育制度の普及を推進した。しかしながら、その初期段階は人材不足が深刻であったため、有識者の発案による進取の策は日本に希望が託されたのである。日本は新たな教育制度の転換期における教育政策の中心となった。そこで、清末には日本留学が当時の中国社会における新たなブームとなり、１９０５年当時の統計によれば中国人留学生の人数は1万人余りに達するまでにいたった。

写真２　1906 年第四期清国留学生の合同記念写真

確かに、速成法政教育の開始は、その直接的な要因を見れば清末時期において清朝政府が憲政を実施するに至ったことに深く関わるが、そのことが日本の留学生受け入れビジネスにも結びつき、多くの速成科が開設されるようになった。

二、法政速成科の特徴

⑴主な特徴

第一に、煩雑な試験は採用せず、駐日公使の紹介状があれば入学を許可した点が挙げられる。このように柔軟な選抜方法は当時の状況に照らしてみれば、現実的な施策であった。つまり枠組みにとらわれずに、二国間での取り決めに基づいて実施された留学成果が効果的に実施されたのである。

第二に、学生は語学学習に時間と精神を費やす必要がなかった。日本人教員による専門科目の授業は通訳が配置されており、教材もすべて中国語に翻訳された。このように、学習者の状況や必要にかなった教育方法は非常に歓迎され、当時翻訳された教材の一部は現在でも南京図書館に貴重資料として保管されている。日本側の関係資料に記載されているように、営利目的の速成科が乱立していた当時、教育機関の数は多いながらも実績がともなわず、当時の世論によれば法政大学の教育レベルはかなり高いという。

第三に、中国の教育改革の進展に合致しており、清国の北京進士館から成績優秀な「清国進士」を直接受け入れるなどして、教育と学習の良好な循環を形成したことが指摘できる。1906年10月発行の法政大学刊『法政志林』第8巻11号に掲載された「法政速成科と北京進士館」と題した文章によると、法政大学は1906年に95名の留学生を受け入れた。梅謙次郎総理は清朝直隷省の要請に基づいて、1907年から1908年にかけて、三期の法政速成班を編成したほか、地方自治を専門に学ぶ班（一期二ヵ月）を編成し、清朝直隷省から派遣された252名の進士を受け入れた。

周知のように、進士館は1904年5月26日に設立され、35歳以下の進士に研修の機会を提供することなどを主な目的とし、進士館では日本語予備学科が開設され、日本語を使用した政治や法学に関する専門の授業が行われた。その教育宗旨は「法律と政治に精通した」官僚の育成であった。しかし、1905年9月に科挙制度が廃止されると、清朝は1906年8月26日付で甲辰科進士を含むすべての学徒を東京の法政大学速成科に派遣して研究させたのである。学業を終えて中国に帰国後は一律に試験を実施し、成績に基づく奨励が実施されたため、多くの進士に日本留学の経験が共通しているのである。

賀躍夫が1993年に『近代史研究』第一期45頁に発表した「清末士大夫の日本留学熱を透視する―法政大学中国留学生速成科を論ず」によると、法政速成科に留学した185名は、すでに出国以前に清国で高等教育を受けた人材であったという。主な学歴と人数は表1の通り。

表1　法政速成科清国留学生の主な学生と人数

進士	挙人	貢生	生員	学堂出身	不祥	合計
115	21	9	9	28	28	210

そうした学生たちの中には、品格及び学識ともに日本側から高く評価された者がいた。例えば、1904年に入学し状元を獲得した夏同和は、1905年に初の卒業生69名の一人として学業を終え帰国した。法政大学総理の梅謙次郎は、卒業式での演説において彼の優秀さについて特別に言及したのである。夏同和の試験時の答案は模範解答として「法律新聞」に掲載されて、卒業論文の『清国財政論策』は1905年に「法律新聞」第二九二期で発表された。夏同和は帰国後に広東法政学堂において教頭と政府の官僚を務め、法律と政治の教育における理念の普及を実現し貢献したのである。法政大学が創刊した雑誌『東洋』1907年第二期では、清国留学生の写真を特集して掲載し、清国留学生の優秀な青年と称している。

科挙で榜眼という上位合格だった朱汝珍は帰国後に国士館編集と実録館編集を任じ、民国期に中央刻経院から『詞林輯略』を編集・発行した。探花で合格

写真３　雑誌『東洋』第２号（1907 年）の掲載写真。左写真は劉蕃、中央写真の左から蹇念益、李穆、范源濂、右写真は熊垓濂

した商衍鎏は１９５０年代に中央文史研究館副館長に就任し、１９５６年には83歳という高齢ながらも『清代科挙考試述録』を著し、１９５８年に三聯書店から出版された。「榜眼」とは皇帝主宰の科挙試験の科目・殿試に上位合格した二番目の名称。一番目は「状元」。三番目の「探花」とともに、全合格者は「進士」という総称で呼ばれる。なお、商衍鎏は１９６１年に中華書局から『太平天国科挙考試紀略』を出版し、進士の賈景徳が著した『秀才・人・進士』は１９４６年に香港で出版された。

第四に、留学生を支援する各種活動が挙

げられる。１９０９年、法政大学総理の梅謙次郎は留日法政大学学友会を設立し、その活動は現在もなお継続している。１９４１年には汪精衛が会長を務めた。法政校友会の活動は現在に至るもなお継続しているほか、オリンピックの開会式などにも参加している。

２０１１年８月、筆者は雲南省の档案館に保管されていた法政校友会の名簿を調査することができた。

三、法政速成科の教育内容と辛亥革命の相関関係

法政速成科の教育内容と辛亥革命の相関関係には、以下のような事例を指摘することができる。

1．法政速成科第二班の汪兆銘（汪精衛）、宋教仁、胡漢民は、１９０５年に同盟会のリーダー孫文の助手として推薦され、汪兆銘と胡漢民は同盟会の刊行物『民報』の編集も担当し、理論面で孫文の革命に対する主張を支えたのである。李暁東が法政大学に提出した博士学位請求論文「近代中国における日本留学と日本の教育者たち―「速成教育」をめぐる論争

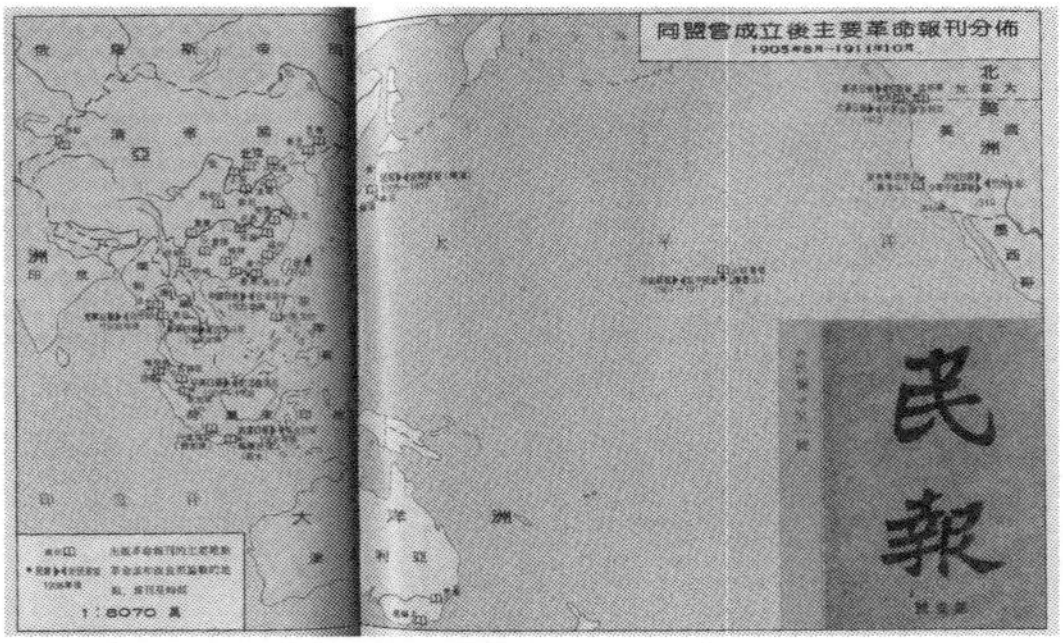

写真４　同盟会の刊行物『民報』

を中心にして」の分析によれば、汪兆銘と胡漢民の論調には、法政速成科の教官であった美濃部達吉（憲法担当）、小野塚喜平次（政治学担当）、見克彦（憲法担当）の講義内容が反映されており、つまり法政速成科の授業が辛亥革命への歩みに実質的に関わっていたという。

2. 近代の地方自治に関する教育課程は日本留学の必修科目であり、その内容は清朝が主導した地方自治の政策と整合性があるもので、帰国した留学生は留学の成果を存分に発揮することが可能であった。例えば、卒業生の楊度らは湖南省において地方議会に相当する諮議局を全国に先駆けて設立し、法政の卒業生の中で少なくても五四名がそのメンバーになったのである。詳細は表２・表３を参照されたい。

表2　法政大学 OB 参議院議員

	姓名	經歴
1	王立廷	諮議局議員
2	童杭時	共和法政学校校長
3	陳祖烈	福建法政学校校長
4	楊家驤	
5	居正	南京臨時政府內務部次長（同盟會員）
6	李漢丞	湖南法政学校教員（同盟會員）
7	周震鱗	
8	盛時	湖南司法司長
9	丁世嶧	諮議局議員，憲草委員
10	尹宏慶	武定府知府，山東易縣知事
11	徐鏡心	臨時省議會議員（同盟會員）
12	李磐	諮議局議員
13	劉積学	臨時参議員
14	潘江	諮議局議員
15	盧天游	都督府法制局長，憲草委員
16	姚華	郵傳部主事，臨時参議員
合計		16 人
日本留学經驗参議員議員總人數		76 人
比例		21.05%

3．天津の呉興らは日本の「都道府県制度」を参考にして、中国で最も初期の自治改革草案「天津県試弁地方自治章程」を制定し、1907年2月に実施の批准を得た。その背景には、当時、袁世凱が地方自治を施行していたために、天津が先頭となって地方自治局と地方自治研究所を設置し、各地における改革の模範としたという事情があった。全国各地に戻った卒業生たちが、それぞれの郷里において法政学堂や自治研究所を設立し、法律と政治分野での専門知識の伝授と人材育成に貢献したのである。

表3　法政大学 OB 衆議院議員

	姓名	經歴
1	谷芝瑞	諮議局副局長
2	劉興甲	諮議局議員，臨時省議員
3	王茂材	江北都督府民政司總務科長
4	孟森	諮議局議員，憲草委員
5	茅祖權	
6	孫潤宇	法政学堂教習，律師公會長，憲草委員
7	陶保晉	諮議局議員，金陵法政專門学校校長，律師
8	江謙	南京師範学校校長，江蘇外交司長
9	張塤	
10	汪彭年	上海神州日報主筆，憲草委員
11	何雯	湖南調査局法制科長，神州日報總編輯，憲草委員
12	王烈	参謀部軍事秘書
13	田稔	江西行政公署秘書
14	朱文劭	廣西都康州高等檢察廳檢察長廣西提法使
15	陳叔通	諮議局議員，資政院議員
16	虞廷愷	浙江都督府財政司秘書，總統府政治諮議
17	朱騰芬	福建公立法政学校校長
18	湯化龍	民政部主事，湖北諮議局議長，臨時参議院副議長，眾院議長
19	廖宗北	法政大学專門部法政科
20	禹瀛	湖北總督府秘書
21	陳嘉會	湖南法政学校創設，南京臨時政府陸軍軍法局長，南京留守處秘書長
22	黃贊元	四川憲政籌備處主任，四川湖南各省法政学校教授，憲草委員
23	羅永紹	湖南旅留預備科創立
24	周廷弼	視学員長，臨時省議員
25	周樹標	諮議局議員，綏遠檢察廳長
26	周慶恩	山東法政学堂教習，省議會議長
27	彭占元	諮議局議員，資政院議員，臨時参議員（同盟會員）
28	杜潛	（同盟會員）
29	陳景南	報館主筆，憲草委員
30	彭運斌	法部主事，諮議局議員，資政院議員，臨時省議員，潼濟鐵路協理
31	梁善濟	山西諮議局議長，教育次長
32	劉志詹	自治研究所教務長，憲政研究會教員，諮議局議員，資政院議員
33	白常潔	
34	張樹森	統一共和黨，超然社創設
35	張治祥	四川軍政府外交司長，共和大学長（同盟會員）
36	張知競	四川法政学堂教習，蜀軍政府司法部長
37	黃璋	憲草委員
38	熊兆渭	四川法政学堂教習，自治研究所長（同盟會員）
39	蒲殿俊	諮議局議長
40	瀟湘	諮議局副議長
41	徐傅霖	臨時参議員，廣東省議員
42	葉夏聲	民報撰述，廣東公立法政專門学校校長，廣東都督府司法部長（同盟會員）
43	蒙經	諮議局議員
44	夏同龢	政事堂法制局
45	陳廷策	內閣中書，河南法政学堂教務長，臨時参議員，貴州民政廳長

（続く）

46	陳國祥	河南法政学堂監督，臨時参議員，衆議院副議長
47	李景龢	内閣中書，憲政編査館，總統府諮議
48	汪榮寶	京師譯学館教習，修訂法律纂修資政院欽選議員，憲草委員
49	方貞	工部主事，禮部主事，諮議局議長，官立法政大学校長
50	恩華	資政院欽選議員，約法會議議員，國務院統計局参事
合計		50 人
日本留学 OB 衆議院議員總人數		194 人
比例		25.78%

4．京都大学の山室信一教授が２００１年に岩波書店から出版した『思想課題としてのアジア』で発表した統計資料によると、１９１３年時点で中国各地の省レベルの地方議会議員について調査したところ。97名が日本留学経験者であり、さらにそのうち48名が法政速成科で学んだ人材だという。

表２・表４は、いずれも日本「政府公報」第４５９号（１９１３年8月15日）に掲載された議員名簿に基づき、張玉法の『民国初年の政党』（中央研究院近代史研究所、１９８５年）、山室信一の『思想課題としてのアジア―基軸、連鎖、投企』（岩波書店、２００１年）を参考に整理したものである。

他方、清国法政教育機関が日本人教習を招いて教授してもらった。その一部をご参考までに以下に挙げておく。

なお、当時の中華民国成立後、法政学堂は組織改革を行ったために、以下の変化が生じた。岡田朝太郎は北京政法専門学校教習、吉澤三郎は南京民国法政大学教習、松野祐裔は山東公立法政専門学校教習、松山豊

備考
監督−張仲圻、總弁−馮煦・沈曾植・毓秀
總弁−錢宗昌、教習−＊謝介石
總弁−謝希詮
1906 年開設的法政講習所的改稱
監督−＊陳國祥、教習−＊張協陸
屬修訂法律館管轄　1907 年直屬法部、改稱京師法律學堂、培養司法官
進士館的改稱、培養行政官　教習：＊章宗祥、＊曹汝霖、＊林棨、＊范源濂、＊張孝移、＊陸宗輿、＊錢承鋕、＊江庸、＊黃德章、＊夏循愷、孫培、曾儀真、顧德麟、＊李景圻、＊陸世芬、吳鼎昌、＊程樹德
后改稱幕僚學堂
教習−＊籍忠寅・＊劉同彬、畢業生−李大釗、張潤之、王文璞
監督−方燕年
總理−＊劉綿訓、總務長−吳人達、教習−＊郭象升
監督−錢能訓、教習−＊王葆真、＊黃成霖
教習−＊金泯瀾・＊許壬・＊鄭垂
總督−邵章
監督−＊夏同龢・＊朱執信、教習−＊杜貢石・＊金章・＊古應芬・＊李君佩
畢業生−王楨
提調−劉大瓊、堂長−＊歐陽葆真、學監−李培元
監督−周善德・＊張孝移・＊邵崇恩、教習−徐煥・施台愚・＊張知競・＊黃毓蘭・＊覃育賢
監督−于德懋、教習−張康仁

＊日本留学生

表4

名称	年代	教習
安徽法政学堂	1906	
新疆迪化法政學堂	1907	林出賢次郎
兩江法政學堂	1908	
吉林法政學堂	1908	木村就二
熱河速成法政學堂	1908	
廣西法政學堂	1908	
河南法政學堂	1908	
甘肅法政學堂	1909	
貴胄法政學堂	1909	
法政學堂	1905	岡田朝太郎、志田鉀太郎、松岡義正、岩井尊文、小河滋次郎、中村襄
京師法政學堂	1907	嚴谷孫藏、衫榮三郎、矢野仁一、小林吉人、井上翠、松本龜次郎、石橋哲爾、原岡武、高橋健三
直隷法律學堂	1904	甲斐一之
直隷法政學堂	1905	中津三省、矢板寛、太田一平、劍持百喜、中島比多吉
北洋法政學堂	1908	吉野作造、今井嘉幸、小鹿青雲、淺井周治、中村仲、大石定吉、名和剛、石橋哲爾、樋口龍緑
山東法政學堂	1906	松野祐裔、八田光二
山西法政大學	1907	横山治一郎
江蘇法政學堂	1906	土井常太郎
奉天法政學堂	1906	
江西法政學堂	1906	日下清癡
浙江法政學堂	1905	大石定吉
湖北法政學堂	1908	作田正一、篆崎正
廣東法政學堂	1905	松山豐造、藤田積造、大脇菊次郎、關山富
雲南法政學堂	1906	島田俊雄、加古貞太郎
貴州法政學堂	1906	
湖南法政速成學堂	1908	
四川法政學堂	1906	
江寧法政學堂	1906	

造は広東法政学堂教習に任じたこともあった。

5．1949年に新中国が成立すると、沈鈞儒（1875―1963）は中国人民政治協商委員会の第一期委員と中央人民政府の委員に当選し、最高法院院長（最高裁判所裁判長に相当）に就任し、建国初期の法律制度の設立および人民民主専制の基礎固めにおいて、重要な貢献を果たした。沈鈞儒はその後も中国人民政治協商会議副主席、全国人民代表大会常務委員会委員長を歴任した。主要な著作には、『制憲必携』、『憲法要覧』、『普及政法教育』などがある。汪有齢は後に北京政法学院法学院に合併された、1912年に中国で初めて設立された私立の法律大学である朝陽大学の初代学長に就任し、江庸が第二期学長を務め、居正は理事長、張知本と黄群はそれぞれ理事に就任した。同校はその後北京政法学院と合併した。

6．建国後、国民党監察院監察委員、国民党評議員を務め、同盟会に参加し、その会程策定に従事した的居正（1876―1951）は蜂起の前線に身を置き、1905年に日本に渡って同窓の刀安仁を助けたことは現在でもなお雲南保山、騰冲、瑞麗に広く伝えられて

表５　法政大学清国留学生法政速成科学生名簿（抜粋）

順序	氏名	出身	法政大学卒業時期	最高職務	辛亥革命時の職務
1	陳天華 1875 ～ 1905	湖南			
2	鄧家彦 1883 ～ 1966	広西		国民政府委員	「中国民報」創立者
3	杜之林	広東	1906 年第二班		
4	範治煥	湖南	1906 年第二班	政聞社書記科員	
5	古應芬 1873 ～ 1931	広東	1906 年第二班	財政部部長	広東都督府核計院院長
6	何天翰	広東	1906 年第三班		
7	胡漢民 1879 ～ 1936	広東		南京臨時政府秘書長	広東都督
8	金章	広東	1906 年第二班	広東省国民代表	南京参議院議員
9	匡一 1876 ～ 1920	湖北	1907 年第四班	直隶省検察庁長	直隶省検察庁庁長
10	李国定				
11	骆継漢	湖北	未卒業		
12	蒙経	広西	1907 年第四班		
13	饒漢祥 1883 ～ 1927	湖北	1907 年第四班	総統府秘書長	湖北都督府内務長
14	沈鈞儒 1875 ～ 1963	江蘇	1907 年第四班	最高人民法院院長	浙江省教育局局長
15	汪兆銘 188 ～ 31944	広東	1906 年第三班	中華民国国民政府主席	入獄
16	王家駒 1878 ～ 1912	江蘇	1905 年第一班	北京法政専門学校校長	山東軍総参謀
17	呉琨	雲南	1906 年第二班卒業後補習班卒業		
18	姚豊修 ～ 1937	広東	1905 年第二期修業生		
19	張澍棠	広東	1906 年第二班優等生		
20	張樹相？	広東	1906 年第二班		
21	張知本 1881 ～ 1976	湖北	1905 年第一班	国民政府行政法院院長	同盟会支部評論長
22	張知競	四川	1907 年第四班		
23	張治祥 1883 ～ 1919	四川	1907 年第四班	衆議院議員	共和大学校長
24	周代本	四川	1907 年第四班		
25	朱大符	広東	1906 年第二班		
26	顔楷 1877 ～ 1927	四川	1908 年第五班政治部卒業	憲政北京支部評議員	四川保路同志会幹事長
27	楊度 1874 ～ 1931	湖南	1904 年第一班	参議院参政	袁世凱内閣学部大臣

（続く）

28	劉春霖 1872～1942	河北		北洋政府大総統秘書	直隶省諮議局議員
29	廖仲愷 1877～1925	広東		孙文大総統府秘書長	孙文大総統府財政部長
30	董必武 1886～1975	湖北	1913年～ 1915年在校	中華任民共和国副主席	同盟会加入
31	曹汝霖 1877～1966	上海		交通総長	清国外務部副大臣

いる。以下は、２０１１年8月に雲南で調査した関連資料をもとに再整理したものである。

刀安仁（１８７２―１９１３）、傣族。雲南騰越干崖宣抚使刀盈廷の息子。１８９１年第24代土司を継承。青年時代は幾度も各民族人民の勇者を率いた。１９０４年春、刀安仁はミャンマーを経て日本に渡り、１９０５年春に十数名の傣族青年男女を率いて法政大学に学んだ。出国の途中、彼は傣文を使って叙事長編詩「遊歴記」を詠んだ。１９０６年5月31日、刀安仁とその弟刀安文は同盟会に参加し、少数民族のはじめての会員となった。１９０８年春、刀安仁と日本の東亜公司は干崖の共同開発に調印し、留学生と日本の専門家とともに干崖に戻り実業家として歩んだが、日本と清朝政府の関係が悪化し、その抗議を表明するために東亜公司との契約を破棄した。刀安仁は再び日本に渡って交渉したが、その甲斐なく倒産に追い込まれた。

刀安仁は同盟会に入会した後に家財を売り払って東京に送金し、革命を支持した。孫文は干崖に前線の拠点を置くことを決定し、前後して法政清国速成科の卒業生である居正ら十数名を干崖に派遣し組織設立を指示した。1911年9月6日、騰越での蜂起が成功し、刀安仁は雲南省ではじめての傣族都督となったのである。

刀安仁の一生は、土司政治の改革と女性解放に尽くしたものであった。彼は傣劇の改革を行い、専門グループを組織して『三国演義』、『西遊記』、『水滸伝』、『包公』、『楊門女将』などを傣文に翻訳した。そのほか、マレーシアから八〇〇〇株のゴムの木の苗を干崖鳳凰山に移植し、中国のゴム産業のはじめとなったのである。これは、『大英百科事典』に記載されている「北緯二一度以北ではゴムは栽培できない」という定説を覆したと同時に、中国人研究者が「中国ではゴムの栽培は不可能である」という結論を実際の栽培によって覆したのであった。その後、1914年春に北京で病没した。中国を改革し、富強の中国を建国するということが、その時代の人々を結びつけた紐帯であり、彼らにとって核心的な目標と最高の価値であり、また彼らの人生の終着駅でもあったのである。

表5は、法政速成科清国留学生の名簿抜粋である。

注：表5は以下の資料を参考に作成した
1．http://www.baidu.com/
2．http://zh.wikipedia.org/zh-cn/Wikipedia
3．http://ja.wikipedia.org/wiki/
4．「終身学習和職業設計」『2006年度 法政大学終身学習和職業設計紀要』（法政大学出版　二〇〇六）
5．『法政大学資料集　第十一集』（法政大学出版　昭和六三年）

四、「留学生取締規則」事件と法政速成科の中止

1905年の年末に、日本では文部省が発布した「留学生取締規則（《關於清国人入公私立学校的有關規程》）」に反対する大規模な抗議運動が勃発した。この規定は、日本の文部省当局が清国政府の要請によって、日本国内の中国人留学生の私生活や革命活動に対する干渉を目的とした。そこで、各大学では留学生たちが強い憤りをもって一致して授業ボイコットを実施し、文部省に規定の撤回を要求した。『猛回頭』、『警世鐘』、『獅之吼』などの著作で知られ、同盟会の重要なメンバーでもあった法政大学第二期生（1904年入学）の陳天華（1875

―1905）は、この規則に反対し、死をもって同胞に「共講愛国」を呼び掛けるために、「絶命書」を執筆した後に東京の大森海岸で入水自殺をした。1905年12月8日のことである。同盟会秘書として、同盟会会章の起草に関わった陳天華は当時、わずか30歳の若さであるが、その遺稿は『陳天華集』として刊行された。

事件発生後、国内外で留学生の速成教育に対する議論は紛糾し、さらには清国政府が留学生の学名運動参加を厳しく取り締まり監視を強めたこともあり、1906年には梅謙次郎が清国政府の要望を受け入れる形で速成科における留学生教育を停止したのであった。その背景として、以下の点を指摘することができる。

1．1903年、張之洞が策定した『奨励遊学卒業生章程』十か条が留学を奨励する重要な根拠とされた。1904年12月には学務大臣が奏定した『考験出洋卒業生章程』八か条が制定された。この規定に基づいて、清廷学務処は1905年に第一次留学生試験を実施し、同年7月3日に保和殿において宮廷試験が実施された。この試験で合格した者はわずか14名で、その全員が日本留学に派遣された。試験結果に基づき、金邦平、唐寶鍔、曹汝霖、陸宗輿ら14名には進士、挙人とそれぞれに官職が授与された。1906年5月15日には8月に西洋と日本へ派遣される留学生の試験が実施され、同年10月12日には『考遊学卒業生章程』五か条が発表された。１９０６年10年13日には学部で第二回留学生卒業試験が実施され、合格者32名のうち、最優秀成績者9名、優等5名、中等18名に、それぞれ進士、挙人の身分が与えられた。国別に見ると、試験で最も優秀な成績を収めたものは欧米留学に派遣され、優等5名のうちで見ると欧米留学は3名、日本留学は2名、中等者の中で日本留学は13名という割合であった。つまり、成績優秀者はそのほとんどが欧米に集中していたということができる。清朝政府が実施した留学派遣のための試験は、実際のところ留学先での政治活動を抑止するためのねらいがあり、勉学にのみ集中することを要求したという一面があったが、速成教育がかかえる様々な現実問題も反映されていたといえよう。

2．清末の政府は日本留学における問題点を認識するに至り、１９０６年2月19日に学部が各省に伝達を行った『選送留日学生制限弁法』には、速成科に学ぶ留学生は、科挙試験の合格者であるか、あるいは法律と政治の実務経験者、あるいは師範の条件を満たし、漢学に精通して文語文に秀で、年齢は25歳以上、学界、政界において十分な経験を有する者が合格とされた（しかし、これは公費の日本留学生に限定した条件である）。１９０６年6月18日、学部は各省に対して日本留学の速成学生の派遣停止を伝達したのである。その後、日本留学の速成科の学生は次第に減少し、その学習内容も次第に正規の内容に統合される傾向となった。

3．日本留学と速成教育

日本留学が一大ブームになる中で、留学生問題は自国内のみならず、清朝政府の為政者たちの注意を惹くこととなった。1906年1月10日、駐日公使楊樞は日本留学生の資質に関する報告の中で、「日本留学中の学生は8000人余りを数えるが、功名を優先するがために、その学習成果と実態には数々問題が散見され、学業半ば赴く者も多く、文化水準は保証し難い」と述べている。

留学生第二次試験の成績発表後、日本留学生のレベルは低下し、中国国内で問題視されるだけでなく、日本側でも検討課題となった。日本の月刊誌『太陽』の論説では以下のように厳しい批判が掲載された。「今年の進士試験では、日本留学生の成績が最も悪く、一人も合格者がいない。このことは、日本の留学生教育の体面に関わるのではないか？（その成績不振が理由で留学生が学問に努めないというならば、その素養も問題であり、速成教育の主旨にも関わる重大問題である）日本の教育界にとって清国留学生教育は、さらなる措置を講じるべきではないだろうか。都下（東京）では十数校の留学生対象の教育機関があるが、学生の歓心に迎合するところもあり、学問的な好奇心を満足させられる機関はわずかであり、これらは厳重に取り締まるべきではないか。東洋における先進的な教育者を自任するならば、このような状況に対処しなければ、どうして教育者といえようか？　文部当局者はこのような信用の問題に対して、どう責任をとるというか？」

4．法政速成科にも資金面での問題が存在していたことも事実であった。1906年、法政大学総理の梅謙次郎は自ら清朝政府を訪問した。張之洞、袁世凱をはじめとする政府高官との会談では、それぞれ意見交換した後に、袁世凱の提起に基づいて第五期以降の学生募集を停止すること、並びに法政速成科を解散して三年制の普通学科に改組することが決定された。1907年清朝政府の指示によって留学生は日本人と同様に専門課程で学ぶことになり、法政大学をはじめとする19校がその受け入れ機関に指定された。清朝政府の政策転換に見合う形で、1908年には法政速成科は三年制の普通専門課程へと変更したのである。

表６　同時代の日本にある清国留学生を中心に受け入れる速成科（一部）

学校名・年代	教科・内容	校長名	主要経歴・紹介	校舎
東京大同学校 1898 年～現在 (2 年後改为東亜商業学校)	中国留学生的日語教育	柏原文太郎	教育家、社会事業家。千葉県出身。日中問題的権威．東亜同文会 設立、创建目白中学。以衆議院議員(1912 年 - 1920 年) 的身份为中日関係以及私学教育的改善做出重大贡献。	※東京都中野区上高田五丁目 44 番 3 号
日華学堂 1898 年～現在	正科（普通予備科・高等予備科)・別科（予備専科・日語専修科)	高楠順次郎（設立者)	仏学家者、印度学家、文学博士、東京帝国大学名誉教授。1944 年被授予文化勲章。	※東京本郷
		宝閣善教（校長)	同为西本願寺文学寮毕业。仏学家。	
成城学校（軍事学校) 1898 年～ 1903 年	幼年科・青年科（陸軍士官学校的予科教育)	日高藤吉郎	栃木県出身，参加了西南戦争。日本体育会創立者。	※東京都牛込区市ヶ谷河田町
亦楽書院 1899 年～ 1901 年	清国派遣的首届13 名留学生接受日語教育的場所。後来改名亦楽書院、弘文学院。	嘉納冶五郎	柔道家、教育者。講道館柔道創始人，被誉为「柔道之父」、「日本体育之父」。 出任東京高等師範学校長时努力接受留学生，开办弘文学院（校長・松本亀次郎）。	※同弘文学院
東京同文書院 1898 年～ 1918 年	为进入専門学校而开设的予科教育	柏原文太郎	该校为東亜同文会設立。柏原文太郎付责。	※東京府北豊島郡長崎村豊多摩郡落合村（現・新宿区下落合）
実践女学校 1899 年～現在	速成科（師範科・工芸科)・中等科・師範科・工芸科	下田歌子	教育家・歌人。女子教育开拓者。岐阜県出身。	※東京都日野市大坂上 4-1-1
弘文学院（前身亦楽書) 1902 年～ 1909 年	速成科（師範科・警務科・理化科・音楽科)・普通科	松本亀次郎	教育家、日語教師、国学家。北京大学教授、東亜高等予備校副校长。 曾经教授鲁迅周恩来日语。	※東京都新宿区西五軒町 13 番地（現・住友不動産飯田橋ビル 3 号館）
振武学校（軍事学校) 1903 年～ 1914 年	为清国留学生开設的考入軍人養成学校的预备校	福島安正（学監)	陸軍大将。男爵。情報将校。 １９０７年，蒋介石曾经在该校学习.	※東京都新宿区河田町
経緯学堂 1904 年～ 1910 年	速成科（警務科・師範科・商業科)・普通部（普通科・師範科)・専門部（警務科)	岸本辰雄	法学家。明治大学創設人。 晩年任明治大学校長。	※東京都神田錦町（現・博報堂旧本社・第二別館付近）

（続く）

法政速成科（法政大学付属） 1904年～ 1908年	法政速成科・普通科	梅謙次郎 （総理）	法学家者、教育家。法学博士。帝国大学法科大学（現東京大学法学部）教授、历任東京帝国大学法科大学長、内閣法制局長官、文部省総務長官等。 和仏法律学校（現法政大学）学監・校長、法政大学初代総理。勲一等瑞宝章受勛。	※東京都千代田区富士見2-17-1
東斌学堂（軍事学校） 1905年～ 1908年	仕官養成学校	寺尾亨	法学家。アジア主義者。 東京帝国大学教授、外務省参事官。法学博士。 孙中山的支持者.	
早稲田大学清国留学生部 1905年～ 1910年	予科・本科（師範科・政法理財科・商科）・普通科・優級師範科・補習科	高田早苗 （学監）	政治家、政治学家、教育家、文芸批評家。衆議院議員、貴族院議員、早稲田大学総長、文部大臣.	※東京都新宿区
		青柳篤恒 （教務主任）	中国研究学者。早稲田大学教授。担当过中華民国大統領袁世凱的顧問。	
成女学校 1906年～ 1907年	師範速成科	山根正次	医師、政治家。警察医長、警視庁検疫委員長，衆議院議員（6期）。	※東京都新宿区富久町

法政大学の速成教育は健全な発展を遂げたが、しかし一方では速成教育という性質上、普遍的な問題が存在していたこともまた事実である。１９０６年8月27日から10月20日まで、法政大学学長の梅謙次郎は竣工したばかりの京漢鉄道に乗って、長沙、漢口、広州、上海、北京を訪問し、京漢鉄道（１８９８―１９０６年竣工）総設計者である張之洞を訪ねたのである。

梅謙次郎は、張之洞や袁世凱ら清廷の高官との会談の際に、清朝側の意見に耳を傾け、袁世凱の主張も組み入れて、第五班以降の学生募集は行わずに法政速成科を閉鎖し、三年制の普通学科に改編することを申し合わせた。１９０７年、清政府の意向によって留学生は日本人と同じ専門学科に学ぶこととなり、法政大学をはじめ19校が留学生を受け入れることが決定された。清朝政府の方針転換に合わせる形で、１９０８年に法政速成科は三年制の普通専門科に改編されたのである。

留学生受け入れの19校は、以下のとおりであった。早稲田大学、明治大学、法政大学、中央大学、東洋大学、宏文学院、経緯学堂、東斌学堂、成城学校、同文書院、東京実科学校、大成学堂、東亜公学、大阪高等預備学校、警監学校、東京警務学堂、東京鉄道学堂、東亜鉄道学堂、実践女学校。

清末という特殊な時代背景によるこのような留学事情は、日本に留学し法律を学ぶ学生たちにも不可避とも言うべき影響をもたらしたのであった。このため、日本で法律を学ぶ学生の構成やその活動内容、さらに帰国後に中国の法制における近代化に果たした役割や影響を考えると、いずれも当時の特殊な時代背景が色濃く反映されていた。疑うべくもないことだが、法政大学に学んだ留学生の中から、傑出した政治家や法律の専門家などの人材が輩出されたことは事実であり、清末の憲政運動と北洋政府、さらにはその後に政治や法律面で活躍したエリートたちを見ると、法政大学の留学生たちが今世紀の中国法制近代化の基礎づくりに貢献したことは、高く評価することができよう。

五、時代を越えて

法政速成科開設以来の清朝の政治改革の動向について、ここで改めて振り返ってみよう。1906年、清朝政府は長きにわたって準備してきた立憲制の策動をはじめ、同年9月には「倣行憲政」を発表し、1908年には「憲法大綱」を発表した。1909年、1910年には「諮議局」と「資政院」を設置した。しかしながら、清末の立憲改革の歩みは、王朝の終末期を延命することにはつながらず、1911年の辛亥革命によって清朝はその歴史的な使命を終えたのである。

時代の流れが私たちに告げているのは、清国留学生は清が王朝の復興を唱える中で人材育成に腐心し、留学を終えて帰国した人材を各方面で重用し、専制から憲政に向けた政治改革に貢献させるべく考えていたということである。しかし、辛亥革命の荒波によって清末の汚泥は洗い流され、最終的には辛亥革命という道のりを歩むこととなった。法政大学は清朝が急務とした立憲分野での人材育成を支援するつもりだったのに、結果的に辛亥革命の志士たちが成長する過程で広く学ぶ空間を提供することになったのである。結果と動機が異なるとはいえ、歴史と時代の制約によって、日中間にはさらなる選択的な相互連動が存在したことは事実であり、有識者の間には深層部分での越境と参与があったのである。先人たちが大きな目標に向かって奮闘したことは、時代を越えて後世に伝える財産であり、そのように国家と国境を越えた実践

写真５　2006 年４月 17 日付『人民日報海外版』「中国留学生留日１１０周年記念」に掲載された写真。同年４月 15 日、北京にある全国政協礼堂で開催された。写真左側最前列右は紀念式典に出席した筆者。

写真６　2011 年８月 27 日、人民大会堂で開催された留学と辛亥革命・第二回中国留学文化国際学術研究会議。左から三人目が筆者。

により社会の発展に順応したものは、時代を越えて人々に必要とされるのである。

この章[58]は様々な問題や不足もあり、それらを補うには長期の努力が必要であることは否めない。この機会を借りて、筆者が現在まで調査、考察した内容を紹介する次第である。

参考資料

1甲斐道太郎編著『現代中国民法論』法律文化社、１９９１年。

2『中国教育年鑑・１９４９—１９８１』（中国）教育出版社
3陳学恂主編『中國近代教育文選』（中国）人民教育出版社、１９８３年。

4白益華『中國基層政權的改革與探索』（中国）中国社会出版社、１９９５年。

5浅井敦「東アジア型社会主義法の特質」『アジアの社会主義法』社会主義法研究年報九号、法律文化社、１９８９年。

6実藤恵秀『中国人日本留学史』くろしお出版、１９７０年。

7黄福慶「清末留日学生」台湾中央研究院近代史研究所、１９７５年。

8塚本元「法政速成科と中国留学生—湖南省出身者を中心に」、「法政」１９８８年11月号。

9賀躍夫「清末士大夫留学日本熱透視—論法政大学中国留学生速成科」『近代史研究』、１９９３年第1号。

10李暁東『近代中国の立憲構想』法政大学出版局、２００５年。

※第五章は『国際日本学研究叢書23　百年後の検証・中国人の日本留学およびその日本観』（法政大学国際日本学研究所編　2015年2月26日）に掲載された「辛亥革命と中国の日本留学」より再校正したものである。

第六章　日本における禹王信仰に関する考察

四川外国語大学大学院で学んだ2年間の最後に、卒業論文を書いた。35年前の１９８１年の秋のこと。表題は「宮沢賢治の猫と鼠」、賢治作品に登場する動物の種類の多いことに驚きつつ書いた、人生最初の論文であった。それ以来、賢治を研究する道を外れることなく、２０００年12月にはお茶の水女子大より「宮沢賢治と中国」と題する研究成果で人文科学博士号を授与された。

実をいうと博士号論文は私における賢治研究の一段落とも考えたものであったが。気になる課題が残された。『西遊記』に絶大な関心をもった賢治が、孫悟空のウルトラ武器「如意棒」について治水神・禹王とどう繋がるのかであった。『西遊記』の中で、如意棒が禹の治水道具とされていたから。

気になる課題は脳裏の隅から消えることがないまま、２００６年のこと、それなりの解答を得る機会がやってきた。神奈川県南足柄地域に禹王神社（明治後に福沢神社となる）と禹王記念の石碑の存在を知った。それを機に日本における禹王信仰の現状について調べ出した。

そこから、禹王所縁の嵐山にある大悲閣・千光寺を訪ね、調べたところ、日本の禹王と呼ばれる角倉了以、黄檗宗の禅師隠元と高泉、三人ともこの大悲閣・千光寺に深く結ばれていたことがわかった。

正直に打ち明けたい。はじめて大悲閣・千光寺に向かう途中、胸が妙に騒めいたことが忘れられない。川沿いを歩きながら、両岸の風景がどうやら、周恩来の詩「雨中嵐山」を思い出させてくれた。これが私を嵐山へ何度も誘われた不思議な体験であり、周恩来を禹王、角倉了以、隠元、高泉とつなげられる線状の輪郭が見えた瞬間である。閃きの中で、嵐山が線のように周恩来たちを大悲閣・千光寺に結び繋げたように思えた。

さて、嵐山以外の地域で禹王がどのように認識されているか、それを調べた考察の一部を第六章にさせることにする。

一、禹王信仰の形態

本章は日本における禹王信仰の形態及びその現代的価値に関して一考察を述べたい。古代中国における三人の聖君「堯・舜・禹」の名は中国史に関心のある人の多くの知るところだが、そのうち最後の「禹」は歴代王朝の最初の「夏」を創始したとされてきた。また、禹が伝説上の主人公としては、黄河の治水に成功したと言い伝えられる治水の指導者でもある。中国文明の母という黄河を治めたので、中国史で最初に取り上げられる重要な歴史上の人物となる。この結果、神話を打ち消すような、歴史上の人物扱いが中国では近年強まっているように思われる。

堯、舜の治世に洪水が相次ぎ、大地が荒れた。禹の父の鯀《こん》が命を受け治水にあたったが、失敗する。かわって子の禹が治水事業を継承する。儒教の経典『論語』は禹を仁徳に優れた理想の王として絶賛しているが、治水に身を粉にして働いた8年間、一度も家に戻らなかったというのである。「禹外にあること八年、三たび其の門を過ぐれども入らず」（騰文公章句）というのだから、全国を駆け巡って河を治め、農業を主体に産業を興し、民の暮らしの充実に努めたのである。治水を軸に治世を向上させたのである。しかも自分は質素にしたため、禹の評価はいやがうえにも高まった。

古代中国史に詳しい岡村秀典氏の『夏王朝　王権誕生の考古学』（講談社、２００３年）によると、近年の中国考古学の成果はめざましく、中国の公式見解で夏王朝の始まりは紀元前２０７０年、夏から殷への交替が紀元前１６００年という。夏の中心都市として河南省二里頭遺跡も詳細な発掘がなされ、夏王朝の実在はいよいよ疑いのないものとなりつつある。これにあわせて、建国者として禹にフットライトが当たるわけである。

治水事業は氾濫の頻度と相俟って絶えることがない。禹の功績がそのたびに呼び起される。さらに現在の中国で国を挙げての「中華民族の偉大な復興」運動に後押しされて、禹の再評価が進み、大禹精神が唱えられている。

日本では、禹を治水神として敬ったり祀ったりする遺跡が多いことが分かった。その発見の原動力を担ったのは、神奈川県の郷土史研究組織「足柄の歴史再発見クラブ」であるが、２０１３年から治水神禹王研究会（会長：大脇良夫氏）の研究活動により、研究活動が全国に広がっている。

その「禹」が日本では治水神として信仰対象になっている実態に注目したい。本論題に関する考察が２００６年、神奈川県文化振興財団の主催による地域文化促進する会議[59]に参加して以来始まっている。

当初、神奈川県南足柄地域にある1726年に建てられた「文命碑」が調査対象の第1号となった。それに徳川時代の民生、治水への功績で知られていた田中丘隅(1662~1730)が作成、荻生徂徠[60]が推敲した碑文が刻まれている。同碑の調査で先行していた「足柄の歴史再発見クラブ」の活動に触発されて、筆者が朝日新聞などのほかに、2008年7月24日に発刊された『文藝春秋』28号誌上で全国の読者に向け、各地の禹王にちなむ史跡の共同調査を呼びかけた。

現在、治水神・禹王研究会の推進のもとに、2017年11月までに132ヵ所の相関実物、史跡がほぼ全国の都道府県に広がっていることが確認された。この間、2010年11月、神奈川県開成町に全国の民間禹王研究者が集い、第1回日本全国禹王サミットが開催された。2012年10月には、群馬県の片品村[61]で第2回、第3回は2013年7月に高松市[62]で催し、治水神・禹王研究会が設立された。第4回は10月17~18日に広島市[63]で開催される予定であったが、開催直前の豪雨による土砂石流の災害によって実開催を見送った。第5回は2015年9月、大分県臼杵市[64]で開催された。同市には日本に一つしかない、中国起源の農業の神・后稷とコラボレーションした「大禹后稷合祀石碑」(1740年建立)がある。そ

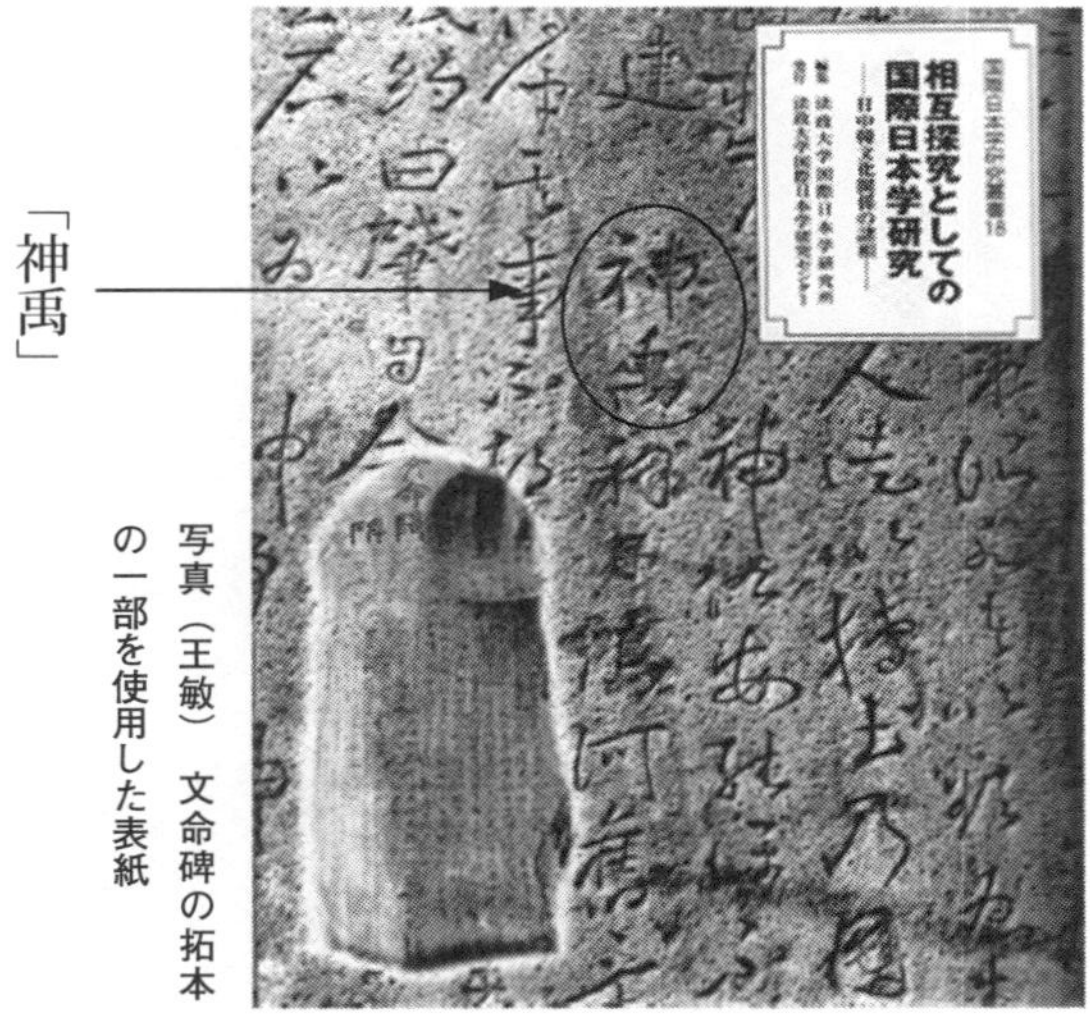

写真（王敏）　文命碑の拓本の一部を使用した表紙

して、第6回は２０１７年10月、山梨県の富士川町が開催地となった。

筆者の編になる論文集『相互探求としての国際日本学研究　日中韓文化関係の諸相』（２０１３年３月、法政大学国際日本研究所発行）の表紙に足柄地域の「文命碑」碑文の拓本を使用した。碑文からは「神禹」の二字が鮮明に読み取れる。

こうして日本における禹王信仰の形態に関する調査が日本各地の国民の支援のもとで本格的に始まり、禹王信仰の受容及びその展開を考察する研究も進められることになっている。本論では、未熟な初期考察を通して、治水神・禹王信仰が日本文化の一部となったものの、その深

写真（王敏）　p285 の使用写真の現場（表紙使用した拓本の原碑）

写真（竹内義昭）　臼杵市にある「禹稷合祀の碑」[65]

層に「混成文化」という特質が堅実に血肉化していることを指摘したい。「混成」という言葉は、老子の『道徳経』の第25章の「有物混成、先天地生」に結びつく。文化人類学の立場から青木保氏が日本文化の特質について、「混成文化」（『異文化理解』岩波書店）を提唱されている。さらにその現代的価値を抽出して日中相互の「参照枠」となる参考資料たりうることを願う。

なお、本章は２０１５年11月、復旦大学日本研究センターの主催による第25回国際会議「冷戦後の日本における社会文化的変化及び日中関係への影響」にて、「検証：歴史的文化的「接点」の協働及びその現代的価値」という題で発表したうえ、加筆したものである。

二、大川三島神社の天井漢詩（静岡県東伊豆町の大川温泉地区）に関する調査

(1)大川三島神社の中国風彫刻

神社は伊豆急行線・伊豆大川駅を降り、海側に下り東へ５００メートル余り、海岸沿いの国道縁に、こじんまりした古びた三島神社（通称大川三島神社）があった。鳥居は新しいが、参道の高さ10メートルほどの石段を上りつめるとすぐに本殿があった。高さ数メートルほどとなる。

神社に関する印刷された資料がほとんどなく、実際の住職・山田稔さんが手書きで整理した沿革を再整理してまとめると、三島神社は歴史が古く、残っている棟札によって最初の修復が１４５４年という。創建はさらにさかのぼる。本殿正面などに江戸時代末期の１８５３年、堂宮彫刻の名工石田半兵衛の作品が残り、中国の仙人や吉祥シンボルを題材にした創作構想が明確に訴えられている。ペリー来航のころ、現存の本殿が建てられたと伝わり、当時の

350万両もかけたというから大川地区の経済力が殷賑を極めていたことを物語る。

江戸時代を彩らせた名工の一人と数える堂宮彫刻家石田半兵衛が松崎町の出身で、その父先代も、また長男（のちの小沢一仙）、次男富次郎、四男徳蔵とその長男俊吉も堂宮彫刻の名工であった。半兵衛の代表作が大川三島神社の拝殿意外に数多く残っているが、「唐獅子」が1293～1299年に創建された浄土真宗本願寺派の寺・浄感寺の本堂にある。その経緯には、同郷である漆喰鏝絵の名工入江長八（1815～1889）に関係している。

入江長八が19歳のとき江戸に出て狩野派の絵師のもとで修行をし、彫刻の技と左官の技術を応用して漆喰とコテによる独自の芸術を創出した。1845年に浄感寺が再建された際、弟子を手伝い、寺内に天井絵、彫刻、漆喰細工を多く作った。地域文化の財産を大切に守るために、1847年に建築された浄感寺本堂は、長八の菩提寺という立場からも、後に「長八記念館」となった。そこに長八の墓、記念碑（碑文は芸術院会員結城素明画伯）、胸像（日展審査員堤達男氏作）が合わせて立っている。

石田半兵衛と入江長八の接点は同じ故郷というだけではない。二人は松崎の漢学者土屋三余（1815～1866）が開いた三余塾の同学でもある。二人とその師、師弟三人の接点に注目したい。三人とも江戸で漢学を学んだ。漢学の内容を基礎素材とする狩野派の美術と彫刻、漆喰細工に対して程度の差があるものの、三人とも造詣が深い。江戸時代に生きた知識人の精神性と共通の教養を持つ松崎名士一派である。江戸から帰郷した三人は、地域文化の中心である神社、寺院に作品をつくったり、塾生を育成したりして、漢文的教養を機軸とした時代精神の伝道者を成した。大川三島神社の天井に漢詩を書いたのも、その活動に合致した背景だと推察される。

江戸時代のこうした普遍的文化風潮について、筆者の博士論文『宮沢賢治と中国』（国際言語文化振興財団、２００１年）第2章「【瘤が三つ】の聖人・神農に迫る」（１８３～１９７頁）の中でも、入江長八美術館について述べてきた。その時代に禹王と共通の性格を持つ神農信仰が深く、入江長八が神農像を彫刻した。その作品の制作経緯に関する調査を、上述の博士論文に含めさせていた。

さて、筆者が入江長八美術館と神農像に関連する調査をしていた経緯を簡潔に紹介しておきたい。２０００年、博士論文を完成するために、当時、宮沢賢治が上京のたびによく利用した帝国図書館（１９０６年建立）で賢治の読書リストを調べた。同館は２０００年から日本初の国際子ども図書館となった（英語名はInternational Library of Children's Literature）。その際、展示催事紹介のコーナーで入江長八美術館のチラシを見つけた。そこには、神農の彫刻坐像が大きく印刷されていた。

その後、入江長八美術館では展示終了という理由で、館内で神農像そのものを見ることはできなかったが、その所有者を突き止めることができた。松崎生まれ、日本医学の開拓者とされる近藤平三郎（1878～1963）である。さっそく美術館から遠くない近藤平三郎の生家に行くと、入江長八から贈られた自作の神農像が床の間に飾ってあった。高さ33・0センチ、幅21・5センチの大きさの彫刻で、1875年、長八の還暦記念した作品である。この作品が時には入江長八美術館に借し出され、展示されていたと、遺族が語った。

(2)大川三島神社の天井漢詩

大川三島神社の天井漢詩が神社本殿の天井部分が仰げる位置になる。天井全面が50センチ四方のほぼ正方形枠によって仕切られ、その正方形枠を数えると奥行き7枠、幅9枠。すべての正方形枠内に漢字が一字ずつ書かれていた。どの字もはっきり読み取れるのは昭和2年に上書きしたためとされ、江戸末期のもとの字は表面からは消えているという。

堯・舜・禹の三聖君を顕彰した漢詩であることが明らかである。天井の漢詩の全文は次のとおりである。

書霊彫桶虎龍蹲
性命元誰不裔綺
剣璽朶秝如日月
帝王萬世照乾坤
尭舜雨露何須譲
禹蹟山川今尚存
殿上白詩嗔父老
落成霊廟着塵痕
村恒題併隷

この詩に関する日本語訳及び疑問点については、本文の最後に紹介する、桜美林大学名誉教授植田渥雄氏の見解を記した「資料」を参照されたい。

漢詩の最後にある「村恒題併隷」は木村恒右衛門がこの詩をつくり隷書したという意味である。

木村恒右衛門とは大川地区の代々名主の家柄であり、「恒右衛門」を受け継いでいる。維新期に地区長、静岡県議会発足後は議員に選ばれた最も広く知られる恒右衛門（本名：恒太郎）

は１８３４年生まれで１８８４年に亡くなった。天井漢詩が書かれたと推定できる時代には、恒右衛門はまだ10代である。よって、天井漢詩は先代、つまり県議経験の恒右衛門でなく父親の恒右衛門（本名：重正）だったというのが、山田宮司の説明であった。

ちなみに天井漢詩が書かれたころ、県議を経験した恒衛右門は江戸に出て、添川寛平に師事していた。添川は儒学者で頼山陽の弟子になる。10代であったが、後の活躍を思えばすでに漢詩にもすぐれたものがあり、父子の合作が天井漢詩かもしれない。

木村恒右衛門は大川地区の生んだ偉人であったため顕彰碑が木村家の屋敷跡脇に立っている。「竹の沢公園」として山麓にたち、神社を見下ろす位置にある。仙台の漢学者岡千仞（１８３２～１９１３）らによる長文の漢文で事績が綴られている。だが、木村家のいっさいの記録は失われたという。残されていれば、神社の沿革ももう少し詳しく分かったかもしれない。また漢詩の正確な原文も確認できたかもしれない。

天井漢詩では、禹の治水成果を詠っている。調査の内容によれば、大川地区においても水害や土砂崩れなど自然災害に見舞われることが多かった。治水神として禹をたたえる背景があったとみなければならない。とりわけ、１９５８年の狩野川台風のあと大川地区を含め伊豆においては大規模な災害がないものの、それ以前には水害が多発であったということである。

(3) 2015年元日の大川三島神社

２０１４年の大晦日の三島神社の雰囲気とともに、この地区の神社における２０１５年の元日の状況をも調べることにした。

元日の朝9時から1時間ほどの間に約30人の初詣が数えられた。春には小学生になるらしい子も母に連れられて拝んでいる。杖をついた白髪の年長者もいた。山田宮司によると、２０１４年の初詣の参拝者は３００人くらいだという。大川地区のほとんどの人が参詣していると考えられる。別荘住まいの人々もかなり多いといわれる。

しかし、元日の9~10時過ぎの間に神社で天井漢詩を見上げる参拝者は、一人もいなかった。また、禹王について関心を示す者も現れなかったのである。天井まで気を配る余裕がなかったかもしれない。その原因に対する追跡調査は今後に託すほかない。

民衆の集う場所である神社に対して、皇居は権勢の指導者にかかわる。そちらにも禹王に代表されるように、中華文明の影響が「混成文化」型の日本文明として息づいている。引き続いて京都御所のそれを考察する。

三、京都御所「大禹戒酒防微図《だいうかいしゅぼうびず》」の日本伝来の脈略を探る

同題の小論の一部は2013年7月、北京・故宮研究院の主宰する宮廷典籍と東亜文化交流国際学術研究会で「日本の大禹戒酒防微図小考」として発表し、同研究会が発刊した『宮廷典籍と東亜文化交流国際学術研究会論文集2013』と、『治水神・禹王研究会誌』創刊号（2014年4月1日）に掲載された。それを加筆修正の上、このたびの本論に転用した次第である。

(1)京都御所『大禹戒酒防微図』と皇室文化

京都御所は京都市の中心部・上京区にあり、もとは天皇の第二の宮殿として建造され、1331年から1868年まで日常の起居に用いられたが、幕府の没落と王政復古に伴い江戸が東京と改名され、明治天皇は東京に移った。

『大禹戒酒防微図』はもとの京都御所の御常御殿にそのまま残された。酒の祖である儀狄が禹王に酒を献じる場面が描かれた華麗な襖絵である。京都御所で暮した天皇は後醍醐天皇から明治天皇の28代にわたる。歴代の天皇は1331年から1868年までの537年間『大

京都御所『大禹戒酒防微図』（写真提供　香港『明報月刊』）

禹戒酒防微図』と共に生活したことになる。

現在飾られているものは、幕末期の１８５５年、御用絵師で狩野派の画家鶴沢探真（１８３４～１８９３）が描いたもの（写真　王敏提供）。同じく狩野派の父・鶴沢探竜の画法を承け、代表作に『雨中鷺荷図』などがある。狩野派は日本絵画史上最大の画派で、室町時代中期（15世紀）から幕末（19世紀）にかけて４００年にわたり隆盛を誇った。狩野派の最大の特色は中国起源の倫理道徳体系を重視し、画法は日本的特色と鑑賞習慣とを結びつけ、幅広い層に好まれている。中国古代の帝王を描いた狩野派の作品で、京都御所に飾られた襖絵には、他に『高宗夢賚良弼図』と『堯任賢図治図』の二点がある。それぞれ座田重就と狩野永岳の手になり、『大禹戒酒防微図』と合わせて御常御殿の襖絵三図とされる。

『大禹戒酒防微図』がこの場所に置かれた目的ははっきりしている。禹王を模範として、自重、自尊、自戒、自勉、向上を怠らぬ伝統的精神を受け継ぎ、声望と徳を兼ね備えた君主となるよう期してのことと推察できる。日常の行動規範が主に中国古典に由来する聖王の仁徳を座右の銘とした伝統によるものである。記紀によれば、5世紀初、王仁という五経博士が百済から来日、皇太子菟道稚郎子の教授を担当した。その時の教科書でもある『論語』に禹のありかたが度々取り上げられている。『論語』「泰伯第八の二十一」のくだり及びその訳文をあげよう。

原文

子曰、禹吾無間然矣、菲飲食、而致孝乎鬼神、悪衣服、而致美乎黻冕、卑宮室、而盡力乎溝洫、禹吾無間然矣。

読み下し文

子曰わく、禹は吾間然とすること無し。飲食を菲くして孝を鬼神に致し、衣服を悪しくして美を黻冕に致し、宮室を卑くして力を溝洫に盡す。禹は吾間然すること無し。

現代語訳

孔子がおっしゃいました、「禹には非の打ち所がないな。質素な食事を食べてその分を神々や祖先の捧げ物とし、普段の衣服を質素にしてその分儀式の礼服を立派にし、質素な宮殿に住んでその分を灌漑や治水工事に尽力した。禹には非の打ち所が無い。」

その理由は古来、天皇は大陸文化の学習と輸入にかけて、日常の行動規範が主に中国古典に由来する聖王の仁徳を座右の銘とした伝統によるものである。

また、順徳天皇（在位１２１０～１２２１）の手になる古代の典章制度の研究書『禁秘抄』（１２２１）を事例にしてみよう。天皇が銘記すべき典章制度が記されてある同書は同時に守らねばならない行動指針であり、天皇家の家訓ともみなされている。『禁秘抄』には、天皇が学問を修める目的は、歴代の天皇のまつりごとの方法に通じ、明確な理念をもった政策で天下太平を継続させることだと記されている。この書は中国の帝王学の教科書『貞観政要』（７２０年以後の成立）の言行録を基準として編まれたものである。このことからわかるように、中華文明の要素を内包する倫理道徳は古くから皇室文化に浸透し、日本文化の一部として受け継がれてきているのである。

なお、多くの聖賢の中から禹王が選ばれた主な理由は、日本の風土に関連していると考えられる。周知のように、日本は古来地震と水害に苦しめられており、民衆の泰平のために最優先すべき責務は洪水と地震に対する防災対応である。故に江戸時代直前に、京都の鴨川の四条橋と五条橋界隈に複数の禹王廟が存在したと、大脇良夫、植村善博が調査結果を『治水神をたずねる旅』（人文書院、2013年、7頁）に記している。また、原始的農業生産時代にあって、統治階級にとっての禹王は、庇護を祈願する神であると同時に、超人的な技能を備える科学者でもあった。恐らく、禹王の採った水はけを改善する治水の方法が日本に適応すると判断され、大陸で成功した経験として、手本に選んだとみなされた。

こうしたありかたが日本の古典に描かれた天皇の姿勢と重なることで、求められている天皇像とは何かが確認できる。これら古典のタイトルを二つの系統として示す。

①徳の高い君王に関する書物

『古事記』、『三教指帰』、『性霊集』、『徒然草』、『太閤記』、『折りたく柴の記』、『政談雑話』、『ひとりね』、『都鄙問答』など。

②治水の功績を評価する書物

『三壺記』、『政談雑話』、『誹風柳多留』、『風来山人集』、『地方凡例録』など。

ともあれ、禹王と皇室の間に古来保たれていた諸関係を検討していくと、御所の襖絵に『大禹戒酒防微図』が用いられた必然性が理解できる。天皇の日常の空間に、大型の禹王図が掲げられ、明確に物語が示されたことからは、中国古代の聖人を手本とした日本の皇室文化に進取の精神と民生への敬虔が窺われる。

(2)年号と禹王

今上天皇と禹王の関係はいっそう深くなったと思われる。平成の元号は『尚書』「大禹謨」にあるとされる「地平天成」を参考にしているのである。土地が平穏に治まるさまを「平」、万物が豊作であるさまを「成」と、わずか四字の中に古代の賢王がまつりごとで目指した理想の境地があざやかに示されている。禹王が信仰されるのは、果たすべき職責を現状改善の実行に移した賢王だからでもあろう。

『開成石経』は「世界最大最重の書物」と称されるように、114基の石刻から成り、計65万字あまりで、唐・文宗の太和4年（830年）に完成した。『周易』『尚書』など12種の経書が収められた中に、『尚書』「大禹謨」の主人公である禹王も当然含まれている。1992年10月26日午前11時、初めて訪中した天皇陛下ご夫妻は西安にある碑林博物館を訪れ、『開成

図 1632年、狩野山雪が作画した「聖人十人図像」の内にある「大禹」。右上の賛には「大禹／地平天成六府三事允治萬世永頼時乃功」とある。（東京国立博物館蔵）
→ 55 ～ 56 頁に参照記述

石経』を直接目にし、「平成」の文字を探し出したと伝えられている。時に日中国交正常化20周年の節目の年であった。

２０１３年の冬、天皇の誕生日講話を話題にしたＮＨＫの番組[66]で、自然災害の中での日本への思いを陛下が述べられていたことが忘れがたい。また、それと並んで「平成」の言葉の由来に関するＮＨＫのドキュメンタリーがあった。さらに、２０１４年４月21日に皇太子は千葉県佐倉市の国立歴史民俗博物館を訪れ、古代から近現代の日本の震災を紹介する企画展「歴史にみる震災」を視察した。

あらためて禹王の記述が見られる日本最古の文献、712年に編纂された『古事記』の序を、考えよう。そこでは、天明天皇の功績が禹王と比較されている。禹王を地域発展の参照枠としていたことの重要な証左となる。

大意は、「時の元明天皇の名は、夏の文命よりも高く、徳の高さは殷の湯王よりも優れている」。女帝・元明天皇の在位は、707～715年であった。

720年完成の『日本書記』の孝徳天皇（在位645～654年）の項にも禹王の徳を引合いに孝徳天皇への讃美を綴っている。禹王への意識が明々白々であり、「平成」が年号に取り上げられる意図は明瞭であろう。

以上を総合すると、およそ漢籍の日本伝来このかた、皇室は禹王にひとかたならぬ深い認識を抱いていたことが見てとれる。禹王が日本に定着してからは、帝王学と帝王図鑑の伝来に伴ってさらに広く伝播されるようになったと捉えられよう。禹王の「在日年輪」が重なる中、治水神として頼れる存在が重くなり、いつの間にか日本の信仰の対象に変わってしまい、禹王信仰が次第に根をおろすようになったであろう。

(3)京都御所『大禹戒酒防微図』の参照となった中国の古典

現在の京都御所御常御殿の襖絵『大禹戒酒防微図』は寛永18年(1641年)の作を原作とするという。先に触れたように、幕末、狩野派の御用絵師によって完成した。明代後期の1573年に刊行された『帝鑑図説』を参照していることが分かっている。『帝鑑図説』は明代の内閣首輔の大学士張居正が編んだもので、わずか十歳の幼帝・神宗(万暦帝)朱翊鈞に帝王教育を施すための啓蒙書であった。隆慶6年(1572年)の完成後、唐・太宗の「以古為鑑」(古をもって鑑と為す)の語から『帝鑑図説』と名付けられた。その文には百十七幅の挿絵が配され、幼帝を喜ばせた。

『帝鑑図説』は上下二部に分かれる。上部は『聖哲芳規』と題され、堯・舜から唐宋代まで23人の古代の帝王の「其善為可法者(其の善にして法と為す可き者)」の事跡八十一則を収める。下部は『狂愚覆轍』と題され、夏・商・周の三代以下の20人の帝王の「悪可為戒者(悪にして戒と為す可き者)」の悪行三十六則を収める。「戒酒防微」の故事は『聖哲芳規』の第六則に収録されている。同書に配された「大禹戒酒防微」の挿絵(次図参照)は、京都御所の御常殿の襖絵に描かれた場景によく似ている。

同書の原本は現在台湾の故宮博物館に所存されてあるが、中国でも相次いで影印出版されて

いる。日本では国立国会図書館に所蔵される。うち『大禹戒酒防微図』に関連する挿絵は「掲器求言」「戒酒防微」「下車泣罪」の三枚である。

　明代の挿絵入り刊本は斬新で手軽な表現形式をもって、周辺の地域にも広く人気を博したという。それを日本が全面に吸収したことは、中国版の『三才図会』に基づく『和漢三才図会』の編纂具合からも窺える。

　『三才図会』はもともと明・王圻と息子の王思義が編纂した図版を多く含む百科事典的類

書である。明・万暦年間に完成し、108巻から成り、人物巻には部分的に帝王図鑑も含まれる。それを受けて日本では新たに『和漢三才図会』が編纂され、1712年に刊行された。その第15巻に中国の帝王図鑑の欄を設け、日本の禹王に関する碑文を紹介してある。次図は寺島良安著、遠藤鎮雄編『シリーズ　日本庶民生活史料集成』第28・29巻に引かれた『和漢三才図会』巻十五（三一書房、1980年、296頁）に収められた禹王碑文である。発想の裾を広げて時代を遡れば、当時の各地に禹王信仰らしいものが各地に祭られていたろう。

明版本の古籍は大量に日本に流入したことにより、江戸時代の儒学と寺小屋の普及に有効に活用されたと想像できよう。

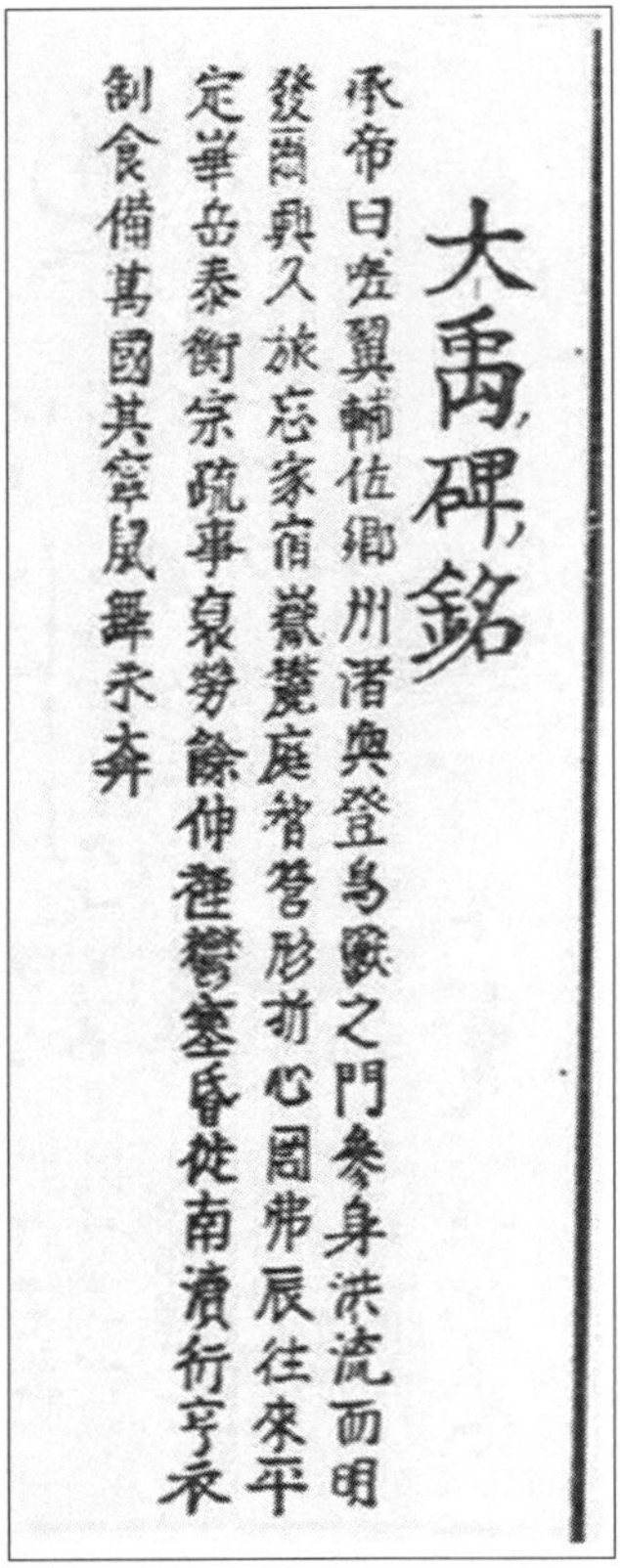
大禹碑銘

承帝曰嗟翼輔佐卿州渚與登鳥獸之門參身洪流而明
發爾興久旅忘家宿嶽麓庭智營形折心罔弗辰往來平
定華岳泰衡宗疏事裒勞餘伸禋鬱塞昏徙南瀆衍亨衣
制食備萬國其寧竄舞永奔

上述の大禹碑銘

四、時代精神と禹王信仰の現代的価値

⑴江戸時代の精神性と禹王信仰

信仰の主体は民衆である。民衆の目指す精神的方向性が常に皇室と統治階級に連動しているのが日本の特徴である。それは精神文明の啓蒙と推進を、皇室を筆頭に統治階級が牽引してきた史実によるからである。皇室を中心にした主流社会の教養は、16世紀以後の西洋文化の到来まで基本的に中国古典・漢文に基づいていた。日中のこうした特殊な文化的関係ゆえに、江戸時代に中華文明の有用性が日本の発展に用いられ、徳川政権がその精華を精神性の方面に発揮させたといえよう。その成果がさまざまな政策に体現され、藩校の繁盛などに繋がった。また、全国各地に類似の儒学関連の祭祀が盛大に行われていた。なお、この方面の成果は従来、論じられて来たから、小文では改めて触れることとしない。

江戸の時代精神に合わせるように、禹王祭祀も地域ごとに展開されてきた。その中で日本最古の禹王祭祀と推察できるのは、1228年に京都の鴨川辺りに建立された「夏禹王廟」ではないか。詳細については、大脇良夫、植村善博の『治水神・禹王を訪ねる旅』（2013年、人文書院）を参照されたい。現在、痕跡と見られるものがまだ発見されていないが、廟の性格

上から何らかの形式での祭祀が行われていたと考えられており、なお考証が必要である。
禹王祭祀と信仰を形成した背景の一つに、和刻の帝王図鑑に描かれる人物が日本固有の天皇や将軍ではなく、『大禹戒酒防微図』にみられるような中国の賢君に定着した事情がある。日本人は『論語』などの経典と同様に、古代中国の賢人政治に憧憬の念を抱く。そして抽象的な聖人よりも治水という「実績」のある「禹王」を受容して、身近な「神」と奉るように受けいれた。北海道から沖縄まで、各地に広く伝わる禹王関連の史跡が示すのは、日本の民衆が禹王と共に生活文化の土壌を築いてきたということであろう。
同時代の日本人制作の帝王図鑑は枚挙に暇が無い。いずれも江戸時代の精神性の結実である。上図は『和漢絵本魁初篇』から借用したものである。

こうした現象は、当時の儒学が深く根付いていたことと民衆の求めるところに関係している。特に帝王図鑑や聖賢図に対する需要は、江戸時代の尊王思想と儒学を中心として発展した価値観、そして内政の統一に力を尽した官学の構造に重層されている。日本人と禹王の出会いはこのように経典だけではなかったことはいうまでもない。江戸時代の精神が一時代の文明を醸成したからである。いまでは想像できないほど、中華文明的教養が往時の日本人にあったことが想定できる。日本人と漢文と禹王とは案外、つい最近まで近しかったと言えるかもしれない。

⑵禹王信仰を必要とした日本の自然風土

江戸時代の建立とされた禹王史跡の全国分布状況の内訳の概略を調べてみよう。検証の素材として本文の最後に一覧表を紹介するとともに、大脇良夫と植村善博の『治水神禹王をたずねる旅』（人文書院、２０１３年）から以下の表をまとめた。

禹王史跡全国分布—徳川時代建立—

地域	建立年	史跡名	都道府県名
関東	江戸期	禹廟	栃木県
関東	1849	大禹像碑	埼玉県
関東	1708	文命聖廟	埼玉県
関東	1721	河村君墓碣銘並序	神奈川県
関東	1726	文命東堤碑・文命宮　文命西堤碑・文命宮	神奈川県
中部	1797	富士水碑	山梨県
中部	1752	禹余堤・禹余石	長野県
中部	1838	禹王木像	岐阜県
中部	1837	禹王像画掛軸	岐阜県
中部	江戸期	「禹王さん」	岐阜県
中部	江戸末期	大禹王尊掛軸	岐阜県
中部	1819	水埜士惇君治水碑	愛知県
近畿	1719	夏大禹聖王碑	大阪府
近畿	1674	島道悦墓碑	大阪府
近畿	1753	小禹廟	大阪府
近畿	1823	金坂修道供養塔碑	兵庫県
四国	1637	大禹謨	香川県
九州	1819	明春寺鐘銘	佐賀県
九州	1740	禹稷合祀の壇と大禹后稷合祀石碑	大分県
九州	1740	禹稷合祀碑記	大分県
九州	1838	不欠塚	大分県
九州	1859	水天之碑	鹿児島県

※美術館・御所に保管されている禹王の掛軸や像などは除外している。

美術館・御所に保管されている禹王の掛軸や像などは除外すると、その内に関東：5件、中部：7件、近畿：4件、中国・四国：1件、九州：5件、約22件の史跡が全国から見つかっている。すなわち22地域が水害で脅かされている現実が浮き彫りにされている。

それに対処する一連の対策案が練られた中、禹王信仰が精神的な面で役割を果たしたと認識できよう。角度を変えてみれば、江戸時代では日中間の文化関係、すなわち「知」の共有という歴史の蓄積を開発し、災害対応の施政に禹王信仰の作用を反映させたと捉えられよう。

日本は自然、人工を問わず、災害の博物館といわれるほどあらゆる災害にみまわれる。なかでも川の増水による水害や土砂崩れで毎年尊い命が奪われる。現在でも繰り返される災害だから、古代から列島の人々はもっと頻繁に苦しめられてきたことは想像に難くない。何とかしたいと思ったとき、中国の大地における治水の成功者が見逃されるはずがない。日本にも渡ってきた司馬遷の『史記』に記述された禹の事績が目に留まったに違いない。明治以降でも、大阪の淀川治水、広島市の太田川治水、愛知県の木曽川治水などで記念碑建立が確認されている。

繰り返して強調することになるが、日本列島が自然災害に苦しんだ中で、とりわけ江戸時代の受難が甚大である。例えば、広島市安佐南区佐東町の大禹謨は太田川の右岸にあり、その裏に次のような碑文が彫られている。

「人生の哀歓を秘めた太田川　清澄な流れはわが町の政治、経済、文化に大きく寄与し又われわれの生活に父祖の生活に潤いと安らぎを与えてくれた。しかし濁流は多年に亙って水と戦った人々の苦難の歴史を創った。元和、寛永、承応、嘉永、明治7年・17年、大正8年・12年・15年、昭和18年・20年の水禍は大きく、特に承応2（1653）年の洪水には死者5000人余に達したという。近く昭和18（1943）年の大出水は八木村、川内村、緑井村の堤防を決壊し濁流は全村に流れ込み尊い人命と多くの財宝を奪い惨状被害は筆舌につくし得ないものがあった。水禍に対する住民の苦悩は深刻であった。当時三村の財政力では根本的な治水工事は出来なかった。幸い地元住民の協力により昭和7年より国費により改修が進められ40年星霜と30数億円の巨費を投じられ、太田川中流部の改修がかない願望の古川締め切り工事も昭和44年3月に完成し、近く高瀬堰の完成を見るに至った。永年に亙って父祖の努力と吾々の要望が2身を結び偉業を成し遂げられたことを町をあげて喜び黄河の水を治めた夏の禹王の遠大なはかりごとにあやかり、大禹謨を建立して太田川の歴史を偲び治水の大業を称える。昭和47年5月20日佐東町長　池田早人　」

1972年に建立されたこの石碑はむしろ、新しい。だが、背負っている治水の歴史は長くて重い。それは江戸時代を中心とした被災史であり、受難史でもある。生存環境の改善願望に常に治水の成果に期待をかけている。日本全土に分布した禹王祈願関連の史跡が民衆と禹王との依存関係を示し、治水信仰の民俗的土壌が築かれた風土を探らせて見せてくれた。

⑶禹王信仰及びその研究の現代的価値

世界文明史の中でも、日中間の文化関係は密接である。5世紀ごろ、漢字を借用して、漢字文明を主軸とする発展戦略を推進した日本が、漢文に由来する価値観ないし教養基盤を形成させ、江戸時代に燦爛たる開花をした。いうまでもなく、大川三島神社と京都御所『大禹戒酒防備図』が江戸時代の花二輪とも捉えられる。

また、日本における禹王研究成果の一部を整理したところ、「最古」（現時点）とされる関連文物または記録を史的に俯瞰することができる。

1．日本最古の禹王廟

今は失われたが1228年の京都・鴨川の禹王廟である。多くの文献に「夏禹王廟」に関する記載があり、京都の四条と五条の間の禹王廟が江戸時代前期まで存在していたことが知られる。

2．日本現存最古の禹王碑とシンボル

１６３７年香川県高松市の「大禹謨碑」。１６３０年に鋳造された禹王の金像。高さ約80センチメートル、現在は名古屋の徳川美術館に収蔵される。

伏惟、皇帝陛下、得一光宅、通三亭育。御紫宸而徳被馬蹄之所極、坐玄扈而化照船頭之所逮。日浮重暉、雲散非烟。連柯并穂之瑞、史不絶書、列烽重訳之貢、府無空月。可謂名高文命、徳冠天乙矣。

於焉惜旧辞之誤忤、正先紀之謬錯、以和銅四年九月十八日、詔臣安万侶、撰録稗田阿礼所誦之勅語旧辞以献上者、謹随詔旨、子細採摭。然上古之時、言・意並朴、敷文構句、於字即難。已因訓述者、詞不逮心、全以音連者、事趣更長。是以今、或一句之中、交用音訓、或一事之内、全以訓録。即辞理叵見、以注明、意況易解、更非注。亦於姓日下謂玖沙訶、於名帯字謂多羅斯、如此之類、随本不改。大抵所記者、自天地開闢始、以訖于小治田御世。故天御中主神以下、日子波限建鵜草葺不合命以前為上巻、神倭伊波礼毘古天皇以下、品陀御世以前為中巻、大雀皇帝以下、小治田大宮以前為下巻、并録三巻、謹以献上。臣安万侶、誠惶誠恐、頓々首々。

和銅五年正月廿八日　正五位上勲五等太朝臣安万侶

而淹留。春夏捕魚充食。彼嶋之人、言非人也。亦言鬼魅、不敢近之。嶋東禹武邑人、採拾椎子、為欲熟喫。着灰裏炮、其皮甲化成二人、飛騰火上一尺餘許。経時相闘。邑人深以為異、取置於庭。亦如前飛、相闘不已。有人占云、是邑人、必為魅鬼所迷惑。不久如言、被其抄掠。於是、粛慎人移就瀬波河浦。々神厳忌。人不敢近。渇飲其水、死者且半。骨積於巌岫。俗呼粛慎隈也。

六年春三月、遣膳臣巴提便、使于百済。○夏五月、百済遣奈率其悛・奈率用奇多・施徳次酒等上表。○秋九月、百済遣中部護徳菩提等、使于任那。贈呉財於日本府臣及諸旱岐、各有差。○是月、百済造丈六仏像。製願文曰、蓋聞、造丈六仏、功徳甚大。今敬造。以此功徳、願天皇獲勝善之徳、天皇所用、弥移居国、俱蒙福祐。又願、普天之下一切衆生、皆蒙解脱。故造之矣。○冬十一月、膳臣巴提便、還自百済言、臣被遣使、妻子相逐去。行至百済浜、〈浜海浜也〉日晩停宿。小児忽亡、不知所之。其夜大雪。天暁始求、有虎連跡。臣乃帯刀擐甲、尋至巌岫。抜刀曰、敬受絲綸、劬労陸海、櫛風沐雨、藉草

3．日本最古の文献記録

712年編纂の『古事記』序

720年に刊行された『日本書紀』にも記載が見られる。

4．日本最古の禹祭

禹王研究会の調査研究によると、1228年に京都鴨川に建立された「夏禹王廟」では何らかの形式での祭祀が行われていたが、なお考証が必要である。

5．治水神・禹王研究会の調査

今日に至るまで禹祭が各地で約10件ぐらいあるものの、一層の考察が必要と考えられている。

有史以来の日本文化の特徴として、「混成性」を指摘した。西洋的な宗教及び宗教観とは異なり、日本においては、東アジアにおける宗教や信仰の要素が様々に取り入れられ、その混成的な信仰文化を形作っていった。それを検証する一端として、禹王信仰及び関連する行事、祭祀、習俗となった事例が取り上げられる。また、民間信仰の領域では、日中韓など漢字文化圏の相互浸透が持続されている史実がある。禹王信仰がこうした背景のもとに生成した象徴的な事例だと認識されよう。この角度から推察していければ、恐らくお互いに自他認識を深化させ、相互理解の一助になることも期待されるかもしれない。

例えば、禹王信仰の調査を通して、検証できた収穫の一つには、戦火を乗り越えて信仰が継続できた事実である。それは２０１４年7月現在、日本各地に１２３ヵ所以上の禹王に関連している寺社、石碑などの中で、18ヵ所が日清戦争以来の建立であることが確認されている。なお、現在までに確認されている禹王の名前に関連した碑は日本国内で30数ヵ所にのぼり、禹王の名前が入った地名や碑文内に禹王の名前が記されているものが30数ヵ所近く現存している。それらの多くが河川沿いに位置しており、禹王は郷土を水害から守ってくれる守り神、「治水の神」として不動である。禹王信仰が決して過去の遺産だけではなく、現代人の生活の一部として協働社会に「同居」しているのである。

禹王が現在にも生きているということは、何よりも青少年の公共教養の教材になれることを主張したい。中国の教科書では、禹王はもちろん取り上げられてある。例えば、人民教育出版社から発行されている歴史教科書では、その治水の業績や中国史上における位置づけなどが紹介されているし、国語の教科書にも、禹王の治水を中心とした業績を紹介する文章や『史記』の禹王の部分が掲載されている（江蘇教育出版社版）。日本においても、山川出版社の『世界

1894 ～ 1972 年の 78 年間の 18 遺跡を年代順に紹介する一覧（大脇良夫作成）

年代	遺跡名称と禹の「刻字」	所在地（水系と県名）	日中関係など主な事件
1895	船橋隋庵水土功績之碑「大禹聖人」	利根川、千葉県野田市	1894 ～ 1895 年 日清戦争 1898 年列強の中国分割 1899 ～ 1901 北清戦争（義和団事件）
1896	篠田・大岩二君功労記功碑「神功禹蹟」	日野川、鳥取県伯耆町	
1897	川村孫兵衛紀功碑「神禹以後唯有公」	北上川、宮城県石巻市	
1900	禹功徳利「其業何為譲禹功」	木曽川、愛知県愛西市	
1908	禹功門	揖斐川、岐阜県養老郡	
1908	川口修提之碑「鳴呼微禹　吾其魚乎」	旭川、　岡山県岡山市	1911 年　辛亥革命 1912 年　清朝滅亡 1915 年　日本、中国に二十一か条要求
1909	淀川改修紀功碑「以称神禹之功」	淀川、　大阪市都島区	
1912	九頭龍川修治碑「称功軼神禹矣」	九頭龍川、福井県福井	
1919	禹王之碑「禹王之碑」	利根川、群馬県沼田市	
1923	治水翁碑「是頡頏神禹功」	淀川、大阪府四條畷市	
1923	大橋房太郎君紀功碑「大禹ノ水ヲ治ムルヤ」	淀川、大阪府四條畷市	
1923	西田明則君之碑「大禹治水」	東京湾、神奈川県横須賀市	
1924	黄檗高泉詩碑「何人治水功如禹」	桂川、京都市西京区	
1928	句仏上人句碑「禹に勝る業や心の花盛」	信濃川、新潟県燕市	1931 年　満州事変 1932 年　満州国建国宣言 1937 年　盧溝橋事件、日 中戦争開始、南京事件
1936	砂防記念碑「開荒成田　禹績約功垂」	魚野川、新潟県南魚沼群	
1937	古市公威像「不譲大禹疏鑿之功」	東京大学正門、東京都文京区	
1954	大榑川水門改築記念碑「禹功門」	揖斐川、岐阜県養老郡	
1972	大禹謨「大禹謨」	太田川、広島県広島市	1972 年　日中国交回復 1978 年　日中平和友好条約調印 1977 年　文化大革命終結宣言、1992 年中国と韓国国交

史』には、簡単ではあるが、禹王の治水の功が触れられており、国語の教科書（高校『古典漢文編』や大修館書店『古典講読』など）にも「鼓腹撃壌」などの故事の注釈内で禹王が紹介されている。また「文命西堤の文命宮と文命碑」（神奈川県）の近くにある神奈川県開成町の小学校では、先に述べた郷土史家の調査グループ「足柄の歴史再発見クラブ」が作成した町の歴史を紹介する冊子が副教材として使用されている。禹王の記念碑ともに禹王の治水績が記されているのである。これらの事例からわかるように、禹王は様々な点において、日中両国が共有する文化財と教養の素材になっている。

「禹王」が日中両国の共有文化財になったことが裏付けられているだけに、禹王信仰の「再発見」を通して、禹王という事例を導きの糸とすることによって、青少年を主体とする「日中間の相互学習」が求められよう。

五、禹王信仰研究の課題

禹王信仰にまつわる時代という枠組の重要性が見えてきた。こうした現代人の日常でもある生活化された信仰を考察していくと、禹王を含めた共有知を成立、伝承可能にした核心的「媒介」が浮き上がった。それは漢字であろう。漢字が共有知の連鎖を永恒に循環させる舵であることが再認識された。禹王信仰が繋がっていたのは古典的漢字文化圏だけではない。それを基盤に現代人の生活が成り立っている。ならば、禹王信仰に関する調査研究の展開が未来を接続させる一つの「接点」装置とも理解できよう。

漢字文明が日本文明の成り立ちに大きく影響しているとみられることは、古からすでに共有ずみの認識とはいえ、それ以来千年以上の歴史的文化的変遷を体験した現在、その「古典的」面がなお存続されているか、それに対する認識の度合いが変容されていたか？いずれも「混成文化」の存続価値と意義を検証するに値する課題と考えられる。

他方、日本列島はユーラシア大陸の東端にあるため、先史時代より異邦人が流れ着く位置を占めてきた。当然のことながら列島に移り住んだ人たちによる多文化も蓄積してきた。その結果、多様な文化が列島で混交する中で新型文化が生成することになった。こうした「混成文化」型の日本文化にどのようにアプローチするのか、アプローチも多様にならざるを得ない。そのため、国内外に共に求められる研究課題への検討及び確認が期待されている。

近年、アジア諸国で注目を集めているのが日本の「禹王信仰」である。中国最古の夏王朝の王といわれた禹王は、中国において長らく治水のリーダーとして尊敬を集めてきた。日本においても治水が第26代の継体天皇の九頭竜川治水以来、各時代の重要な営みとして記紀等に記録され、禹王を治水神と位置付けてきた。治水神・禹王研究会の調査により、神奈川県南足柄地域にある福沢神社で禹王祭りが３００年もの間、続けて行われたことが分かった。全国39の地域に禹王信仰に関係する史跡文物の１３２ヵ所の発掘調査成果が発表されている。また、禹王への信仰の形態が現代日本に存続され、その特徴の一部がアジア諸国とも共有される実態が、筆者の初期調査により示されていることが分かった。

ともあれ、日本の禹王信仰を通して「混成文化」の特質が考案され、日本文化に吸収された異なる地域文化の縦横が検証されている。日本文化の新たな発信につながる事例として期待している。禹王信仰の現存形態及びその現代価値への解析によって、深淵なる課題と参照事例を浮き上がらせ、漢字文明の一翼でもある日本研究に寄与できると思われる。

参考文献

王敏『禹王と日本人』NHK出版、2014年
王敏『漢魂と和魂』中国・世界知識出版社、2014年
王敏「漢字がつなぐ東アジア「生活共同体」」「5伝統文化「生活共同体」」、松岡正剛編、『NARASIA 東アジア共同体』、丸善、2010年6月15日、pp.393-395
王敏「日中韓の歴史的文化的共有性‐東アジア文化圏の接点‐」、『国際日本学とは何か？　東アジアの中の日本文化‐日中韓文化関係の諸相‐』、法政大学国際日本研究センター、2013年3月29日、pp.438-441。
王敏「（私の視点）中国人観光客　地方でこそ文化観光交流を」、『朝日新聞』、2010年8月2日
王敏「日中韓の共福の原点‐東アジアにおける「公共教養」と「公共哲学」の基盤」、《公共的良識人》11月号、2012年11月
王敏「〈治水の神〉日中の懸け橋　古代中国の王〈禹〉をたどる」、『朝日新聞』、2013年6月17日
大脇良夫　植村善博『治水の神禹王をたずねる旅』、人文書院、2013年5月新井白石「折りたく柴の記」、桑原武夫編『日本の名著15　新井白石』、中央公論社、1983年
荻生徂徠「政談」、尾藤正英編『日本の名著16　荻生徂徠』、中央公論社、1974年
田中健夫「勘合貿易」、『対外関係史辞典』、吉川弘文館、2009年

杉原たく哉『中華図像遊覧』、大修館書店、２０００年
武田恒夫『狩野派絵画史』、吉川弘文館、１９９５年
高木文恵、『伝統と革新　京都画壇の華　狩野永岳』、彦根城博物館発行、２００２年

資料１　桜美林大学名誉教授植田渥雄氏による大川三島神社の天井漢詩（静岡県東伊豆町の大川温泉地区）の日本語訳及び指摘

天上漢詩

畫櫺彫桶虎龍蹲	画櫺　彫桶　虎龍　蹲る
性命元誰不裔綺	性命の元　誰か裔綺ならざらん
剣璽染秋如日月	剣璽秋を染ること日月の如し
帝王萬世照乾坤	帝王　萬世　乾坤を照らす
堯天雨露何須譲	堯天　雨露　何ぞ譲るを須ひん
禹跡山川今尚存	禹跡　山川　今尚ほ存す
殿上白詩嘖父老	殿上に詩を白せば父老を嘖らしめんか
落成霊廟着塵痕	落成せる霊廟に塵痕を着したりと
村恒題併謙	村恒題し併せて謙す

絵や彫刻を飾った窓格子や柱（？）には虎と龍が蹲っている。

生命の源から見れば誰もが皆裔綺のように広がる同じ末裔である。

王剣玉璽（王位の象徴）は日月のように秋の恵みを垂れる。

帝王は萬世にわたってこの天地を照らしている。

堯のもたらす雨露の恵みは何物も拒みようがない。（譲には拒む、辞退するの意がある）

禹の功績によって与えられたこの山川は今も変わることがない。

今私が天井にこんな詩を書いて進上すれば村のお偉い衆からお叱りを受けるだろうか。

折角出来上がった霊廟に汚れを付けてしまったと………。

〔形式〕

七言律詩。平起式、元韻。押韻と平仄に二か所問題があるが、ほかはすべて作法に叶っている。

〔疑問点〕

① 「彫桶」の桶、これが果たしてどんなものか、まさか「おけ」ではないと思うがよくわからない。あるいは「樋」のつもりか。しかし「樋」に絵や彫刻を飾るだろうか。実際の情景を見れば何か思いつくことがあるかもしれない。取り敢えず柱と訳してみたが自信はない。

資料2　日本禹王遺跡一覧　治水神・禹王研究会禹王遺跡認定委員会編

2016年10月10日現在

地域別番号 A: 北海道・東北，B：関東，C: 中部，D: 近畿，E: 中国・四国，F：九州・沖縄

地域別番号		遺跡名称	年代等		所在地	河川名等	通番
A	1	禹甸荘碑	1988	昭和	北海道	千歳川支流輪測川	1
A	2	川村孫兵衛紀功碑	1897	明治	宮城県	旧北上川	2
A	3	大禹讃	2001	平成	秋田県	矢島(歴史交流館)子吉川	3
A	4	大町新渠碑	1880	明治	山形県	相沢川	4
A	5	大禹之碑	1862	江戸	宮城県	鳴瀬川	5
B	1	禹廟	江戸期	江戸	栃木県	鬼怒川	6
B	2	大禹皇帝碑	1874	明治	群馬県	片品川	7
B	3	禹王之碑	1919	大正	群馬県	利根川水系泙川	8
B	4	大禹像碑	1849	江戸	埼玉県	江戸川	9
B	5	文命聖廟	1708	江戸	埼玉県	元荒川	10
B	6	船橋随庵水土功績之碑	1895	明治	千葉県	利根川	11
B	7	古市公威像	1937	昭和	東京都	(東京大学正門)	12
B	8	大禹像画(歴聖大儒像)	1632	江戸	東京都	(林羅山邸湯島聖堂)	13
B	9	人力車発明記念碑	1900	明治	東京都	台東区谷中(長明寺)隅田川	14
B	10	西田明則君之碑	1923	大正	神奈川県	東京湾	15
B	11	河村君墓碣銘	1721	江戸	神奈川県	鎌倉(建長寺)	16
B	12	文命東堤碑・文命宮	1726	江戸	神奈川県	酒匂川	17
B	13	文命西堤碑・文命宮	1726	江戸	神奈川県	酒匂川	18
B	14	神浦堤成績碑	1870	明治	茨城県	利根川水系小貝川	19
B	15	導水遺蹟碑	1806	江戸	栃木県	小貝川水系元川	20
B	16	幸田露伴文学碑	1990	平成	東京都	江戸川	21
B	17	新梁之碑	1866	江戸	埼玉県	旧利根川	22
B	18	白井小衛門高須築堤回向碑	1826	江戸	茨城県	梶無川	23
B	19	小久保喜七君頌徳之碑	1926	大正	茨城県	利根川	24
B	20	渡良瀬川治水紀功碑	1926	大正	茨城県	渡良瀬川	25
B	21	堤記	1726	江戸	神奈川県	酒匂川	26
B	22	文命御宝前(手洗鉢・東堤)	1727	江戸	神奈川県	酒匂川	27
B	23	文命大明神御宝前	1727	江戸	神奈川県	酒匂川	28
B	24	奉再建文命社御宝前(東堤)	1807	江戸	神奈川県	酒匂川	29

（続く）

B	25	文命橋	1931	昭和	神奈川県	酒匂川	30
B	26	文命用水碑	1936	昭和	神奈川県	酒匂川	31
B	27	文命隧道(額碑)	1933	昭和	神奈川県	酒匂川	32
B	28	開成町立文命中学校	1947	昭和	神奈川県	酒匂川	33
B	29	新文命橋(文命隧道出口)	1971	昭和	神奈川県	酒匂川	34
B	30	文命橋(文命隧道入口)	1983	昭和	神奈川県	酒匂川	35
B	31	文命御宝前(手洗鉢・西堤)	1727	江戸	神奈川県	酒匂川	36
B	32	文命堤床止工	1971	昭和	神奈川県	酒匂川	37
B	33	関東大震災記念碑(西堤)	1924	昭和	神奈川県	酒匂川	38
B	34	文命用水放水門		昭和	神奈川県	酒匂川	39
C	1	富士水碑	1797	江戸	山梨県	富士川	40
C	2	禹除堤・禹除石	1752	江戸	長野県	天竜川	41
C	3	旬佛上人旬碑	1928	昭和	新潟県	信濃川	42
C	4	砂防記念碑	1936	昭和	新潟県	魚野川	43
C	5	九頭龍川修治碑	1912	明治	福井県	足羽川	44
C	6	和田光重之碑	1879	明治	岐阜県	揖斐川水系牧田川	45
C	7	禹王木像	1838	江戸	岐阜県	揖斐川	46
C	8	禹像画掛軸	1838	江戸	岐阜県	揖斐川	47
C	9	禹王さん　灯籠	江戸期	江戸	岐阜県	揖斐川	48
C	10	大禹王尊掛軸・同祠堂	江戸期	江戸	岐阜県	揖斐川	49
C	11	禹功(閘)門	1903	明治	岐阜県	大榑川	50
C	12	大榑川水門改築記念碑	1954	昭和	岐阜県	大榑川	51
C	13	禹功徳利	1900	明治	愛知県	木曽川	52
C	14	水埜士惇君治水碑	1819	江戸	愛知県	庄内川水系新川	53
C	15	禹金像	1631	江戸	愛知県	(徳川美術館)	54
C	16	大塚邑水路新造碑	1797	江戸	山梨県	笛吹川	55
C	17	加治川治水碑	1913	大正	新潟県	阿賀野川水系加治川	56
C	18	禹泉江・禹泉用水	1716～1735 江戸		新潟県	加治川	57
C	19	岸本君治水碑	1856	江戸	新潟県	国府川	58
C	20	足羽宮之碑	1830	江戸	福井県	足羽川	59
C	21	金森吉次郎翁寿像記	1923	大正	岐阜県	揖斐川	60
C	22	大禹謨	2004	平成	三重県	伊賀上野(正崇寺)木津川	61
C	23	大川三島神社拝殿天井漢詩	1853	江戸	静岡県	東伊豆町(大川三島神社)	62
C	24	関田嶺修路碑	1849	江戸	新潟県	上越飯山線県境	63

(続く)

C	25	禹之瀬河道整正事業竣工の碑	1995	平成	山梨県	富士川	64
C	26	地平天成碑	1997	平成	岐阜県	木曽川水系四ツ目川	65
C	27	大聖禹王廟碑	1809	江戸	長野県	天竜川	66
C	28	天流功業義公明神碑	1809	江戸	長野県	天竜川	67
C	29	大鹿郷中郷氏懸田観記碑	1792	江戸	長野県	天竜川	68
C	30	金森吉次郎墓碑	1930	昭和	岐阜県	揖斐川	69
D	1	禹王廟　（現存せず）	1228	鎌倉	京都府	鴨川	70
D	2	大禹戒酒防微図　（襖絵）	1855	江戸	京都府	(京都御所)鴨川	71
D	3	黄檗高泉詩碑	1924	大正	京都府	桂川	72
D	4	夏大禹聖王碑	1719	江戸	大阪府	淀川	73
D	5	澱河洪水紀念碑銘	1886	明治	大阪府	旧淀川〔大川〕	74
D	6	修堤碑	1886	明治	大阪府	淀川	75
D	7	明治戊辰唐崎築堤碑	1890	明治	大阪府	淀川	76
D	8	淀川改修紀功碑	1909	明治	大阪府	淀川	77
D	9	島道悦墓碑	1674	江戸	大阪府	旧中津川〔淀川〕	78
D	10	大橋房太郎君紀功碑	1923	大正	大阪府	淀川水系寝屋川	79
D	11	治水翁碑	1923	大正	大阪府	淀川水系寝屋川	80
D	12	小禹廟	1753	江戸	大阪府	大和川	81
D	13	金坂修道供養塔銘	1823	江戸	兵庫県	加古川水系柏原川	82
D	14	長松屋台の露盤	2010	平成	兵庫県	姫路(魚吹八幡宮)揖保川	83
D	15	益田池碑銘並序（復刻）	1900	明治	奈良県	高取川	84
E	1	修堤之碑	1908	明治	岡山県	旭川水系誕生寺川	85
E	2	篠田・大岩二君功労記功碑	1896	明治	鳥取県	日野川水系	86
E	3	大禹謨	1637 頃	江戸	香川県	香東川	87
E	4	大禹謨	1972	昭和	広島県	太田川	88
E	5	大町村用水釜乃口石ふみ	1852	江戸	愛媛県	加茂川	89
E	6	潮音洞	1681	江戸	山口県	錦川支流渋川	90
E	7	鍋石生雲碑	2014	平成	山口県	椹野川/ふしのがわ	91
E	8	禹余糧石			岡山県	足守川	92
F	1	明春寺鐘銘	1819	江戸	佐賀県	嘉瀬川	93
F	2	禹稷合祀の壇	1740	江戸	大分県	臼杵川	94
F	3	禹稷合祀の碑，同碑記	1740	江戸	大分県	臼杵川	95
F	4	不欠塚	1838	江戸	大分県	臼杵川	96
F	5	水天之碑	1859	江戸	鹿児島県	大浦川	97

（続く）

F	6	区画整理竣工之碑	1989	平成	鹿児島県	大浦川	98
F	7	宇平橋碑	1690	江戸	沖縄県	長堂川	99
F	8	宗像堅固墓碑	1884	明治	熊本県	方原川	100
F	9	一田久作墓誌（現存せず）	1772	江戸	福岡県	遠賀川	101

日本禹王地名一覧

地域別番号		遺跡名称	年代等		所在地	河川名等	
A	1	禹父山(地名)	江戸期	江戸	福島県	阿武隈川	1
C	1	禹の瀬			山梨県	富士川	2
E	1	禹余糧山			岡山県	足守川	3

日本禹王文字遺物一覧

地域別番号		遺跡名称	年代等		所在地	河川名等	
C	1	奉納北越治水策図解	1898	明治	新潟県	弥彦神社	1
C	2	禹門の額			富山県	黒部川第4発電所	2
E	3	禹門の額(複製)			兵庫県	太田垣士郎翁資料館	3

※第六章は、法政大学国際日本学研究所研究成果報告集『国際日本学』第15号に掲載された「日本における禹王信仰の現存形態及びその現代的価値」の再校版である。

注

1 中京中央文献研究室　南開大学編（１９９８）。『周恩来早期文集』上巻、中央文献出版社 411p「邃密群科」はここでは政治学を深く健さんすることを指す。南開大学初代総長である張伯苓は「徳、智、体、群」の四育を提唱した。「群育」とはここでは欧米の民主政治を指す。
2「輪扉兄」とは張鴻浩のことである。周恩来とは１９１３年8月の同時期に南開中学に入学し、卒業後は二人とも日本に留学に来た。日本では常に密接に行き来し、周恩来の帰国時には張はすでに第一孝道学校に入学していた。「子魚」は王嘉良、「慕天」は穆敬熙を指しており、彼らは皆南開の同窓であり、留学仲間であった。
3 この四篇とは「遊日本京都円山公園」「雨中嵐山――日本京都」「雨後嵐山」「四次遊円山公園」である、１９２０年1月20日出版の『覚悟』創刊号に記載されている。
4 周恩来の帰国路線について現在に二つのルートが言われている。一つ目は神戸から船に乗り大連に着いた。二つ目は神戸から船に乗り直接天津まで着いたという線である。
5 中華人民共和国外交部外交史研究室（１９９３）、『周恩来外交活動大事記（１９４９－１９７５）』.pp.145-146,pp.577-578 世界知識出版社
6 林観潮（２０１０）。『隠元隆琦禅師』、厦門大学出版社 ,pp141
7 林観潮（２０１０）。『隠元隆琦禅師』、厦門大学出版社 ,pp143
8 中共中央文献研究室・南開大学編（１９９７）。『周恩来早期文集』上巻、中央文献出版社・南開大学出版社 ,311.p より。次の日記も 313.p より引用。
9 周恩来は幼少のころに叔父の家に養子に出された。ここでいう四伯や養父は四番目の伯父である周貽コウと実父の周

劭綱を指している。

10 新中学会は1917年7月東京水産学校の楊扶清と張国経、留学生で元南開中学の馬洗凡、童冠賢、高仁山、劉東美、陳鉄卿、楊伯安、そして法政大学の李峰、黄開山などが東京にて共同で留学生団体を立ち上げた。新中学会は「赤心」をエンブレムとし、感情を伝え、品行を研ぎ、学術を解き明かし、科学的方法を運用して中国を発展させることを宗旨とする。

11 安体誠(1896－1927)河北省豊潤県人。1917年京都帝国大学経済学部に入学し、東京新中学会会員となった。1921年に帰国し、1927年上海竜華監獄にて犠牲となった。

12 于樹徳（1894－1982）天津市静海県人。1917年京都帝国大学に入学し、東京新中学会会員となる。1921年に帰国し、後に李大釗と共に戦う。新中国成立後、第一から六回までの全国政協委員となり、第五、第六回全国政協常務委員となる。1982年病没す。

13 馬洗凡（1892－1946）河北省昌黎県人。新中学会創設メンバーの一人。1946年病没す。

14 童冠賢（1894－1981）河北省陽原県人。新中学会創設メンバーの一人。1926年帰国し、1948年立法院長に任じられる。1981年カナダにて病没す。

15 楊扶清（1891－1978）河北省楽亭県人。1951年に来日し、1920年に帰国。実業救国を施行し、解放後は水産部副部長に任じられ、全国人民代表でもあった。

16 張子倫（1894－1959）河北省楽亭県人。1915年に来日し、1920年に帰国。楊扶清と共に新中罐食品工場を設立する。

17 中共中央文献研究室第二編研部と天津南開中学編集（2014）。『周恩来南開中学論説文集』、人民出版社 ,37-38pp

18 前掲書、p.166

19 前掲書、p.204
20 前掲書、p.206
21 中華人民共和国外交部外交史研究室(１９９３)。『周恩来外交活動大事記(１９４９－１９７５)』、世界知識出版社 ,pp.145-146,pp. 577-578
22 中共中央文献研究室・中国革命博物館編（１９９８)。『周恩来旅日日記』、中央文献出版社
23 中共中央文献研究室・南開大学編（１９９８)。『周恩来早期文集（１９１２年10月－１９２４年６月)』上巻、中央文献出版社・南開大学出版社 ,304.p
24 前掲書 ,327p.
25 中華人民共和国外交部・中共中央文献研究室（１９９０)。『周恩来外交文選』、中央文献出版社 ,90p.
26 中華人民共和国外交部外交史研究室（１９９３)。『周恩来外交活動大事記（１９４９－１９７５)』、世界知識出版社 ,88p.
27 中華人民共和国外交部外交史研究室（１９９３)。『周恩来外交活動大事記（１９４９－１９７５)』、世界知識出版社 ,168p.
28 中華人民共和国外交部・中共中央文献研究室（１９９０)。『周恩来外交文選』、中央文献出版社 ,305p.
29 前掲書 ,88p.
30 前掲書 ,90p.
31 中華人民共和国外交部外交史研究室（１９９３)。『周恩来外交活動大事記（１９４９－１９７５)』、世界知識出版社 ,583p,629p.
32〔日〕須田禎一：《風見章とその時代》、みすず書房、１９６５年10月。

33 この会見の談話内容は1978年中国経済新聞社発行の日本語版《周恩来選集　上》中の〈日本6団体との談話〉内、第721頁に収録されている。
34 谷川徹三は日本の哲学者、宮沢賢治研究者、文学博士。1928年法政大学哲学科教授になり、その後文学部長、能楽研究所長、1963年から1965年まで法政大学総長。
35 南原繁は日本の政治学者、1921年東京帝国大学に入り助教授、1925年教授。主に政治学史を教え、丸山真男は彼の学生。
36 岡本隆三は作家、中国文学者。中国に関する書籍を数多く著し、老舎、沈従文、丁玲等多くの人の作品を翻訳。
37 周恩来：《周恩来早期文集》、中央文献出版社、南開大学出版社、1998年2月。
38 〔日〕矢吹晋、鈴木博：《十九歳の東京日記》、小学館文庫、1999年10月。
39 范源廉：《范源廉集》、湖南教育出版社、2010年1月。
40 天津南開中学、中央文献研究室第二編集部編著：《周恩来南开中学习作释评》、人民出版社出版、第342～349頁。
41 欧陽哲生：《〈范源廉集〉前言》、《范源廉集》、湖南教育出版社、2010年1月版。
42 1904年3月、清国留学生范源廉は法政大学総長梅謙次郎と会談、清国学生のために速成科の設立を懇請。梅総長は外相小村寿太郎の同意を得るとともに、清国駐日公使楊枢と会見し支持を得た。同年4月26日文部省に申請を提出、4月30日批准を得て、5月7日開校。
43 〔日〕法政大学：《法学志林》7巻10号、第40～42頁、1905年。
44 曹汝霖：《一生之回憶》、春秋雑誌社、1966年、第25頁、第26頁。
45 厳修撰、武安隆、劉玉敏共注：《厳修東游日記》、天津人民出版社、1995年、第234頁。
46 第4号欠刊、原因は未だ明らかではない。

47 法政大学史資料委員会編：《法政大学史資料　第11集》（法政大学清国留学生法政速成科特集）、法政大学、1988年3月。本表「范源廉」という名前に出現する「原」或いは「濂」の字は、原文のままである。

48 厳修自己校訂：《厳修年譜》、第227頁。

49「進士館」は1905年4月設立、35歳以下の新進士はすべて同館に入り修業しなければならなかった。清政府が1906年から科挙試験を停止する命令を下したことは、「進士館」の学生の不足と継承の困難を招いた。

50《学部奏諮輯要》一編。朱有瓛責任編集：《中国近代学制資料》（第2輯、上冊）、第873～874頁。

51〔日〕法政大学：《法学志林》8巻11号、第101頁、1906年。

52 梅謙次郎校長は1906年8月20日から10月17日まで訪中、8月31日から9月10日の間北京に滞留、ただし、《法学志林》各号の関連報道には范源廉は言及されていない。范源廉のその間の役割については、中国側の資料の調査究明を待たなければならない。

53〔日〕松本亀次郎：《中華五十日游記：附・中華留学生教育小史・中華教育視察紀要》、東西書房、1931年、第87～88頁。

54 上述の文章中の事実は、《会刊―建党九十周年専輯―周恩来与中国共産党的建設和発展》第4期2011年7月、国際周恩来研究会創刊号を参照した。

55 范源濂（1875－1927年）、近代の教育家、政治家。字は静生、湖南省湘郷の出身。幼少時から長沙事務学堂に学び、戊戌変法運動の失敗後は日本に亡命し、東京高等師範学校に学ぶ。清の光緒方三一方（1905年）に帰国し、北京で学部主事を務めると同時に、法律学校と殖辺学堂を設立。辛亥革命後、教育部次長、中華書局総編集部部長、北洋政府教育総長を歴任。

56 小村寿太郎（1855－1911年）、宮崎県日南市出身、明治時代の外交官、政治家、外務大臣、貴族院議員を務めた。1870年東京大学入学、第一期文部省海外留学生に選抜され、ハーバード大学に留学し法律を学ぶ。帰国後は司法省、外務省に奉職し、外務次官、駐米、駐ロシア公使などを歴任。
57 楊枢（1903－1907年）は広州出身の清末の著名な回族の外交官。第13代駐日公使を務め、もとは広東候補道、賞二品頂戴、候補四品京堂。光緒29年5月20日、清政府駐日公使に就任し、光緒33年9月1日に離任。
58 小論は2011年8月28日、欧米留学学会・中国留学人員聯誼会・マカオ基金会の共催による「留学と辛亥革命・第二回留学文化国際学術学会」で発表した拙論「同時代の越境型参与を追記する──法政大学清国留学生法政速成科と辛亥革命の志士に関する考察」（135－143頁）を加筆したものである。
59 2006年の秋に行われた21世紀神奈川円卓会議「地球と地域の協働の道」の会合で、隣席の神奈川県開成町の露木順一町長（当時）より、開成町という町名が中国古典『易経』に由来しており、同町と南足柄地域の境には中国古代史の禹王治水を絡む地元の治水記念する史跡、「文命碑」という石碑があることを伺った。
60 荻生徂徠（1666～1728）江戸中期の儒学者・思想家である。徳川五代将軍・綱吉の知己を得ている。「文命碑」とのかかわりに関する調査が、地元の郷土史研究会「足柄の歴史再発見クラブ」によって行われ、一部解明されていた。
61 片品村は群馬県北東部に位置する村。尾瀬国立公園に隣接しており、片品川沿いに1874年に建立された「大禹皇帝碑」がある。
62 高松市は四国地方に位置する香川県の県庁所在地。四国の政治経済の中心地であり、栗林公園に1637年に建立された「大禹謨」碑がある。
63 広島市は中国地方に位置する。宮島と原爆ドームの2つの世界遺産を有する。太田川沿いに1972年に建立された「大禹謨」碑がある。
64 臼杵市は九州地方の大分県東海岸に位置する。国宝の臼杵大仏や醤油の製造で有名。「大禹后稷合祀之碑」がある。
65 写真の提供者である竹内義昭氏は第5回禹王まつり・禹王サミットin臼杵大会実行委員会の事務局長を務められた。

66　2013年12月23日に放送された「天皇誕生日　傘寿を迎えられて」という45分間の番組にて、陛下のこれまでの歩みや被災地支援、平和への思いなどを関係者の証言を交えて伝えている。

後書き

秋の深まる２０１８年10月26日、天津の南開大学が主催した第四回周恩来研究国際会議で、私はこの本に取り上げた「嵐山の周恩来」を発表した。私なりに実地に歩いて1世紀前の周恩来を嵐山に追い、解き明かせたところを大胆な推測も加えつつ話した。日本への思いがあふれでた内容に、知られざる周恩来の一面を解き明かしていると、多くの方から関心を寄せられた。

２日後の28日、私は北京のスウェーデン駐中国大使に招待された。スウェーデンは新中国を最初に承認し国交を結んだ西洋の国である。国際舞台に登場した総理兼外相の周恩来にとってはスウェーデンをありがたい友好国と映ったに違いない。現在スウェーデン大使Lindstedt,Anna（中国名：林戴安）はかねてより周恩来に関心があったらしく、私の中国滞在を知り、周恩来のご親族の周秉徳と周秉宜両女史と一緒に、大使官邸に招待したのだ。それで私のほうも、せっかくの機会なので、周秉徳と周秉宜の両女史と連絡をとりあったところ、こころよく応じられたのだ。周女史たちとは周恩来と日本について調べるため、十数年前から親しくなっていた。

2018 年 10 月 28 日、周恩来の額入り写真を手にしたスウエーデン駐中国大使を挟んで記念撮影。大使右に周秉徳女史、左に周秉宜女史。筆者（王敏）は右から2 人目（スウェーデン大使館大使官邸で）

Lindstedt,Anna 大使の大使官邸に案内された。特別に一枚の額入り写真が目に付くように置かれてあった。周恩来が自ら署名した写真の横に１９５５年９月16日の日付となっている。ちなみにスウェーデンと中国の国交樹立が１９５０年５月９日だった。さっそく周恩来研究国際会議をふくめて広範に対話の花が咲き、ことに周恩来に関する話題は尽きなかった。有意義な懇談を過ごしたことは言うまでもない。

今回の拙稿は出稿が遅れるなど迷惑をかけている。２０１８年６月、不注意から歩道上で転び右手首を骨折してしまった。その翌日、上海で開催する中日平和友好記念シンポジウム（中国社会科学院・中華日本研究学会・復旦大学の共催）への出発直前だったため治療を受けられなかったことが悔やまれる。苦痛に我慢できないこともあり、上述の周恩来研究国際大会への8月末締め切りの論文と格闘しなければならなくて、左手で一字ずつパソコンを打つ日常が長く続いた。

こんな私を支えてくれたのは家族以外に、王敏研究室の若手研究者の譚艶紅、孔鑫梓、徐仕佳、相澤瑠璃子、中国の研究者の楊明偉、高長武、徐行、陳兆忠、邱志栄、胡欣の諸氏であり、とりわけ周恩来ご親族の周秉徳、周秉宜、任長安さまに本書を以て深く御礼を申します。

また、次の各組織に感謝申します。

日本：治水神・禹王研究会、法政大学国際日本学研究所、鹿島平和研究所、大平財団、奈良県立大学並びに同サマ・スクール、NHK出版、日中友好会館、国立公文書館、別府大学、アジア太平洋観光社、東亜信息綱、『和華』雑誌社、綱博週報等。

中国：国際儒学聯合会、尼山聖源書院、周恩来祖居記念館、中央文献研究室、南開大学周恩来研究センター、浙江海洋大学、浙江越秀外国語学院、登峰大禹文化国際研究会、中国大使館教育処等。

スウェーデンの駐中国大使館とストックホルム大学、香港にある香港大学饒宗頤学術館、明報月刊雑誌、世界華文旅行文学聯合会、粤港澳大湾区青年総会等。

感謝しきれないみなさま、本当にありがとうございました。

最後に『パリの周恩来』（中公叢書　1992年）の著者小倉和夫先生、さらに黄檗文化促進会の林文清会長夫妻と念家聖事務局長、厦門大学の林観潮准教授に多謝致します。そして最後になりましたが、三和書籍の高橋考社長と編集の皆さまに敬礼いたします。

「平成」最後の月、2019年4月　王敏

【著　者】
王　敏（ワン・ミン、おう・びん）
中国・河北省承徳市生まれ。現在、法政大学国際日本学研究所教授。大連外国語大学日本語学部卒業、四川外国語大学大学院修了。宮沢賢治研究から日本研究へ、日中の比較文化研究から東アジアにおける社会文化関係の研究に進む。人文科学博士（お茶の水女子大学）。「文化外交を推進する総理懇談会」や「国際文化交流推進会議有識者会合」など委員も経験。日本ペンクラブ国際委員、朝日新聞アジアフェロー世話人、早稲田大学や関西大学などの客員教授などを歴任。

90 年に中国優秀翻訳賞、92 年に山崎賞、97 年に岩手日報文学賞賢治賞を受賞。2009 年に文化庁長官表彰。宮沢賢治を中国に初めて紹介したことで有名である。

主著：『禹王と日本人』（NHK 出版）、『日本と中国　相互誤解の構造』（中公新書）、『日中 2000 年の不理解――異なる文化「基層」を探る』（朝日新書）、『謝々！宮沢賢治』（朝日文庫）、『宮沢賢治、中国に翔る想い』（岩波書店）、『宮沢賢治と中国』（国際言語文化振興財団）、『日中比較・生活文化考』（原人舎）、『中国人の愛国心――日本人とは違う 5 つの思考回路』（PHP 新書）、『ほんとうは日本に憧れる中国人――「反日感情」の深層分析』（PHP 新書）、『花が語る中国の心』（中公新書）など。
共著：『自分がされたくないことは人にもしない』（三和書籍）、『日本初の「世界」思想』（藤原書店）、『＜意＞の文化と＜情＞の文化』（中公叢書）、『君子の交わり　小人の交わり』（中公新書）、『中国シンボル・イメージ図典』（東京堂出版）、『中国人の日本観』（三和書籍）、『日中文化の交差点』（三和書籍）など。
要訳：『西遊記』、『三国志』、『紅楼夢』など
中国語作品：『漢魂与和魂』、『十国前政要論全球＜公共論理＞』、『銀河鉄道之夜』、『生活中的日本――解読中日文化之差異』、『宮沢賢治傑作選』、『宮沢賢治童話選』、『異文化理解』、『多文化世界』、『日本文化論的変遷』など多数。

平和の実践叢書 2

嵐山の周恩来　－日本忘れまじ！－

2019 年　4 月　5 日　　第 1 版第 1 刷発行

著　者　王　敏

発行者　高　橋　考

発行所　三　和　書　籍

〒 112-0013　東京都文京区音羽 2 - 2 - 2
TEL 03-5395-4630　FAX 03-5395-4632
sanwa@sanwa-co.com
http://www.sanwa-co.com

印刷／製本　中央精版印刷株式会社

ISBN978-4-86251-373-1 C3036

三和書籍の好評図書

Sanwa co.,Ltd.

平和の実践叢書 1

自分がされたくないことは人にもしない

グローバル公共倫理

王　敏 編著　四六判　並製　440 頁

定価：3,200 円＋税

● 1975 年、当時の現職首相であった福田赳夫と西ドイツ元首相ヘルムート・シュミットは、歴史の教訓に学んだ平和倫理を確立するため、インターアクションカウンシル（通称 OB サミット）を主導した。それが福田康夫元首相に引き継がれ、黄金律である「己所不欲、勿施于人」が「世界人類責任宣言」として採択され、世界に向けて発信された。本書はその平和実践ワークショップの記録である。

美しい日本の心

王　敏 著　四六判　並製　263 頁

定価：1,900 円＋税

●日本人を日本人たらしめている原風景を明確に規定し、世界における日本文化の地域性を浮き彫りにしつつ、わが国の愛国心がいかに独自の背景を持っているかなどを鋭く分析してみせる。まさに新しい時代の日本人論である。

世界を魅了するチベット

「少年キム」からリチャード・ギアまで

石濱裕美子 著　四六判　並製　259 頁

定価：2,000 円＋税

●リチャード・ギア、アダム・ヤウク（Beastie Boys）、パティ・スミス、U2 などダライラマの教えによって薫育された「キム」たちが、人を愛する心を育み道徳性を身につける手助けをしてくれるかもしれない。